U0902336

本著作是教育部人文社科项目《孔子学院中方教师的跨文化适应和传播能力研究》（项目号：11YJA860001）的最终成果

孔子学院中方人员跨文化适应能力研究

安然　刘程　王丽虹◎著

中国社会科学出版社

图书在版编目（CIP）数据

孔子学院中方人员跨文化适应能力研究／安然，刘程，王丽虹著．—北京：中国社会科学出版社，2015.12

ISBN 978－7－5161－7201－8

Ⅰ.①孔…　Ⅱ.①安…②刘…③王…　Ⅲ.①对外汉语教学—教师—文化交流—研究　Ⅳ.①H195

中国版本图书馆 CIP 数据核字(2015)第 304176 号

出 版 人　赵剑英
选题策划　李炳青
责任编辑　吴丽平
责任校对　王　影
责任印制　李寡寡

出　　版　中国社会科学出版社
社　　址　北京鼓楼西大街甲 158 号
邮　　编　100720
网　　址　http://www.csspw.cn
发 行 部　010－84083685
门 市 部　010－84029450
经　　销　新华书店及其他书店

印　　刷　北京明恒达印务有限公司
装　　订　廊坊市广阳区广增装订厂
版　　次　2015 年 12 月第 1 版
印　　次　2015 年 12 月第 1 次印刷

开　　本　710×1000　1/16
印　　张　16.5
插　　页　2
字　　数　283 千字
定　　价　58.00 元

前　言

《孔子学院中方人员跨文化适应能力研究》终于完稿了，喜悦之情溢于言表！这是我们继 2012 年出版的国内外第一本孔子学院研究专著《孔子学院传播研究》后的又一研究成果。

感谢教育部人文社科项目和国家汉办项目的支持，我们的研究从 2011 年就开始了，连续 4 年，我们从志愿者、教师和中方院长三个不同的视角来探寻、勾勒并深描孔子学院面临的问题和发展路径，我们希望从研究的视角能给出孔子学院一个真实的画面以及以此画面为点散发开的各种有效发展路径。可喜的是，继此项目后，我们又陆续拿到两个国家社科基金项目——“孔子学院对外传播影响力研究”（2012 年，安然主持）和“西方主流媒体关于孔子学院负面报道的新闻话语研究”（2015 年，刘程主持），我们对孔子学院的研究不断推进、不断深入，我们对孔子学院的兴趣和奉献一如当初并与日俱增。

本书共分 5 篇 15 章。第一篇通过对孔子学院的文献研究，发现孔子学院的海外研究与国内研究处在双轨道行驶的状态，没有出现交集。国外研究特别重视孔子学院的政治、经济和文化影响，意识形态色彩浓郁；而国内研究则多重视孔子学院自身的建设与发展。由于国家立场的不同和意识形态的差异，国外学者多关注孔子学院的外部影响力，而国内学者多关注孔子学院的自身发展和自身影响力，二者形成了鲜明对比，彼此缺少理解与交融。此外，区域孔子学院的研究发现，孔子学院的发展与当地经济社会紧密相连，这也反映出孔子学院在当地的生存状态。

第二篇从个体视角来研究汉语教师志愿者的跨文化适应问题。在个体视角研究中，我们首先关注赴泰汉语教师志愿者的整体及全面性研究。其次，我们关注个体在跨文化适应过程中的情绪与心理适应问题。重点探寻赴泰汉语教师志愿者跨文化适应中各影响因素与跨文化适应能力的关系。

我们的研究发现，赴泰汉语教师志愿者的性别影响情感调节、社会适应和教学能力，在泰国工作的时间、泰语水平、跨文化培训的内容影响他们的跨文化适应；赴泰汉语教师志愿者的语言教学能力是认识、情感调节、社会适应三者共同影响的结果。通过访谈研究，我们发现汉语教师志愿者对泰国环境适应情况较理想。志愿者注重与当地社会的互动，在“求同存异”和“协商改变”中建立跨文化传播网络。志愿者的心理预期、社会支持、跨文化经历等影响心理濡化的过程，而且这些影响因素的交汇与沟通和交流、自我效能感和成就感是心理濡化的初级表达，而全球化心态是心理濡化的高级表现。教学是志愿者的首要任务，“教学”影响“心情”的情况在赴泰之初表现最为明显，随着赴泰时间的增加，“心情”会成为影响“教学”的重要因素之一。

第三篇从跨文化汉语教学的视角来审视国际汉语教师的跨文化教学理念与身份认同问题。主要以在美国孔子学院的汉语教师为研究对象，采用质化研究方法，主要包括课堂观察、深入访谈、教学反思、职业发展培训等，我们发现孔子学院国际汉语教师关于汉语语言有效教学的核心理念主要包括“先准后快”“先死后活/死去活来”“有语无文，行之不远”，而且他们的教学与实际操作不一致，海外学校提供的职业发展机会对汉语教师教学对象、语言教师职业的重新认识都会有所影响。针对跨文化教学语境下国际汉语教师身份构建研究，我们从孔子学院国际汉语教师作为“学术旅居者”“文化间斡旋者”的职业身份特点出发，建议国际汉语教师重新建构师生关系，重新协商和发展教师的角色和身份，做课堂教学的辅助者、做善于反思的教育者、做一个行动的研究者。

第四篇从组织管理视角关注孔子学院中方院长的跨文化适应问题。我们以问题为研究导向，以深度访谈的定性研究方式，对英国孔子学院中方院长跨文化能力与孔子学院的可持续发展的各个方面各个层次的关系进行梳理，为孔子学院发展提出非常有针对性和实操性的工作建议。其中包括：孔子学院最优化最高效的组织架构和人员组成的分析和建议；中英方院长现存的合作模式问题、成功合作实现前提的问题探讨；中英方院长的有效沟通合作对孔子学院可持续发展影响的研究；孔子学院可持续发展面临的障碍分析和发展路径的探寻。孔子学院作为中外合作办学的典型机构，跨文化冲突的产生不可避免，比较突出的是中方院长与英方院长之间的跨文化冲突，这在很大程度上是由较高的不确定性和中英方院长“权力距离”较大所导致的。解决这些跨文化冲突问题，需要明确中英方院长的工作职责，从源头上厘清界限、杜绝矛盾。

同时，第四篇、第五篇也分别从国际汉语教师和中方院长的视角，阐述了孔子学院可持续发展的问题和路径。

基于对志愿者、汉语教师及中方院长的研究，在本书的第五篇，我们尝试着对孔子学院中方人员跨文化适应进行理论模式建构。我们认为，由于孔子学院的特殊性，中方人员的跨文化适应过程和结果与常态的个体跨文化适应情形不完全一致。孔子学院总部派出的中方人员（中方院长、汉语教师、汉语教师志愿者）的跨文化适应能力研究应跳出西方传统视维，建构符合自身发展规律的理论模式。孔子学院中方人员（个体）的跨文化适应能力模型由“个体的生活适应能力”“组织内沟通协调能力”“对外语言教学能力”三个彼此相关的维度组成。其中“对外语言教学能力”是孔子学院中方人员跨文化适应能力的最终体现。

本书的结尾提出，孔子学院携自身的本土文化与多元文化相交集，二者关系犹如中国太极理念的阴阳互补共生、相辅相成。它需要人们去思考并开拓一个让孔子学院可持续发展的路径。另外，孔子学院要创文化软实力之“特色”，需要一批有志有识之士的奉献，同时也必须具有多元文化意识，并具备参与多元文化、促使本土文化与多元文化互通共荣的能力。

写这本书的初衷是，首先我们是孔子学院的坚决支持者和捍卫者，我们都以自身的参与行为来践行与孔子学院共患难共发展共进取的决心和勇气，我们以实践者的亲身经历来展示孔子学院的发展历程；同时，我们也毫不忌讳地表明，我们是孔子学院的理论研究者和批评者。世界上任何一个重大事件的出现和发展，都必须伴由理论研究的支撑与批评，这是可持续发展的必经之路，孔子学院也不例外。我们探寻并建构孔子学院中方人员的跨文化适应模式，在这个建构过程中，遇到的问题，我们坦诚面对、认真思考，试图给出解释答案和发展空间。

我们清楚地知道，孔子学院因区域不同而呈现很大的差异，各区域各国家的孔子学院发展无法使用一个放之四海而皆准的模式。因此，我们对孔子学院的研究以国家为切入点进行。选择泰国来研究汉语教师志愿者的个体跨文化适应问题，选择美国来研究国际汉语教师的教学理念和身份认同问题，选择英国来研究中方院长的跨文化沟通问题。研究的问题虽有地域特征，但共性依然存在，依然可以借鉴和参考。

本书的第一篇、第二篇、第五篇由安然完成，她的研究生魏先鹏是主要参与者，部分成果已经发表；第三篇由王丽虹完成；第四篇由刘程完成。排名按姓氏拼音为序。书稿的最后体例整理和校对由安然的研究生何蓓婷、何国华、陈文超、邓惠玲等人协助完成。

必须要感谢所有参与填写问卷和接受访谈的汉语教师志愿者、国际汉语教师、中方院长，他们对本课题研究给予了积极协助，提供了最为珍贵的第一手资料。他们对问卷的认真填写为本研究提供了最客观的数据；他们和我们诚恳地交流，让我们的深描更加丰满全面，也使我们对所研究的问题有更深入的理解和更准确的阐述和解释。这是该研究的立足之本。

关注与敬意同行，谨以此诗铭注：

致孔子学院中方教师

迈出去的那一瞬
你可曾预见
未来道路
踏着泥泞充满风雨
迷茫与混沌
飘忽
与谁诉

到达的那一天
你可曾预见
清纯的笑脸
绽放
你和学生
定格在那一空间
彼此喜爱依恋

曾有过的怯与苦
堆积再堆积
融化升华
成一本包容与融入的书

坚韧
是扉页下的注

调整适应
搭建主客相容的实景
多元文化身份认同
融东西南北中
彩虹穿梭
一片新天地
打通
内心的欢喜
冉冉升起

学生们琅琅书声
映衬
喜爱崇拜的各式表征
不舍的眼神
让你决意留任再留任

孔院的老师
心灵美如一首诗
凝志
播撒中华文化
让汉语在五洲发芽开花
踏遍山川无悔奉献
人类史碑铭刻永念

安然写于广州大学城
2015 年 7 月 1 日

目　录

第一篇　孔子学院研究综述

第一章　孔子学院海内外研究现状 …………………………… (3)
第二章　孔子学院区域研究概况 ………………………………… (21)

第二篇　个体视角——赴泰汉语教师志愿者跨文化适应研究

第三章　赴泰汉语教师志愿者跨文化适应量化研究 ………… (39)
第四章　赴泰汉语教师志愿者跨文化适应质化研究 ………… (74)
第五章　赴泰汉语教师志愿者跨文化心理濡化模式建构 …… (103)
第六章　汉语教师志愿者研究与实践展望 ……………… (120)

第三篇　跨文化教学视角——赴美孔院国际汉语教师教学理念与身份认同研究

第七章　跨文化语境下孔院国际汉语教师教学理念的冲突与调和 ………………………………………… (135)
第八章　跨文化教学语境下孔院国际汉语教师的身份建构 …… (151)
第九章　孔子学院:开创多元世界跨文化教育新范式 ……… (170)

第四篇 组织管理视角——中方院长视域下的跨文化沟通与孔子学院可持续发展研究

引言 …………………………………………………………………… (183)
第十章 孔子学院组织架构探析 ……………………………………… (188)
第十一章 孔子学院跨文化冲突管理研究 …………………………… (198)
第十二章 孔子学院可持续发展的外部条件与路径 ………………… (211)

第五篇 孔子学院中方人员跨文化适应能力模式研究

第十三章 孔子学院中方人员跨文化适应理论模型建构 ………… (231)
第十四章 孔子学院中方人员跨文化适应理论模型测试 ………… (239)
第十五章 孔子学院的现在与未来 …………………………………… (247)

第一篇

孔子学院研究综述

随着中国经济影响力的增强，世界各地兴起了“汉语热”。自2004年开始，孔子学院开始遍地开花，孔子学院的迅速发展使其成为研究者们关注的焦点。本篇主要是对孔子学院的相关研究进行综述，以期全面地把控孔子学院的研究现状，从而为后续的研究展开奠定基础。本篇内容主要分为两部分：第一部分是对孔子学院海内外的研究现状进行综述，对比分析海外、国内孔子学院的研究热点。第二部分是对孔子学院区域研究概况进行综述，基于2014年国内期刊关于孔子学院的相关研究，以区域来划分，分别对欧美地区、东南亚地区、非洲地区、中西亚地区的孔子学院的研究热点、研究特点进行归纳总结与分析评述。

通过对孔子学院海内外研究及区域研究现状的综述，我们可以对孔子学院近年来的研究发展有一个相对全面的了解，对学者后续研究的展开提供一定的参考，使得其研究更有针对性，有的放矢。

第一章

孔子学院海内外研究现状

一　研究背景

随着中国影响力的增强，世界各国（地区）汉语学习不断升温。为适应世界各国（地区）人民对汉语学习的需要，增进世界各国（地区）人民对中国语言文化的了解，从2004年开始，我国在借鉴英、法、德、西等国推广其本民族语言经验的基础上，探索在海外设立以教授汉语和传播中国文化为宗旨的非营利性教育机构——孔子学院。2004年，全球第一所孔子学院诞生于韩国首尔，截至2013年底，全世界各地108个国家和地区已建立了440所孔子学院和646所中小学孔子课堂。无疑，孔子学院已经成为世界各国人民学习汉语和了解中国的桥梁。10年如此迅速地发展，规模如此宏大，孔子学院必定进入了研究者的视野并成为其研究热点。鉴于此，本文回顾并梳理了孔子学院海内外10年研究，力图为孔子学院的未来发展提供参考。

二　孔子学院海外研究现状

孔子学院建在海外，海外学界对孔子学院的影响有最直接的感知。搜索EBSCO数据库（截至2014年4月），我们得到海外孔子学院研究相关学术文献25篇，内容涉及孔子学院与公共外交、孔子学院与软实力、孔子学院与学术自由、孔子学院建立的区位因素、孔子学院与经济贸易关系等。

（一）统计结果

1. 研究成果年度统计

表 1—1　　孔子学院海外研究成果年度统计

年度	2006	2007	2008	2009	2010	2011	2012	2013	2014
数量	1	0	3	5	3	3	3	3	3

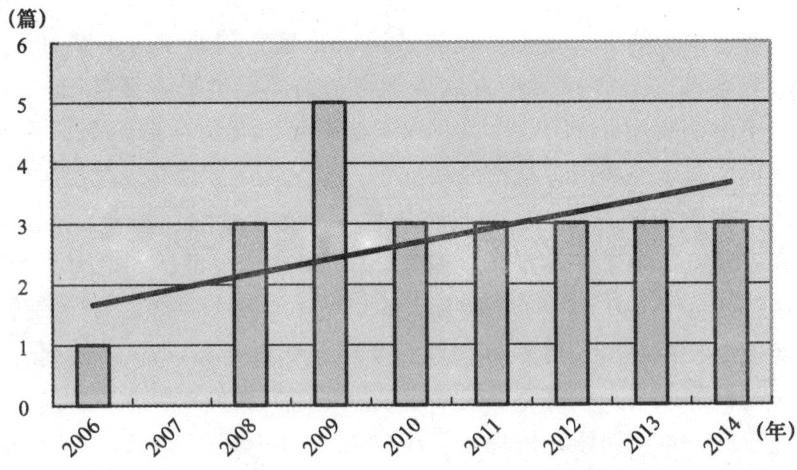

图 1—1　孔子学院海外研究成果数量年度变化

如表 1—1 及图 1—1 所示，海外学者最早的研究孔子学院文章发表于 2006 年，为 Ding & Saunders（2006）对汉语的全球推广与文化“软实力”提升的分析。除 2007 年外，其余年份文献数量在 3 篇或以上（我们搜索截至 2014 年 4 月为 3 篇，故 2014 年全年文献数量可能多于 3 篇），图 1—1 的趋势线显示，相关研究成果呈现缓慢增长的态势。

2. 文献发表的杂志情况

我们对 25 篇外文文献进行了检索，发现孔子学院研究的相关文章多分散发表，一本杂志一般只发表了一篇文章，其中只有两本杂志发表了两篇，如表 1—2 所示。

表 1—2　　海外孔子学院文献发表的杂志统计

序号	杂志	数量	是否 SSCI
1	*International Review of Economics and Finance*	2	是
2	*Journal of Asian and African Studies*	2	否

此外，我们发现 25 篇文章中共 7 篇文章来自 SSCI 索引期刊，占总数的 28%。其中《*International Review of Economics and Finance*》于 2012 年、2013 年发表两篇文章，其余杂志仅发表一篇文章。

3. 研究成果内容统计

总体来看，海外孔子学院的研究大致可以分为两个方面：影响力研究和自身研究，即对孔子学院所产生海外影响力的研究和对孔子学院自身发展建设的研究，有的研究成果中，包含了这两部分的内容，我们将之称为综合研究。关于孔子学院自身研究、影响研究、综合研究的分布如表 1—3 所示，为更直观地显示三者之间的对比，我们绘制了柱状图 1—2。

表 1—3　　海外孔子学院研究成果内容统计

研究内容	自身研究	影响研究	综合研究
论文数量（篇）	5	10	10
所占比例（%）	20	40	40

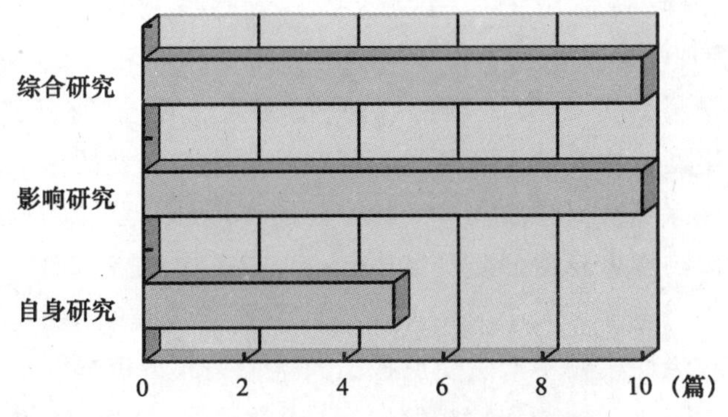

图 1—2　海外孔子学院研究成果内容统计

从统计结果看，影响研究在海外孔子学院研究中占据相当比重，海外学者将注意力放在孔子学院对其所在国家、社会和文化的影响上，而对孔子学院自身情况缺乏考察。

（二）海外孔子学院研究热点话题

1. 孔子学院海外影响力研究（政治、经济、文化）

孔子学院作为新生事物，其产生的影响成为海外学者关注的重点。对孔子学院的影响研究涉及软实力、国际贸易、学术自由等，即孔子学院对政治、经济、文化的影响。

孔子学院作为中国公共外交实践的重要形式，为中国带来了影响力的增强，这引起了海外学者的关注。Gil（2008）认为孔子学院在推广汉语方面卓有成效的工作是树立了积极正面的中国形象，并且与其他国家的语言文化推广机构一道平衡美国主流文化的影响（Hartig，2011）。此外，有的学者将孔子学院建设与中国发展背景相联系，认为在中国威胁论甚嚣尘上的背景下，孔子学院的建立作为一种软实力“很是时候”（Paradise，2009）。西方学者关注孔子学院的政治影响，不仅能够看到孔子学院在提高中国软实力方面的作用，而且看到孔子学院与其他文化推广机构一道在推动世界文化多元化方面的作用，而这恰恰是超越政治影响的普世价值。

近来，西方学者开始关注孔子学院的经济影响。Lien（2012）的研究显示拥有孔子学院项目的发展中国家，中国与其出口贸易和外商直接投资额都有显著增长。此外，也促进了美国经济增长，这缘于孔子学院的工作帮助解决了国际贸易中的语言文化障碍（Lien，2013）。另外，Li 等（2009）从管理学角度研究了孔子学院的分布式领导和知识共享模式。随着经济管理学科研究视野、思路、方法的介入，孔子学院研究日趋多元化，视角更丰富，这有助于孔子学院实践的进展与研究的深入。

孔子学院除了在促进文化多元化方面的作用外，还受到了许多西方学者对其可能影响学术自由的质疑。Redden（2012）提到 2010 年芝加哥大学签名信事件，芝加哥大学的相关人员认为孔子学院是由中国政府资助，其学术性与政治性模糊不清。曼尼托巴大学相关人员也提到汉语教材、教师是由孔子学院统一挑选和“控制”，孔子学院在汉语教师招聘上也存在歧视等。Schmidt（2010）也提到政府在合作大学邀请涉及台湾敏感问题的演讲嘉宾一事中对其施加压力。而这些看法多缘于孔子学院拨款来自汉办的缘故，因而西方学者认为孔子学院在资金和管理上都受制于政府。

在西方的理念中，“政府是一种必要的恶”，由此出发，孔子学院也受到了牵连，同时，这些结论也渗透了意识形态过滤的痕迹：西方学者正用西方的标准衡量孔子学院的发展。从孔子学院自身来讲，其被西方理解的传播模式还需要继续探索。可喜的是，对孔子学院的理解并非一边倒，美国斯坦福大学的 Saller 认为美国国内的资金捐赠让美国大学能够走向一流大学，孔子学院接受的捐赠也不例外（Redden，2012）。

2. 自身研究

作为新生事物，孔子学院自身的建设情况与发展困境得到了海外学者的关注，孔子学院自身研究主要包括对于孔子学院自身情况的介绍、孔子学院建立的原因、孔子学院发展问题 3 个方面。

孔子学院自身情况的介绍：很多人不了解孔子学院，因此，海外学者大多需要在文章中描述孔子学院的基本情况，有的学者介绍了几个国家的孔子学院，如 Starr（2009）介绍了英国、法国、西班牙等欧洲国家孔子学院的数量、建立时间等情况，进而引申出孔子学院的功能或目的，而 Paradise（2009）则归纳的孔子学院具有 3 个功能：教授汉语、文化交流、为商业贸易提供便利。

孔子学院建立的原因：国外学者较为关注孔子学院建立的原因，主要包括“为何建”“在哪建”两方面。

在“为何建”的问题上，学者的观点基本可归纳为政治目的、经济目的、文化目的 3 个方面。许多学者将中国在全球建立孔子学院的原因与公共外交、软实力相联系，认为中国政府利用孔子学院推广其和平发展政策（Starr，2009）、服务于中国外交目的（Wheeler，2013），甚至（Yang，2010）意在推广其政体模式，学术性和政治性模糊不清（Redden，2012）。经济因素方面，Wheeler（2013）认为孔子学院与中国在该地区的经济利益密不可分，特别要“教育”非洲加强与中国的贸易关系，孔子学院的分布反映中国的利益分布（Starr，2009）。此外，推广汉语、传播中国文化、推动文化交流是孔子学院的目的所在，Bell（2009）认为“天下为公”“大同”等儒家文化的核心价值观能够向世界传达和平理念，实现文化繁荣。在“在哪建”（即孔子学院建设的区位因素）的问题上，Lien & Hoon（2014）运用经济学上的负二项式回归模型分析发现，影响孔子学院建设的最重要区位因素包括 GDP、人口、地理距离、英语，其中贸易因素、FDI 因素与孔子学院建立呈正向关系。而且他们认为当越来越多的孔子学院建立在非英语的发展中国家时，孔子学院在全球的影响力会越来越大。

孔子学院发展问题：国外学者研究的孔子学院发展问题主要涉及教学和资金两个方面。

Wheeler（2013）通过访问内毕罗大学孔子学院的学生发现，孔子学院教学内容与学生学习需求存在不匹配的状况。此外，师资力量不足、教材短缺也是一直困扰孔子学院的问题（Starr，2009）。此外，资金也是困扰孔子学院发展的一大问题，目前孔子学院运作资金主要是由汉办提供，但无法确定汉办的资助年限，因而，孔子学院的收入也成为西方学者关心的问题。Starr（2009）认为大多数孔子学院的活动所带来的收入远远低于所投入的成本，长此以往，孔子学院将面临资金压力。

从目前西方学者的研究情况看，西方学界目前正处于了解和评估孔子学院的层面上：他们需要在文章中介绍孔子学院的情况，关注孔子学院的建设目的。此外，许多学者也在开始深入研究孔子学院，探讨孔子学院发展所面临的困境。总体来看，对孔子学院，西方学界还处于认识阶段，许多的评判带有意识形态色彩，动辄将孔子学院与中国威胁论相联系，充满了“竞争”“竞赛”的味道，与孔子学院传播的“和而不同”的理念相距甚远。另一方面，有的学者肯定孔子学院的存在意义并关注孔子学院的未来发展，这也是海外学者走进并研究孔子学院的行为表达。

（三）海外孔子学院研究评述

1. 研究对孔子学院“自身”关注少、“影响”关注多

总体来讲，海外孔子学院研究多集中于孔子学院的影响研究上，此外，少量研究关注孔子学院自身，多数处于资料性描述阶段，资料也多半来源于官方网站，对于孔子学院的分析和批判也多以自身的文化标准为基础，而非站在跨文化传播的高度，以客观的学术研究态度来分析评判。

2. 意识形态批判色彩浓郁

海外学者有关孔子学院影响力研究多集中于意识形态层面，认为孔子学院不仅仅是推广汉语的语言机构，其背后还存有一定的政治目的，如中国外交的“野心”，甚至认为孔子学院通过课堂搜集华裔信息等。以西方意识形态来看待孔子学院，在孔子学院研究中主观加入“政治隐喻”，较少客观、系统关注孔子学院本身，研究的含金量会大大降低。

3. 研究过程不够严谨，理论高度不够

海外学者较为关注孔子学院与公共外交、软实力、学术自由等方面的关系，许多论述缺乏根据和论证地指责关于孔子学院的“政治性”“宣传作用”等，缺乏客观、系统、科学的研究。在我们收集的文献中，多数研究人员堆积资料，梳理信息，缺乏严谨的研究过程。总体上，海外孔子学院研究的科学性有待增强。

三　孔子学院国内研究现状

随着孔子学院的发展，国内学界对于孔子学院研究关注也在迅速增长。截至2014年，已有3本关于孔子学院的著作出版，并有一本专业杂志《孔子学院发展研究》出版。在论文方面，我们以“孔子学院”“教师志愿者”为关键词及主题，以2004—2013年为时间跨度，在中国学术期刊网络出版总库、中国博士学位论文全文数据库、中国优秀硕士学位论文全文数据库进行检索，并进行手动二次检索，剔除孔子学院相关新闻消息，排除与孔子学院研究无关的成果，得到孔子学院研究文献为385篇，其中包含硕士论文83篇、博士论文1篇。

（一）统计结果

1. 专业期刊与专著

由厦门大学海外教育学院创办的《孔子学院发展研究》是一本专门以孔子学院为研究对象的期刊，创刊于2012年，旨在反映学界孔子学院研究最新成果。目前，该刊已发刊3期，刊载孔子学院相关文章36篇。目前，共有3本关于孔子学院研究的专著。

刘程、安然的《孔子学院传播研究》（中国社会科学出版社2012年版）为该研究领域第一本专著。作者回顾、梳理了孔子学院海内外研究现状、特点及问题，运用定性和定量的研究方法，对孔子学院媒体报道、孔子学院网站传播、孔子学院网站新闻等进行研究分析；并以美国纽约时代广场播放的“孔子作揖行礼动画”为研究个案，阐述其传统文化价值传播与国家形象宣传的价值。这本书从量化的宏观报道分析到定性的微观标题词语分析，研究视角层层深入、逐步推进，细致剖析了媒体对孔子学院的报道模式，为孔子学院传播策略提供了科学的参考。总体上，该著作研究视角相对新颖，研究方法严谨，研究探索色彩浓郁，涉及的领域也较为广泛全面，但研究的系统性有待加强。

表1—4　　国内孔子学院研究统计

序号	类别	数量	来源或名称
1	研究论文	385篇	中国知网
2	专业期刊	1本	《孔子学院发展研究》
3	相关专著	3本	《孔子学院传播研究》（刘程、安然，2012）
			《孔子学院与中国文化的国际传播》（吴瑛，2013）
			《孔子学院与中国语言文化外交》（戴蓉，2013）

吴瑛的《孔子学院与中国文化的国际传播》（浙江大学出版社2013年版）则通过定量方法调查美国、俄罗斯、泰国等5国16所孔子学院在物质文化、精神文化、行为文化方面的传播效果。在5个国家传播效果研究的基础上，作者结合统计数据，对中国文化的对外传播做了整体评估，并提出了孔子学院在汉语和中国文化传播战略中的不足。作者的研究得出了许多有趣的结论，如泰国在传播效果的各项指标上优于日本，中国文化在日本的传播效果指标甚至低于西方国家，在非儒家文化圈国家，孔子学院在物质文化传播上效果更明显，等等。进而，作者认为孔子学院面临内冷外热，发展规模大但传播效果有待提高的局面，孔子学院需要与当地社区互动，积极参与所在国的社区和社会发展，要注重借鉴其他国家语言文化传播机构的经验等。作者的研究为孔子学院与中国文化的国际传播描述了一个宏观的概况。

而戴蓉的《孔子学院与中国语言文化外交》（上海社会科学出版社2013年版）一书从文化外交的视角出发，介绍了孔子学院背景、宗旨、管理、职能，并分析了孔子学院的受众和影响途径、价值，优势劣势，现状和问题，阐释了孔子学院的语言文化外交运作，提出了孔子学院加强与企业、政府、社会组织的合作、增加资金来源渠道、加强师资培训、革新教材教学方法、争取纳入当地教育体系、增加传播渠道、设立专门研究机构、建立质量评估体系等建议。该书基于对孔子学院实际运行情况的经验总结，较为全面地描绘了孔子学院的语言文化外交功能，可为孔子学院的实践提供一定的参考。但在研究方法方面还需要加强，理论深度方面还有待提高。

3 本著作的诞生标志着孔子学院研究已经开始了系统化和理论化的过程，同时，传播学视野下的孔子学院研究也成为孔子学院研究的主导模式。

2. 研究论文

（1）研究成果年度统计

表 1—5　　孔子学院研究成果年度统计

年度	2004	2005	2006	2007	2008	2009	2010	2011	2012	2013
数量	0	1	3	10	23	37	36	73	109	93

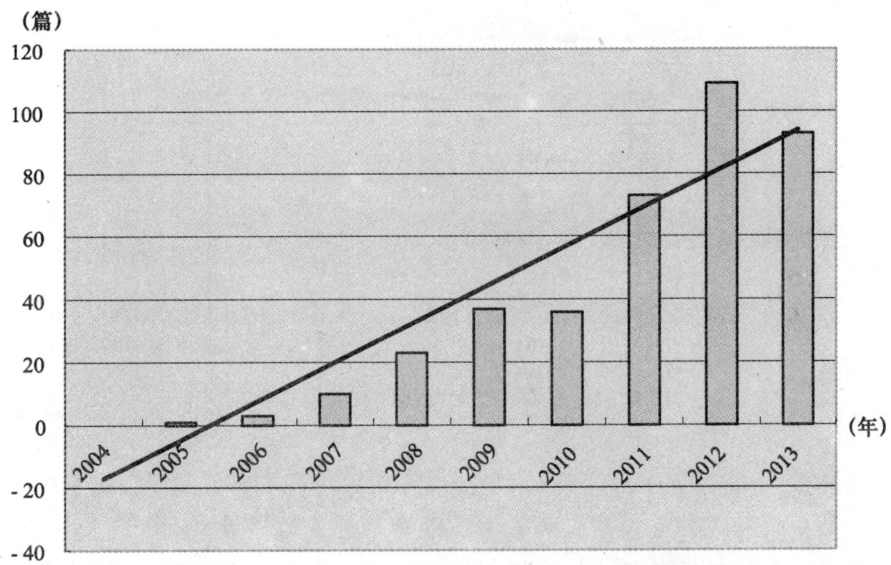

图 1—3　孔子学院国内研究成果数量年度变化

第一所孔子学院成立于 2004 年，最早的孔子学院研究始于 2005 年王学松的《加强中外合作汉语教学项目模式的研究》，他将孔子学院作为中外合作汉语教学项目的一种进行了介绍，并提出了将中外合作汉语教学项目与孔子学院结合研究，总结出丰富多彩的项目模式，从而推动孔子学院和汉语文化推广的发展建议，此文章呼吁并开启了孔子学院研究的先河，但该文章尚未达到就孔子学院自身汉语文化推广的特点进行研究的层次。随着孔子学院的发展，孔子学院研究文献逐渐增多，到 2012 年达到 109 篇。虽然 2013 年孔子学院研究成果数量有所降低，整体而言，如上述图 1—3 中趋势线所示，国内孔子学院研究成果数量呈逐年递增趋势，孔子学院研究已然成为学界热点。

（2）研究成果内容统计

表 1—6 国内孔子学院研究成果内容统计

研究内容	比较研究	传播研究	发展研究	教学研究	影响研究
论文数量（篇）	16	70	71	104	40
所占比例（%）	4.16	18.18	20.26	27.01	11.17

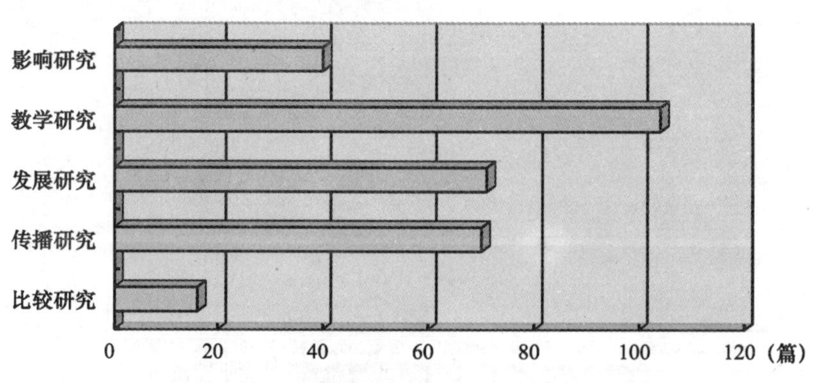

图 1—4 国内孔子学院研究成果内容分布

如表 1—6 及图 1—4 所示，根据研究内容，我们将孔子学院研究归纳为 5 类：教学研究（包括汉语教学、师资培训、教材等）、孔子学院可持续发展研究（包括自身建设、发展模式、发展现状及问题等）、孔子学院传播研究（孔子学院对汉语和汉文化传播行为和现象的研究）、比较研究（即孔子学院与其他语言推广机构的比较研究）、影响研究（包括对孔子学院与公共外交、软实力关系及作用、影响的探讨）。我们统计发现，孔子学院教学研究成果数量最多，达 104 篇。其次为孔子学院发展研究、传播研究、影响研究，而以孔子学院与其他语言推广机构的比较研究成果数量最少。从内容看，学界对于孔子学院研究主要还是集中于孔子学院自身教学、发展方面的研究，而对于孔子学院影响研究则相对较少。这与国外关注孔子学院影响而忽视孔子学院自身研究的情形形成鲜明对比。

（3）文献发表杂志情况

目前，国内有《孔子学院发展研究》这一以孔子学院为研究对象的杂志，我们将发表孔子学院相关研究文章在3篇以上的杂志进行了统计，结果如表1—7所示。

表1—7　　国内孔子学院文献发表杂志统计

序号	杂志	数量	是否 CSSCI
1	《孔子学院发展研究》	36	否
2	《云南师范大学学报》（对外汉语教学与研究版）	30	否
3	《沈阳师范大学学报》（社会科学版）	6	否
4	《浙江师范大学学报》（社会科学版）	6	否
5	《长江学术》	5	否
6	《比较教育研究》	4	是
7	《搏击·武术科学》	4	否
8	《运动》	3	否
9	《当代传播》	3	是
10	《对外传播》	3	否
11	《现代传播》	3	是
12	《教育教学论坛》	3	否
13	《新闻世界》	3	否
14	《科教文汇》	3	否
15	《世界教育信息》	3	否
16	《长沙铁道学院学报》（社会科学版）	3	否
17	《学术论坛》	3	是
18	《中国成人教育》	3	否
19	《中国高教研究》	3	是
合计	发表3篇以上的杂志有19本，CSSCI收录5本，其中传播学杂志2本、教育学杂志2本，综合类杂志1本		

从统计结果看，除《孔子学院发展研究》外，发表孔子学院相关文

章最多的杂志为《云南师范大学学报》（对外汉语教学与研究版），该杂志为对外汉语教学类杂志，由此可见，目前从事孔子学院研究的学者来自对外汉语界的较多。统计结果中，5 本 CSSCI 收录期刊，传播学和教育学杂志占 2 本，也显现出教育学界和传播学界对孔子学院发展的关注。值得一提的是，孔子学院作为文化传播媒介，已逐渐成为传播学界的研究热点。

（二）国内孔子学院研究热点话题与方法依据

1. 教师、教材、教学研究

孔子学院是提供汉语教学、汉语教师培训等服务的语言机构，因而教学研究一直是孔子学院相关研究的重点，成果数量也最多。总体上看，教学相关研究涉及教师、教学和教材 3 个方面。

教师是教学工作的实际执行者，决定着孔子学院工作目标的完成情况，孔子学院教师从中国到异国他乡，首先面临和需要解决跨文化适应的问题，而该问题也自然成了孔子学院研究的重点。安然和她的学生们对此有系统的相关研究。如林德成、安然（2011）调查了泰国教师汉语志愿者跨文化适应状况，发现随着时间的增长，汉语志愿者社会文化适应程度会慢慢提高，而心理适应程度却呈现递减趋势。再如，安然、魏先鹏（2012）的研究则发现心理预期、人际交流、社会认可等因素会影响赴泰汉语教师志愿者的适应能力。安然等从定性和定量两个角度规范研究了赴泰汉语教师志愿者的跨文化适应问题，为孔子学院汉语教师志愿者研究和工作实践提供了参考。随着孔子学院研究的深入，学者开始尝试构建孔子学院教师能力理论模型，如安然（2013）构建了孔子学院中方人员（个体）跨文化适应能力模型，她认为孔子学院中方人员的跨文化适应能力包括个体的生活适应能力、组织内沟通协调能力、对外语言教学能力，其中对外语言教学能力是核心。安然和她的团队用规范的研究方法来研究孔子学院的发展，并试图建立孔子学院传播能力理论，为孔子学院理论研究提供了可参考或批判的模型。

教材作为教师授课的基础与依据，也成为孔子学院研究的关注点，许多外派教师从教学实践出发，总结了孔子学院教材方面的问题，如资料匮乏、适用性不强（李明，2009），教材出版本土化程度不够（李佳、胡晓慧，2013）等。杨巍（2012）鉴于孔子学院成人汉语教材针对性不强的问题，从编写理念、趣味性、实用性等多个方面进行了论述，并提出了建议；刘晶晶、关英明（2012）认为汉语教材须考虑不同国家、地区以及学习者个人的需求差异。汉语教材研究多是一线人员从事教学实践的心得体会，文献涉及的面较广，涉及的问题确实存在，但针对这些问题的探讨还不够深入，很难为以后的深入研究提供微加工的一手资料。目前教材研究方面的成果不是很多，还需进一步推进。

教学研究则多来源于孔子学院一线教师的教学实践，内容相对较多，直接相关文章达34篇，总体上分为孔子学院汉语教学状况研究、某一孔子学院或地区的汉语教学个案研究、特定汉语水平的学生的汉语教学研究、特定内容的汉语教学（如拼音、文字等）、武术等特定形式的教学研究等。陈艳清（2009）总结了孔子学院教学研究现状：基础课程不能满足国外学习者职业需要、教材教师教学衔接不畅、教材量多质次等，认为在未来孔子学院教学研究中，可从关注教学法、课程设置、教材设计、教师发展、学习策略等内容展开。刘程（2011）基于亲身教学经历，介绍了美国堪萨斯大学孔子学院远程的运作模式、项目规划与课程设置、教学特色等，并在教材、教学大纲、师资衔接方面提出了建议。杜瑞（2013）则分析了孔子学院武术课程的教学方法，并从语言传授、武术套路示范、分组练习、参加比赛等方面介绍了他在斯里兰卡凯拉尼亚大学孔子学院的武术授课经验。教学是孔子学院的首要任务，教学研究自然成为孔子学院研究的重点，但目前的教学研究多是教学经验的总结，还远未经由一定的研究方法，进而上升到教学理论的层次，而这恰恰是孔子学院教学研究科学化的必经之路。

2. 孔子学院可持续发展研究

第一，发展问题研究。孔子学院正处于高速发展期，面临着诸多发展问题，如教学质量问题：师资力量不足、培训机制缺乏、教材落后等（吴瑛、提文静，2009），资金问题（梁焱、焦健，2011），管理问题（郭宇路，2009），生源问题（曾敏，2012）等。孔子学院发展中凸显出来的问题需要在发展中解决，而学界恰恰应该承担起为解决孔子学院发展问题提供智力支持的重任。

第二，办学模式研究。中外合作办学的框架下，许多高效的办学模式被广大学者注意。周志刚、乔章凤（2008）总结了4种海外孔子学院的办学模式优劣势，而陈俊羽（2011）则总结了泰国孔子学院的“以孔子学院为中心，小学、中学、大学三环式扩展”的发展模式。

不管是可持续发展问题还是办学模式，此类研究遵循宏大的思辨范式，许多实际未被解决的问题被整合进了研究论文，而缺乏如何解决这些问题的思考。毋庸置疑，发展战略是孔子学院在发展过程中必须明确的问题，而更多更重要的实际问题需要切实的研究和解决，相比之下，后者更为急迫和有用。

3. 孔子学院传播研究

孔子学院是从事汉语文化推广的跨文化传播机构，跨文化传播学视野下的研究成了诸多学者的选择，刘程、安然成为这一领域研究的先驱，他们的专著《孔子学院传播研究》成为国内首部传播学视角下的孔子学院研究专著。此外，他们还合作发表了《传播中华文明：孔子学院与“台湾书院”的殊途同归》《海外孔子学院网站新闻传播案例分析——以美国孔子学院网站为例》《在英孔子学院跨文化传播影响力初探》等论文，系统剖析了孔子学院的文化传播现象，为孔子学院在发展速度、教育体系渗透及民间合作等方面影响力的提升提供了可资参考的理论借鉴，研究成果的得出也基于较为严谨的研究方法，使成果的科学性得到了保证。此外，吴瑛（2012）则使用定量与定性结合的方法对5国16所孔子学院对外文化传播的效果进行了调查研究。还有的研究围绕某种具体形式的传播展开，如武术文化传播（虞定海、张茂林，2011）。

目前，传播学视野下的孔子学院研究成果貌似较多，但有价值的研究成果还较为欠缺，尤其是对传播内容、传播路径、信息反馈等方面的研究相对较少。在研究方法方面，也是经验总结多、科学方法少。孔子学院作为传播中华文化的媒介，其承担的传播任务、传播模式以及传播效果理应成为孔子学院研究的核心内容，对孔子学院传播现象展开科学的研究，是孔子学院研究的理论需要，更是孔子学院可持续发展的现实需要。

4. 孔子学院的政治影响研究

孔子学院在全球推广汉语、传播中国文化，代表着中国和中国文化的国际感召力，因此，孔子学院成为我国公共外交实践的重要平台（吴勇毅，2012），是我国国家软实力的重要表达。孔子学院不仅对外传播中国文化，同时促进了国内传统文化的复兴和传承（刘伟，2010）。孔子学院的政治影响正在被学者科学地评估，吴晓萍（2011）通过问卷调查了麻省大学波士顿分校和布莱恩特大学孔子学院的“星谈”暑期班，结果显示78%的访问者表示通过教学活动“星谈”，他们对中国的评价更加积极，86%的人认为孔子学院有助于提升中国形象和推广中国文化。

与国外学者对孔子学院的政治立场不同，我国学者倾向于论证孔子学院对提升我国国际形象的助益作用，而很少从他国学者角度研究孔子学院可能对他国造成的影响。对于孔子学院辩证影响的研究可以让孔子学院研究更加系统全面，更重要的是可以借助孔子学院的力量帮助他人或他国文化理解孔子学院，从而消除误解，增强传播力。

5. 孔子学院的比较研究

孔子学院作为“新生儿”，同世界其他语言推广机构（歌德学院、法语联盟、塞万提斯学院、英国文化委员会）一道肩负着维护世界文化多样性、增强跨文化交流的使命。而通过比较孔子学院与其他文化推广机构之间的差异，进而对孔子学院的发展提出建议，便成了学界的兴趣所在。

莫嘉琳（2009）通过比较孔子学院与四大语言机构，认为孔子学院发展的最佳模式是民办官助，实行教育服务体系产业化，是孔子学院可持续发展的必经之路。相比于歌德学院，董璐（2011）认为在追求数量增长的同时，孔子学院更应注重文化传播效果。此外，车凯龙、铁茜（2013）比较了歌德学院与孔子学院文献信息资源聚焦模式和扩散模式，分析了两者图书购买、典藏体制、配置途径、媒介服务方面的不同，不失为比较研究的新视角。

（三）国内孔子学院研究存在的问题

1. 研究内容亟须创新

孔子学院发展历时10年，研究历时9年，已形成教学、发展、传播、政治影响、比较5个研究视角，同时存在研究成果“扎堆”、研究方式和内容雷同的问题，尤其教学研究和发展研究领域，许多成果基本都是对某个孔子学院的描述性介绍，只是换了孔子学院的名称而已，创新价值大打折扣。我们认为孔子学院研究的发展要发掘新的研究视角、开拓新的研究领域，成果较多的既存领域更要注重思路和方法上的创新。以孔子学院传播研究为例，目前多数研究专注于媒体对孔子学院的报道研究，而孔子学院的立体传播能力体系的勾勒尚未得到学界的研究，但这正是从整体上提升孔子学院传播效果的必经途径。

2. 研究方法仍需规范

科学研究意味着具有论证的逻辑性、方法的规范性和严谨性，但孔子学院研究呈现出的是经验总结多、科学论证少。许多研究类似于工作总结，既缺乏相关理论基础，也缺乏完整的研究过程，结论也千篇一律。我们认为，孔子学院研究中应该有大量的来源于实践、服务于实践的实证研究，经验总结式研究只是粗糙地对一手材料的加工，而实证研究则要求基于孔子学院实践的严谨调查研究，从定量研究把握孔子学院发展的全局性问题，从定性研究挖掘孔子学院发展中存在的深层次障碍，将两者结合能够对孔子学院的发展有一个全面而深入的把握，而这正是孔子学院发展所亟须的研究成果。当然，孔子学院作为新生事物，其未来的发展战略问题仍旧需要学界的研究支持，这与现状研究一样有着重要价值。总之，孔子学院研究的发展，无论从研究自身还是从孔子学院可持续发展实践来看，必须解决研究方法不规范、研究过程不严谨的问题，孔子学院研究只有首先解决了科学性的问题，才能谈创新和价值。

3. 研究深度有待挖掘、延续性有待增强

孔子学院研究正在兴起，各路研究人员纷纷抢占这一未知领域，大干快上的成果正充斥着学术期刊的版面，许多文章千人一面、结论建议从教材到活动也是换汤不换药。笔者试着对研究热点或理论热点进行梳理，以期得出具有延续性的话题，但发现，多数文章雷同，自说自话，鲜有站在“巨人肩上”的研究，对某一理论问题的持续性研究缺乏。此外，不少研究“反应速度”很快，孔子学院一有风吹草动，很快就能见诸相关文献，但仔细检视，多数研究没有对接理论概念，上升至学理层面，严格来说属于情况介绍、经验总结，而非学术研究（廖圣清等，2013）。所以，国内孔子学院研究需要有学者专注于几个理论研究的热点进行持续性研究，以建立适合孔子学院研究和实践发展的理论体系。这种理论体系不应该是西方理论的复制，也不应该对西方理论不假思考地拒绝。

4. 研究队伍需进一步壮大

目前，孔子学院研究人员多来自在海外孔子学院从事过一段时间对外汉语教学工作的教师。同样，这些教师长期从事一线教学，掌握一手的资料，许多文献也是他们对工作的反思与总结，但仅靠这些教师来从事孔子学院传播与发展研究是远远不够的。孔子学院需要新鲜的血液加入，除从事汉语教学教师这一稳定的研究队伍外，还需要从事管理学科，尤其是跨文化管理学科的人才加盟，帮助孔子学院解决管理、跨文化管理上的困惑；需要传播学界的学者加入，帮助孔子学院厘清和勾勒立体的传播模式，提升传播效果；需要国际关系学者加盟，从政治学、国际关系学的角度研究孔子学院的现状，为孔子学院的未来发展建言献策；需要教育学界的学者加盟，从多元文化教育、比较教育的视角，研究适宜于孔子学院的教育模式。此外，我们还需要一批从事跨文化研究的学者，研究他国对孔子学院的理解，帮助孔子学院理解他国民众对自身的理解，为跨文化理解的实现打好充分的基础。总体上讲，目前从事孔子学院研究的队伍小且不稳定，对孔子学院的研究也缺乏系统性。孔子学院研究作为一个新的研究领域，需要越来越多的新生力量加入，从不同视角研究孔子学院，从而构建孔子学院的系统理论，研究队伍的壮大是孔子学院研究走向深入、走向系统的保证。

四 总结与展望

1. 孔子学院的国内研究立足于自身发展、海外研究关注政治影响

国内外学者同样都从事孔子学院研究，但研究思路差异很大。海外学者重点关注孔子学院的政治影响，如国际影响力、软实力，进而批判孔子学院接受政府管控、影响当地文化等。国外学者重点关注孔子学院这一新生事物对自身生活的影响。而国内学者则关注如何扩大孔子学院的影响力，从教学、发展、传播、比较、政治影响方面都体现出这样的特点。研究思路的不同来源于立场的差异，中外学者往往站在各自利益、文化或标准的基础上，对孔子学院进行“我族中心主义”式解读，忽略了寻找其解读差异背后的文化因子和破解密码的关键步骤，而这正是进行有效的跨文化传播的关键，也正是孔子学院发展的需要。

2. 孔子学院研究科学性亟须提高

虽然中外学者对孔子学院研究的关注点不同，但共同存在的问题是：对于此新生事物，相当的成果在研究方法和研究过程上都不够科学。科学的方法和严谨的过程是研究成果价值的保证，撇开意识形态和国家立场，学术研究忌讳肤浅的研究和缺乏证据的武断，而这两种情况均存在于国内外学者的研究中。因此，孔子学院研究走向理论系统化所需要解决的首要问题便是研究的科学性问题：要保证科学的研究方法和严谨的研究过程。

3. 双轨并行到交汇融合：孔子学院研究需要中外研究者思想的换位与交融，实现真正意义的跨文化传播，而非双轨道行驶，自说自话

研究者自身的跨文化敏感和跨文化互动与换位是至关重要的。中外学者都应在思想上进行换位乃至交融。这是孔子学院研究发展的需要，是跨文化传播的内涵在研究者身上的体现，也是孔子学院海外影响力渗透到海外研究者意识形态的真正体现。

第二章

孔子学院区域研究概况

——基于2014年对欧美、东南亚、非洲、中亚西亚孔子学院研究成果的分析

一　研究背景

国家汉办统计资料显示，截至2014年底，全球120个国家（地区）已建立475所孔子学院。另外，还有851个孔子课堂分布在65个国家。随着孔子学院的快速发展，学界与孔子学院相关的研究越来越多，通过对这些研究成果的归纳梳理，可以较为全面地掌握目前学界孔子学院研究的最新动态，为以后的研究提供参考。在前一章，我们已经梳理了孔子学院海内外10年研究的相关成果，发现孔子学院的海外研究与国内研究处在双轨道行驶的状态，即国外的研究重视孔子学院的政治和文化的影响；而国内研究则更多重视孔子学院自身的建设与发展，二者形成鲜明的对比。在此基础上，本章分析了2014年度不同区域中孔子学院研究的相关成果。

二　研究情况概述

搜索中国知网（CNKI），以“孔子学院”为关键词，以2014年为时间段，经过手动筛选，共获得以国别和区域孔子学院研究文献42篇，基本情况如下：涉及欧美地区孔子学院的文献有20篇；非洲地区孔子学院相关文献研究8篇；东南亚地区孔子学院研究文献10篇；中亚和西亚地区文献4篇。具体各国和地区涉及文章情况如表2—1所示。

表 2—1　　孔子学院区域涉及文章研究概况

地区	欧美地区	非洲地区	东南亚地区	中亚西亚地区
文章数量（篇）	20	8	10	4
占比（%）	47.6	19.0	23.8	9.6

第一章中，我们将孔子学院研究成果归类为教学、发展、传播、政治影响、比较研究 5 个方面内容。参照此成果，我们将从以下 5 个方面进行讨论：传播方面的孔子学院媒体形象研究、政治影响上的孔子学院公共外交作用研究、孔子学院国际汉语教育（包括师资队伍建设、文化建设、教学法创新等）研究、中华传统文化传播（包括中医、武术、太极等）研究、孔子学院发展研究。

三　2014 年孔子学院区域研究关注点

梳理 2014 年孔子学院文献，我们发现区域孔子学院研究的主题主要集中在 4 个方面：孔子学院的跨文化传播问题研究，孔子学院与公共外交研究，孔子学院的发展运营研究，孔子学院的文化传播工作研究。

（一）欧美地区孔子学院的研究现状

2014 年，欧美地区孔子学院的研究成果达 20 篇，占区域孔子学院研究成果总量的 47.6%，这与孔子学院数量上的分布情况相一致。从内容上看，这些研究更加关注孔子学院在当地的影响。

1. 孔子学院媒体报道研究

孔子学院在当地的形象是欧美地区孔子学院研究重要的关注点，在我们收集到的文章中，有 3 篇对该问题进行了专门研究。刘毅（2014）分析了媒体报道数量变化背后的原因，他认为孔子学院的报道数量与孔子学院的数量增长、美国对华的舆论关注度呈正相关。而刘程、安然（2014）通过对英国主流媒体（包括《泰晤士报》《卫报》《每日电讯报》和 BBC）的孔子学院报道进行话语分析，发现英国主流媒体运用多种方式对孔子学院的“选择性误读”，使孔子学院的媒介形象刻板化、负面化，并对中国涉外媒体的集体失声表示了担忧。其他文章的研究也印证了这点，刘毅（2014）通过对新闻报道主题的分类，发现国外媒体对孔子学院更倾向于政治化的解读，属于政治范畴的新闻报道数量仅次于文化范畴的报道数量，但在报道中并没有完全以事实报道为主，而是都带入了有态度的评论，并且态度倾向为“消极”的报道数量占多数。对于带有偏见的新闻报道，吴瑛、石玲玲（2014）认为，应依靠中国自身媒体舆论，并借助其他非西方国家舆论展开回应，鼓励汉学家、外籍孔子学院教师、中方孔子学院教师多向国际社会发出声音。才亚楠（2014）认为，孔子学院应探索如何与当地媒体加强联系与互动，通过它们为当地民众提供更准确、更全面的报道。

欧美地区孔子学院研究更关注孔子学院在媒体报道中的形象。冯韬（2015）的研究发现，北美和欧洲地区媒体对孔子学院关注度最高，其他地区虽然也建立了诸多孔子学院，但是当地媒体发出的声音较弱。

2. 孔子学院汉语国际教育研究

汉语国际推广是孔子学院的首要工作。因而，孔子学院研究也更关注汉语教学中的教师、教学方法等问题，且大都从个案的角度进行研究。

在教师问题上，王建喜（2014）认为要想提高汉语志愿者教师在海外教学实习的效果，当地孔子学院的指导培养非常重要。吕明（2014）则着重于研究教师对当地特殊情况的适应，关注中国教师与美国本土实际教学情况的融合问题，以实现教学的本土化。高静、杨红（2014）则认为赴美汉语志愿者在教学以外的文化传播能力缺乏。在教学方法上，研究者们更多地偏向于自我教学经验的归纳，李宏亮、邢欣（2014）抓住了汉语教学中的教学难点，结合自身教学模式实践来寻找突破口。而王媛媛（2014）则总结出适合匈牙利本土的汉语教学方法。这些基于对特定国家的教学方法的归纳和总结为进一步的研究提供了鲜活的案例。

3. 孔子学院与公共外交

孔子学院还承担着传播中华文化、推动人文交流的作用。同时，孔子学院从无到有、由少到多，本身就是一种中国形象的代言人，发挥着桥头堡的作用，其自身的传播经历也是一个活生生的中国故事。

在公共外交视野下，王展鹏、郝立英（2014）在对爱尔兰两所孔子学院运作情况梳理的基础上，从教育合作、文化交流、华人华侨融入当地社会、友好城市交往等层面分析了孔子学院的独特作用。而周延松等人（2014）则从孔子学院传播中华传统文化的角度上研究了其作为人文交流角色的作用。针对 2014 年 9 月芝加哥大学宣布停办孔子学院这一事件，才亚楠（2014）认为，当前全球范围内文化交流与合作的日益加深，多元文化之间共享与冲突是并存的，这也凸显了合理传播的重要性。孔子学院在快速发展的同时需要反思文化传播模式，做到精英文化与大众文化相结合，实现多种传播模式互动的有效机制。在传播中国文化方面，高静、杨红（2014）认为赴美汉语志愿者在文化传播过程中普遍面临着如何吸引学生兴趣、文化传播“度”的把握、如何开展社区中国文化活动等文化传播能力问题，需要加强对他们的培训与指导。

目前，国内学者对于欧美地区孔子学院通过文化传播，发挥公共外交角色的作用，逐渐予以关注并重视。在研究上既有从自身经验出发的宏观层面的概括，也有进行规范实证研究汉语教师传播能力的学者，另有一些学者则另辟蹊径，从中医、武术等这些中华传统文化的载体入手来进行更为具体微观层面的研究。

（二）东南亚地区孔子学院的研究

2014 年，东南亚地区孔子学院研究的文献共 10 篇，占到区域孔子学院研究成果的 23.8%。东南亚地区孔子学院研究文献，更加关注孔子学院受当地政治环境的影响，更加关注孔子学院汉语传播方式与效果的研究。具体研究点包括以下几点。

1. 中华传统文化传播研究

目前，作为中国传统文化的代表——中国传统体育已经进入孔子学院课堂，但从总体上看，中国传统体育传播处在一种无规划的状态，教师授课有一定的随意性。吴素君、缪立懿（2014）认为目前中国传统体育在泰国孔子学院的传播面临诸多问题：传播者来源匮乏，跨文化交际能力有限；传播受众类型固定，范围局限，不能让更多的当地人接触到传统中国体育项目；传播的渠道也单一，只有面授；对传播的效果也缺乏之后的反馈收集。此外，有的研究介绍了孔子学院文化传播实践经验，如郭旭霞、王艳琼、郭伟杰（2014）介绍了中医文化在泰国的传播。首先借助泰国东方大学孔子学院，以中医文化交流项目为先导，逐步拓展双方交流合作平台，突破中医传播范式，走进泰国社区百姓生活中，从而扩大了中医文化的受众面。

2. 孔子学院汉语国际教育研究

东南亚的汉语国际教育工作深受当地政府的影响。王丽（2014）指出了汉语教育在缅甸没有得到政府的重视与支持是当地的汉语教育发展缓慢的重要原因。刘权、黄薇（2014）认为政治局势不稳定一直以来都是影响孟加拉国汉语教学及推广的最重要的因素之一，并且由于当地政府的支持力度不够，导致了该国的汉语推广基础薄弱，发展缓慢。吴素君、缪立懿（2014）则认为孔子学院是否能得到泰国当地政府的支持对孔子学院的发展非常重要。学者们也总结了东南亚地区孔子学院汉语国际教育存在的问题。吴素君、缪立懿（2014）就认为由于汉语学员普遍存在年龄层次、学科专业差异，汉语教材的实用性、适用性、丰富性难以得到有效满足，给教学工作带来了不少困难。同时，孔子学院的汉语教师不足也制约着孔子学院的进一步发展。在汉语教学的具体教学方法上，谢婧怡（2014）论证了互联网资源交互式任务教学法对汉语学习兴趣确实能够起到促进作用。谢秀丽、董琳莉（2014）认为好的非课堂教学模式可以充分地调动学习者的兴趣。

3. 孔子学院公共外交作用研究

孔子学院因为有着非政府的属性且语言文化推广的功能很好地贯彻了公共外交的精神，通过对语言的传播，让他国民众了解一个真实的中国，因此孔子学院作为一个文化传播的平台在公共外交中发挥了特殊作用。冯韬（2014）以柬埔寨王家学院孔子学院作为案例，分析其在该地区公共外交中的价值，并论述孔子学院对发展中国家公共外交的作用。孔子学院在东南亚地区的公共外交作用开始引起学者们的注意。

（三）非洲地区孔子学院的研究

2014年，非洲地区孔子学院研究的文献有8篇，占区域孔子学院研究成果总量的19.0%，这些研究关注在非孔子学院办学、发展状况，中国传统文化的传播，孔子学院作为公共外交角色发挥语言文化外交作用等。相对而言，学者们更关注非洲地区孔子学院的发展状况，尤其是问题与不足。

1. 中华传统文化传播研究

非洲地区孔子学院方面的研究文献同样关注中华传统文化的传播。马玉龙（2014）针对目前非洲国家肯尼亚的具体情况，探讨了在孔子学院开设武术课的必要性、可行性、合理性。王旭东（2014）认为在当前孔子学院中武术教师师资力量严重匮乏，同时非洲国家基本属于经济落后地区，所以武术学习的场地和气场情况也不容乐观。在武术教材方面，没有规范的教材，武术课堂的教学比较随意。

2. 在非孔子学院发展研究

比较而言，研究人员更关注非洲地区孔子学院的发展状况。这种关注既有从整个国家大环境角度出发，探讨在非孔子学院发展的影响因素，也有从孔子学院内部状况探究来检视目前孔子学院发展的状况。

当地政府的支持是非洲孔子学院发展的重要保障。扈启亮（2014）认为，与西方国家大学具有相当大的办学自主权不同，非洲国家政府在大学的办学上具有相当大的决定权，孔子学院要得以持续发展，就必须积极争取西非各国政府的支持。非洲孔子学院面临公派教师选拔难、本土教师缺乏、缺少适合非洲当地的汉语教材等问题。魏建立（2014）认为解决教师短缺的问题，根本在于加强对本土教师的培养，这样不仅可以缓解当前孔子学院面临的教师匮乏困境，也可以保证对外汉语师资的延续性与连贯性。高莉莉（2014）则认为非洲孔子学院应着重教授专门领域的汉语知识，扎根当地经济发展需求，注重汉语教学、文化传播与职业技术培训的有机结合，根据学生的需求，有针对性地开展特色课程，如商务汉语、旅游汉语等。

非洲地区孔子学院受当地经济、社会环境相对落后的环境影响较大，导致孔子学院的发展受到教师、教材、教学场所等硬件多方面的限制，同时又需要更多地依赖当地政府的支持。当然非洲地区的经济发展是第一位的，这也导致当地对实用性较强的商务汉语等需求较大，同时也需要更多的职业培训。

3. 孔子学院的公共外交角色

与其他区域一样，孔子学院的公共外交角色开始受到学者们的关注。中非合作持续深入，孔子学院在非洲也得到迅速发展。作为一种语言文化外交方式，孔子学院所倡导的语言学习与文化交流增进了中非之间的相互了解，提高了中国在非洲的文化影响力。扈启亮（2014）通过对非洲 4 所孔子学院的调研发现：非洲学生对孔子学院教学满意度较高；对中国国家形象和中非关系的评价积极正面。但他们对中国、中国文化和中非关系的认知还不够深入。非洲孔子学院在管理、基础设施、师资和教材等方面遇到一些问题和挑战，限制了其语言文化外交功能的有效发挥。为促进非洲孔子学院的长足发展，中国政府需制订孔子学院发展的长期战略规划；

建立在非洲语言文化外交的综合路径；结合非洲本土文化特点，实现跨文化交流；充分利用大众传媒和信息技术，提高孔子学院的语言文化外交功能。

（四）中亚西亚地区孔子学院的研究

2014 年，共有 4 篇文章关注中亚西亚地区的孔子学院，占区域孔子学院研究成果总量的 9.6%。目前，中亚西亚孔子学院研究可分为两个方面：孔子学院发展研究和孔子学院的公共外交作用。

1. 孔子学院发展的研究

学者们较关注中亚西亚地区孔子学院的不足与存在的问题。苗福光（2014）提到“土耳其汉语教学尚处于起步阶段，整体特点是基础薄弱、前景可期”，石庭瑞（2014）认为“虽然孔子学院在中亚地区已经有 10 所，在当地造成一定的社会影响，但还是暴露出了不少问题”。这些问题，既有各地孔子学院面对的一般性问题，也有这一地区孔子学院必须面对的一些特殊性问题。从孔子学院的外部情况来看，有所在国家的国情导致的问题；从孔子学院内部情况来看，适合当地的本土化教材以及本土教师的培训依旧是制约这一地区孔子学院发展的一大瓶颈。对此，王强、孙智谋（2014）认为在西亚地区，尤其是约旦国内，对中国的传统文化有着浓厚的兴趣，特别是中国武术，所以开设武术课程具有可行性，可以借此吸引当地学生来学习汉语。

2. 孔子学院的公共外交作用

王强、孙智谋（2014）认为孔子学院是中国与中亚国家进行人文交流的重要平台，中亚地区孔子学院开展人文交流合作具有政府主导、运行模式当地化、资金来源多渠道化、合作主体多元化、组织形式多样化等特点，但同时存在机制建设不完备、发展规划不明晰、经费来源不充足、互信基础不牢靠等问题。

四　不同区域孔子学院研究的特点分析

根据国家汉办的统计，475 所孔子学院中，亚洲 32 国（地区）103 所，非洲 29 国 42 所，欧洲 39 国 159 所，美洲 17 国 154 所，大洋洲 3 国 17 所。而每个区域的孔子学院有自己适应本土文化的独特的一面，所以不同区域的孔子学院研究呈现出不同的特点；但它们都是基于对孔子学院的研究，所以又有共通的地方。

（一）各区域孔子学院研究的独特性

1. 欧美地区孔子学院研究：侧重孔子学院形象研究

欧美地区孔子学院的研究更关注媒体对孔子学院形象的建构与报道。学者们的研究成果显示，西方媒体对中国孔子学院报道中存在意识形态误解，负面倾向的报道数量众多。这种现象的存在有一定的必然性。由于意识形态的差异，欧美地区媒体出于维护国家文化安全的考虑——西方国家都需要稳固其主流价值观的主体地位，因此不愿意过多地接受外国文化和意识形态的影响，更多地选择排斥手段来应对（刘毅，2014）。最后，欧美国家是世界经济的发达地区，这里的受众最为“苛刻”，这里的媒体控制着世界舆论走向。孔子学院“走出去”的战略能否在这些地方顺利实现，可以看作孔子学院这一中国文化品牌推广成功与否的标志。

2. 东南亚地区孔子学院研究：关注与当地政治环境的互动

东南亚地区的孔子学院研究更加关注孔子学院与当地外部环境的互动。与西方国家大学具有相当大的办学自主权不同，东南亚国家政府在高校的办学上具有相当大的决定权，鉴于当前各国孔子学院基本上都是与各国公立大学合作办学，因此各国政府的意愿是决定孔子学院发展的一个不可忽视的因素。孔子学院要得以持续发展，就必须积极争取各国政府的支持。

3. 非洲地区孔子学院研究：关注未来的发展

非洲地区孔子学院受当地经济、社会环境相对落后的现实影响较大，孔子学院的发展受到教师、教材、教学场所等多方面的限制，需要更多地依赖当地政府的支持。在这种背景下，学者们更关注孔子学院的发展状况，这种关注既有从整个国家大环境的角度出发，来探讨在非孔子学院发展的影响因素，也有从孔子学院内部的状况探究来检视目前孔子学院发展的状况。另外，非洲地区的经济社会的发展是当地最重要的社会主题，因此，如何将孔子学院的发展与当地社会发展相结合也成为学者思考的重要问题。

4. 中亚西亚地区孔子学院研究：研究需要进一步深入

这一地区孔子学院研究主要是从宏观视角分析，阐述孔子学院在这一地区的发展概况与现状，以介绍性的文章为主，没有更多的深层次的探讨与调研。另外也有文献涉及孔子学院在人文交流与合作方面所起到的作用。

（二）各区域孔子学院研究的共同特征

各区域有关孔子学院研究的共性主要表现在以下 3 个方面：（1）孔子学院的主要任务是进行汉语国际教育、传播中华优秀文化（安然，2014）。在中华传统文化的传播上，学者们都认为武术、中医等传统文化载体可以丰富孔子学院的课程特色，增强孔子学院的吸引力与品牌知名度，促进中国与孔子学院所在国的人文交流。（2）孔子学院的公共外交角色和作用开始受到关注。孔子学院是我国文化对外传播的机构，是国家软实力建设的重要举措，是公共外交实践的重要行为主体。从文化交流的视角，孔子学院向他国民众展示着有着悠久历史的中国文化，同时讲述中国的发展现状和发展理念，通过多途径的方式，让他国民众认识中国、理解中国，感受到一个真实的中国。（3）从研究的方法上来看，研究都是个案研究或基于研究者本人的经验总结，或对某一所孔子学院的运行情况进行总结，这些为孔子学院研究走向深入提供了基础。

五　结语

孔子学院是从事汉语推广的文化传播机构，是我国软实力建设的重要组成部分。一方面，孔子学院身处异国他乡，需要解决生存和发展的问题；另一方面，孔子学院的发展情况又与当地社会文化环境紧密相关。通过本章文献的梳理研究，我们发现欧美地区的孔子学院研究更重视孔子学院的媒体形象，更加重视民众对孔子学院的认同；东南亚地区孔子学院的发展需要取得当地政府的支持，因此，相关研究比较关注孔子学院与当地政治环境的互动；非洲地区特定的环境导致孔子学院的发展受诸多硬件的限制，因此孔子学院在当地的未来发展是学者们比较关注的；中亚和西亚地区孔子学院研究还相对较少，需要更多的学者去关注。

虽然不同区域的孔子学院有不同的特点，但是孔子学院都是文化传播的机构，都是公共外交的行为主体。如何从公共外交的角度切入，探索孔子学院的发展路径，让孔子学院在公共外交事业中发挥更加重要的作用，以此提升国家软实力，可能是未来研究应当予以关注的重点。此外，不同区域中孔子学院的发展呈现出不同的特点，未来仍旧需要对不同地域孔子学院的发展情况进行归纳总结和对比分析，研究发现孔子学院的发展规律，以更好地实现理论研究对实践探索的反哺。

参考文献：

Bell, D. A. (2009), "War, peace, and China's soft power: a Confucius approach", *Diogenes*, *56* (1), 26 – 40.

Ding, S., & Saunders, R. A. (2006), "Talking up China: an analysis of China's rising cultural power and global promotion of the Chinese language", *East Asia*, *23* (2), 3 – 33.

Gil, J. (2008), "The Promotion of Chinese Language Learning and China's Soft Power" *Asian Social Science*, *10* (4), 116 – 122.

Hartig, F. (2011), "Confucius Institutes and the rise of China", *Journal of Chinese Political Science*, *11*, 53 – 76.

Li, H. C., Mirmirani, S., & Ilacqua, J. A. (2009), "Confucius Institutes distributed leadership and knowledge sharing in a worldwide network", *The Learning Organization*, *16*, 469 – 482.

Lien, D. (2013), "Financial effects of the Confucius Institute on Chinese language acquisition: Isn't it delightful that friends come from afar to teach you Hanyu?" *North American Journal of Economics & Finance*, *24*, 87 – 100.

Lien, D. & Oh, C. H. (2014a), "Determinants of the Confucius Institute Establishment", *The Quarterly Review of Economics and Finance*, *2*, 1 – 19.

Lien, D., Oh, C. H., & Selmier, W. T. (2012), "Confucius institute effects on China's trade and FDI: Isn't it delightful when folks afar study Hanyu?" *International Review of Economics and Finance*, *21*, 147 – 155.

Paradise, J. (2009), "China and International Harmony: The Role of Confucius Institutes in Bolstering Beijing's Soft Power", *Asian Survey*, *49*, 647 – 669.

Redden, E. (2012), "Confucius says...", Retrieved December 25, 2013, from New Mexico State University, www. newscenter. nmsu. edu.

Starr, D. (2009), "Chinese Language Education in Europe: the Confucius Institutes", *European Journal of Education*, *44* (1), 65 - 82.

Schmidt, P. (2010), "At U. S. colleges, Chinese-financed centers prompt worries about academic freedom", Retrieved December 27, 2013, from http://chronicle. com/article/At-US-Colleges/124975/? key = Smx.

Wheeler, A. (2013) . Cultural Diplomacy, "Language Planning, and the Case of the University of Nairobi Confucius Institute", *Journal of Asian & African Studies*, *49* (2), 49 - 63.

Yang, R. (2010), "Soft power and higher education: an examination of China's Confucius Institutes", *Globalisation*, *Societies & Education*, *6* (8), 235 - 245.

安然:《孔子学院中方人员跨文化适应能力理论模式构建》, *China Media Report Overseas*, 2013 年第 2 期, 第 4—30 页。

安然:《浅说孔子学院的现在与未来》,《对外传播》2014 年第 12 期, 第 20—22 页。

安然、刘程:《英国孔子学院跨文化传播影响力初探》,《孔子学院发展研究》2013 年第 2 期, 第 9—20 页。

安然、魏先鹏:《赴泰汉语教师志愿者心理濡化研究》,《云南师范大学学报》(对外汉语教学与研究版) 2012 年第 6 期 (10), 第 47—57 页。

安然、魏先鹏、许萌萌、刘程:《海内外对孔子学院研究的现状分析》,《学术研究》2014 年第 11 期, 第 129—136 页。

车凯龙、铁茜:《歌德学院与孔子学院文献信息资源服务模式比较研究》, 新世纪图书馆, 2013 年第 10 期, 第 56—59 页。

戴蓉:《孔子学院与中国语言文化外交》, 上海社会科学院出版社 2013 年版。

董璐:《孔子学院与歌德学院: 不同理念下的跨文化传播》,《国际关系学院学报》2011 年第 4 期, 第 101—107 页。

杜瑞:《浅论孔子学院武术课的教学方法——以斯里兰卡为例》,《体育世界》2013 年第 1 期, 第 85—86 页。

冯韬:《孔子学院对发展中国家公共外交的意义——以柬埔寨王家学院孔子学院为例》,《人民论坛》2014 年第 467 期, 第 254—255 页。

高莉莉:《非洲孔子学院职业技术特色办学探究——以亚的斯亚贝巴孔子学院为例》,《西亚非洲》2014 年第 6 期,第 144—157 页。

高莉莉:《孔子学院教师职业能力建设研究:以亚的斯亚贝巴孔子学院为例——兼谈语言文化推广背景下的英语教师转型问题》,《海外英语》2014 年第 10 期,第 6—7 页。

郭旭霞、王艳琼、郭伟杰:《泰国孔子学院的体育传播研究》,《体育文化导刊》2014 年第 6 期,第 130—133 页。

郭宇路:《孔子学院的发展问题与管理创新》,《学术论坛》2009 年第 6 期,第 180—183 页。

贺潇潇:《中国已经进入公共外交时代——赵启正谈如何开展公共外交》,《对外传播》2009 年第 12 期,第 14—15 页。

扈启亮:《西非孔子学院发展现状、问题和对策》,《沈阳大学学报》(社会科学版)2014 年第 2 期,第 196—199 页。

姜梦:《韩国高校汉语话剧课的语音教学步骤——以韩外大孔子学院话剧课〈春香新传〉为例》,《教育教学论坛》2014 年第 23 期,第 89—90 页。

李明:《德国杜塞尔多夫孔子学院的汉语教学》,《云南师范大学学报》(对外汉语教学与研究版)2009 年第 7 期(5),第 34—38 页。

李佳、胡晓慧:《孔子学院发展和对外汉语教材本土化进程中的问题及对策》,《中国出版》2013 年第 11 期,第 31—35 页。

李宏亮、邢欣:《法国孔子学院词汇教学连续统模式及其启示》,《语文建设》2014 年第 5 期,第 7—8 页。

梁焱、焦健:《中亚孔子学院发展现状问题与策略研究》,《新疆大学学报》(哲学人文社会科学版)2011 年第 2 期,第 97—100 页。

廖圣清、申琦、柳成荫等:《中国大陆新闻传播学研究十五年:1998—2012》,《新闻大学》2013 年第 6 期,第 75—87 页。

林德成、安然:《赴泰汉语志愿者跨文化适应研究》,*Intercultural Communication Studies*,2011 年第 1 期,第 208—223 页。

刘程、安然:《孔子学院传播研究》,中国社会科学出版社 2012 年版。

刘程、安然:《海外孔子学院网站新闻传播案例分析——以美国孔子学院网站为例》,《武汉理工大学学报》(社会科学版)2012 年第 4 期,第 592—596 页。

刘程、安然：《国外远程交互式教学研究及其在对外汉语教学中的应用综述》，《中国远程教育》2011 年第 12 期，第 35—40 页。

刘程、安然：《意识形态下的新闻图式：英国主流媒体对孔子学院的“选择性误读”》，《新闻界》2014 年第 6 期，第 32—39 页。

刘程、向平：《美国堪萨斯大学孔子学院的汉语教学》，《云南师范大学学报》（对外汉语教学与研究版）2011 年第 9 期（2），第 78—84 页。

刘权、黄薇：《孟加拉国南北大学孔子学院汉语教学及推广概况》，《红河学院学报》2014 年第 1 期，第 105—108 页。

刘晶晶、关英明：《海外孔子学院的教材选择与编写》，《沈阳师范大学学报》2012 年第 36 期（1），第 142—143 页。

刘伟：《孔子学院的文化软实力作用》，《云南师范大学学报》（对外汉语教学与研究版）2010 年第 4 期，第 40—45 页。

刘毅：《国家文化安全视阈下的涉华舆论研究——以〈纽约时报〉对孔子学院报道的内容为例》，《学术交流》2014 年第 4 期，第 200—203 页。

吕明：《美国孔子学院教师教学本土化的调查及培训策略》，《延边大学学报》（社会科学版）2014 年第 5 期，第 108—111 页。

莫嘉琳：《孔子学院与世界主要语言文化推广机构的比较研究》，《云南师范大学学报》（对外汉语教学与研究版）2009 年第 5 期，第 21—27 页。

马玉龙：《肯尼亚孔子学院（课堂）开设武术课的可行性分析》，《赤峰学院学报》（自然科学版）2014 年第 13 期，第 111—112 页。

马渊亮：《日本汉语教学的现状及对策研究——以日本樱美林大学孔子学院为例》，北京地区对外汉语教学研究生论坛论文集，2013 年。

苗福光：《土耳其汉学研究与孔子学院发展现状》，《阿拉伯世界研究》2014 年第 2 期，第 111—120 页。

牛长松：《孔子学院与中国对非语言文化外交》，《西亚非洲》2014 年第 1 期，第 64—78 页。

乔佳：《孔子学院发展的个案考察：以非洲肯尼亚为例》，《市场周刊》（理论研究）2014 年第 2 期，第 117—118 页。

石庭瑞：《中亚孔子学院发展现状与问题研究》，《现代妇女》（下旬）2014 年第 3 期，第 201 页。

王丽：《关于缅甸汉语学习传播的研究》，《湖北科技学院学报》2014 年第 9 期，第 108—109 页。

王建喜:《孔子学院对汉语志愿者教师的指导与培养——以英国曼彻斯特大学孔子学院为例》,《云南师范大学学报》(对外汉语教学与研究版)2014 年第 6 期，第 1—6 页。

王展鹏、郝立英:《孔子学院在中外人文交流中的作用：以爱尔兰孔子学院为中心》,《学术论坛》2014 年第 2 期，第 163—166 页。

王媛媛:《非汉语语境下的汉语教学探析与实践——以匈牙利罗兰大学孔子学院汉语教学为例》,《安徽农业大学学报》(社会科学版)2014 年第 4 期，第 98—103 页。

王强、孙智谋:《约旦孔子学院开设武术课程可行性分析》,《搏击》(武术科学)2014 年第 10 期，第 72—73 页。

王旭东:《对非洲五国孔子学院武术课堂开设情况的调查与研究》,《当代体育科技》2014 年第 28 期，第 145—146 页。

魏大鹏:《韩国孔子学院建设存在的问题与建议》,《吉林省教育学院学报》(下旬)2014 年第 10 期，第 13—15 页。

魏建立:《孔子学院快速发展中的问题及对策研究——以坦桑尼亚为例》,《科教文汇》(中旬)2014 年第 7 期，第 197—198 页。

吴晓萍:《中国形象的提升：来自孔子学院教学的启示——基于麻省大学波士顿分校和布莱恩特大学孔子学院问卷的实证分析》,《外交评论》2011 年第 1 期，第 89—102 页。

吴瑛:《孔子学院与中国文化的国际传播》，浙江大学出版社 2012 年版。

吴瑛、提文静:《孔子学院的发展现状与问题分析》,《云南师范大学学报》(对外汉语教学与研究版)2009 年第 5 期，第 28—33 页。

吴瑛、石玲玲:《国际媒体对孔子学院的误解分析与回应策略》,《对外传播》2014 年第 12 期，第 23—24 页。

吴素君、缪立懿:《泰国东方大学孔子学院办学实践与思考》,《温州医科大学学报》2014 年第 4 期，第 310—313 页。

吴应辉:《汉语国际传播研究理论与方法》，中央民族大学出版社 2013 年版。

吴勇毅:《孔子学院与国际汉语教育的公共外交价值》,《新疆师范大学》2012 年第 4 期，第 100—105 页。

谢秀丽、董琳莉:《海外孔子学院非课堂教学模式的构建——以马来亚大学孔子学院为研究案例》,《韩山师范学院学报》2014 年第 2 期，第

92—98 页。

谢婧怡：《互联网资源交互式任务教学法对汉语学习兴趣的影响机制研究——以菲律宾红溪礼示大学孔子学院汉语选修课教学为例》，《国际汉语教学研究》2014 年第 3 期，第 42—50 页。

虞定海、张茂林：《基于孔子学院的武术推广模式研究》，《上海体育学院学报》2011 年第 1 期，第 83—87 页。

曾敏：《秘鲁孔子学院发展现状、问题及展望》，《成都航空职业技术学院学报》2012 年第 1 期，第 54—55、88 页。

张延成、张园、阮桂君、欧阳晓芳、徐晓霞：《汉办规划教材〈跟我学汉语〉应用分析——美国孔子学院汉语教学与推广研究之一》，《长江学术》2009 年第 1 期，第 108—113 页。

赵卫东：《中韩书院的历史、现状与未来——韩国庆熙大学孔子学院“中国文化沙龙”综述》，《大学教育科学》2014 年。

张全生、郭卫东：《中国与中亚的人文交流合作——以孔子学院为例》，《新疆师范大学学报》（哲学社会科学版）2014 年第 4 期，第 64—71 页。

周延松、赵亭、Tony Zhang、Iris Zhou、刘嵚、Charlie Xue：《皇家墨尔本理工大学中医孔子学院传播中医文化的探索与实践》，《世界中西医结合杂志》2014 年第 8 期，第 895—896 页。

周志刚、乔章凤：《海外孔子学院合作办学模式探析》，《江苏高教》2007 年第 5 期，第 32—35 页。

第二篇

个体视角——赴泰汉语教师志愿者跨文化适应研究

在泰国，随着世界“汉语热”的兴起，泰国的皇室、政府和人民对汉语教学高度重视，近年来开设汉语课程的大、中、小学校不断增多，社会上学习汉语的人数迅速增长。中泰两国高校和有关部门，顺应时代的发展趋势，在泰国皇室、政府和中国国家汉办的大力支持下，积极合作，自2006年底起在泰国各地建立了12所孔子学院和11个孔子课堂。泰国是我国外派汉语教师志愿者人数最多的国家，每年，我国派往泰国的汉语教师志愿者都在千人以上，累计人次早已过万。

正是在这样的背景之下，我们开始了赴泰汉语教师志愿者跨文化适应研究。该篇共分四部分：第一部分是针对汉语教师志愿者跨文化适应的定量研究，采用了问卷调查的方式，发现汉语教师志愿者的基本情况和跨文化适应的影响因素。第二部分是以深度访谈为主的定性研究，深度挖掘了造成汉语教师志愿者跨文化适应问题的原因。第三部分深入研究了赴泰汉语教师志愿者心理濡化问题，并构建了赴泰汉语教师志愿者心理濡化模式。第四部分为赴泰汉语教师志愿者研究的研究视角、未来研究方向以及对项目运作提出的相关建议。我们希望以方法的多元、视角的多面来揭示汉语教师志愿者跨文化适应问题，并寻求合理解决问题的方案。

第 三 章

赴泰汉语教师志愿者跨文化适应量化研究

一 文献综述

我们以“志愿者”为关键词，以 2004—2011 年为时间段，手动剔除非汉语教师志愿者研究文章或通讯信息，共检索到汉语教师志愿者相关研究文章 12 篇，其中硕士论文 2 篇。汉办志愿者教师项目启动于 2004 年，关于志愿者的研究文章最早出现于 2005 年，为范启华发表的《汉语教学志愿者“菲律宾模式”探析》。2004—2011 年中，2010 年发表相关论文最多，为 4 篇。在所有发表汉语教师志愿者的杂志中，《云南师范大学学报》（对外汉语教学与研究版）是刊载汉语教师志愿者研究文章最多的杂志。在我们搜索到的中国期刊网中关于汉语教师志愿者的研究文章中，发现对汉语教师志愿者的研究主要集中在宏观概况的介绍、跨文化教学、跨文化培训、跨文化管理等方面。

1. 汉语教师志愿者项目概况

随着汉语的国际地位日益提升，汉语国际推广的重要性日渐凸显，我国自 2004 年开始实施汉语教师志愿者项目，郝雷（2010）在《汉语教师志愿者成立与发展探析》中对汉语教师志愿者的成立背景与发展情况做了介绍。吴应辉、郭娇阳（2007）通过对泰国 170 名志愿者的问卷调查、调查会、个别访谈以及对泰国教育部有关官员的访谈等方式，分析了志愿者对国家汉办志愿者项目的态度、在泰的教学状况、生活条件、社会交往、心理状况，归纳了志愿者的意见，并提出了相关建议。而吴雁江、俞勤伟、方熹（2010）调查了云南师范大学近 6 年来赴泰志愿者项目的实施情况，分析了当前志愿者项目实施的成绩与不足，对汉办志愿者项目提出了相关的建议。两份调查报告前后相距 3 年，反映了 2004 年志愿者项目实施以来，汉语教师志愿者在生活、学习、工作方面的基本情况，并且提出了发现的问题和建议及对策，这为了解项目实施情况提供了良好的参考。

2. 汉语教师志愿者跨文化教学研究

汉语教学是外派汉语教师志愿者工作中最为基础的部分，也是耗费志愿者大量时间和精力的部分，因此对汉语教学情况的研究相对较多。这些研究多以志愿者的教学方法为基本的研究趋向，多涉及汉语教师志愿者的教学实际和教学方法。吕兆格（2011）在志愿者课堂观摩方面提出了自己的见解，他认为观摩首先要对准备去听的这门课有所认识，要对这个班级的学生有所了解。杨薇（2009）则调查发现志愿者汉语教学的工作量大、课时数多、承担的课程种类多，他们需要较强的课堂组织能力，需要灵活多样的教学方法，需要初步掌握当地语言，调动学生和学校的积极性，需要不断学习，提高自身知识水平，因此建议加强对汉语教师志愿者的培训和指导。

3. 汉语教师志愿者跨文化培训研究

志愿者的跨文化培训是志愿者进行跨文化适应以及有效展开跨文化教学的必备途径，跨文化培训情况与志愿者跨文化适应和跨文化教学情况密切相关，因此，对跨文化培训的研究应该成为志愿者研究中的重要研究方向。黄雯雯（2011）通过问卷调查对汉语教师志愿者的岗前培训需求进行了研究，发现他们普遍要求进行教学方法以及中国文化知识方面的培训，对汉语教学技能、书法培训都有强烈需求，进而建议强化汉语教学方式方法以及技能技巧方面的培训、加入一些中国文化的基本特点和核心价值观这方面的培训内容等。江傲霜、吴应辉和傅康（2011）则根据对泰国志愿者教学实际提出派往大学和中小学的志愿者分开培训、加大非汉语专业学生汉语知识的补修力度、根据泰国中小学汉语教学现状进行培训等建议。

4. 汉语教师志愿者跨文化管理研究

跨文化管理工作的成败不仅仅是国家汉语推广工作成效的重要影响因素，也是影响志愿者跨文化适应的重要因素之一，对于汉语教师志愿者的跨文化管理研究也应该成为志愿者研究领域重要的研究方向之一。郝雷（2010）认为，汉语教师志愿者的跨文化管理要以人为本，关心、尊重志愿者教师，要建立健全汉语教师志愿者管理的各项制度，运用科学有效的管理方法和手段。范启华（2005）将汉语教师志愿者项目的运作分为国内与海外两大部分，提出了“菲律宾模式”，并对其特点和产生的必然性进行了分析。目前，关于汉语教师志愿者跨文化管理方面的研究尚未引起足够的重视，在研究方法和研究深度上都需要继续拓展和深入。

5. 赴泰汉语教师志愿者研究

我们搜索到的关于赴泰汉语教师志愿者研究论文共4篇，分别为吴应辉和郭娇阳（2007）的《泰国汉语教学志愿者项目调查报告》，吴雁江、俞勤伟和方熹（2010）的《泰国汉语教师志愿者项目实施情况调查报告——以云南师范大学为例》，Lilasetthakul和An（2010）的《赴泰汉语志愿者跨文化适应研究》，江傲霜、吴应辉和傅康（2011）的《泰国汉语教师志愿者教学情况调查对志愿者培训工作的启示》。其中Lilasetthakul和An（2010）对赴泰汉语教师志愿者的跨文化适应情况进行了较为规范的研究。

总体来讲，目前关于汉语教师志愿者的研究热点主要集中在跨文化教学、培训和管理，涉及面较广，但是深度不够。此外，大多数研究采用简单的经验总结方法，研究结果的客观性有待考量。鉴于此，我们通过问卷调查方式，了解赴泰汉语教师志愿者的跨文化适应问题，希望能够为汉语教师志愿者的跨文化适应提供理论指导。

二　研究过程

本研究通过问卷调查的方式，考察赴泰汉语教师志愿者的认知、情感调节、行为和教学适应状况。

研究要点：（1）出国前跨文化培训的作用；（2）男女志愿者的跨文化适应差异；（3）适应泰国社会文化的关键期。

研究步骤：（1）建立理论假设，以问卷调查的形式了解汉语教师志愿者跨文化适应的各种状况；（2）从认知、情感调节、社会适应和教学能力四个维度，对汉语教师志愿者跨文化适应的假设进行验证；（3）在对两个子项目结果分析的基础上，建构汉语教师志愿者跨文化适应理论模式。

（一）研究模型

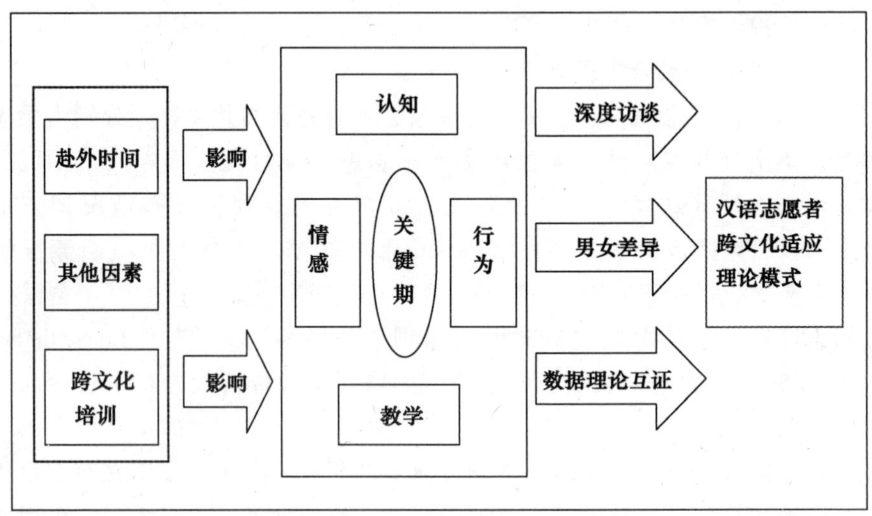

（二）研究假设

假设 1：男女赴泰汉语教师志愿者的适应情形会因性别的不同而出现差异。

假设 2：赴泰汉语教师志愿者在泰工作年限会影响他们的跨文化适应情况。

假设 3：赴泰汉语教师志愿者的泰语水平会影响他们的跨文化适应情况。

假设 4：跨文化培训内容影响汉语教师志愿者跨文化适应结果。

假设 5：认知、情感调节、行为和教学能力之间存在变量关系。

（三）问卷设计、发放与信度检验

问卷设计依据汉语教师志愿者的实际跨文化经历，参考理论文献和经典量表，经过反复论证，最终确定问卷分为两个部分。第一部分是关于志愿者的基本信息，包括他们对出国前跨文化培训的认识和看法。第二部分分为四个维度，分别是：泰国文化认知、自身情感与心理适应、对主流社会的文化适应、语言教学能力。每个维度下设 8 题，共 32 题。问卷需要汉语教师志愿者根据自己的真实情况对每个项目进行打分。1—5 分代表 5 个不同程度。同时在问卷中提出是否愿意接受访谈并留下电子邮件联系方式。

问卷于 2011 年 6 月 12 日发给国家汉办汉语教师志愿者中心，由它们转发给国家汉办驻泰国汉语教师志愿者办事处以及各汉语教师志愿者。同年 7 月 14 日开始通过电子邮件收到回复的问卷。

问卷回收渠道多样：包括个人问卷，学校集体回收问卷，汉办驻泰办事处回收的问卷。研究小组从 7 月 20 日开始对数据进行输入。由于问卷回收渠道不同，我们特别关注以防重复问卷，在输入过程中，发现重复问卷 67 份，随即剔除。最后确定回收问卷 552 份，其中无效问卷 20 份（即未填项占整体问项的一半以上的问卷），有效率为 96. 55%。通过统计软件 SPSS 进行分析，该问卷的信度为 0. 7071，效度为 0. 837。见表 3—1。

表 3—1　　　　本问卷的信度与效度

<table>
<tr><th>Reliability Coefficients</th><th colspan="3">KMO and Bartlett's Test</th></tr>
<tr><td rowspan="4">N of Cases =533. 0
N of Items = 32
Alpha = . 7071</td><td colspan="2">Kaiser-Meyer-Olkin Measure of Sampling Adequacy.</td><td>0. 837</td></tr>
<tr><td rowspan="3">Bartlett's Test of Sphericity</td><td>Approx. Chi-Square</td><td>3578. 709</td></tr>
<tr><td>df</td><td>496</td></tr>
<tr><td>Sig.</td><td>0. 000</td></tr>
</table>

三　数据结果描述与分析

我们对数据进行了统计归类，采用了描述性分析、列联表分析、回归分析等方法，得出以下分类：一是基本数据描述，为后续数据分析作支撑；二是男女跨文化适应差异的显示；三是跨文化培训时间与适应差异的比较；四是不同泰语水平的志愿者适应的差异显示；五是关于行前跨文化适应培训情况的数据显示；六是确定四个维度（认知、情感调节、社会适应和语言教学）之间的变量关系。

（一）基本数据描述统计

调查对象中男性有 85 名，占被调查者的 15. 5%，女性有 464 名，占被调查者的84.5%。调查对象的年龄主要分布在20—25岁，占被调查者的85.5%，26—30岁的占13.9%，31—35岁的占0.4%，36岁及以上的占0.2%。主要是本科毕业生，占被调查总体的66.8%。在读研究生有151名，占被调查者的27.5%。专业背景情况。调查对象中61.2%具有汉语言文学教育背景，15.8%具有外语（包括少数民族语言）的教育背景。由此可见，汉语教师志愿者中受过语言文学教育背景的人占大部分。其他文科专业（包括新闻传播、教育和管理专业）占11.3%，理工科背景的志愿者只占被调查者的1.4%。

1. 调查对象的赴泰工作年限

如表3—2所示，调查对象在泰国工作年限1—3个月的占66.8%，1—2年的占18.8%。由于3—6个月的仅1人，我们将其和1—3个月的合并为1—6个月。

表3—2　　调查对象的赴泰工作年限分布

	Frequency	Percent	Cumulative Percent
1—3个月	369	66.8	66.8
3—6个月	1	.2	67.0
6—12个月	41	7.4	74.5
12—24个月	104	18.8	93.3
24—36个月	31	5.6	98.9
36+	6	1.1	100.0
Total	552	100.0	

2. 调查对象的泰语水平

调查对象的泰语水平，可以自由交流的占14.5%，可进行一般交流的占33.5%，交流时有困难的占42.0%。能交流和不能交流的几乎是各占一半。详情见表3—3。

表 3—3　　调查对象的泰语水平

泰语水平（在和外国人交往中）如何	Frequency	Percent	Cumulative Percent
可以自由交流	80	14.5	14.5
可进行一般性交流	185	33.5	48.1
交流时有困难	232	42.0	90.2
完全不能交流	54	9.8	100.0
Total	551	99.8	
System	1	.2	
Total	552	100.0	

（二）男女赴泰汉语教师志愿者因性别不同而出现跨文化适应差异（验证假设 1）

1. 性别与认知之间的关系

经过检验，以问卷认知部分的 1—8 题为基础，通过列联表研究性别与认知之间的关系，双尾检验的结果均大于 0.05，即代表着变量之间相互独立，这些项目之间并不存在着显著性的相关关系。也就是说，性别与认知无关。

2. 性别与情感调节之间的关系

通过列联表分析，在情感类别的 8 个问题中，我们发现焦虑情绪、对泰国生活的满意情绪和人际交往中的敏感情绪的产生都与性别显著相关，即双尾检验小于 0.05 代表变量之间不独立。具体见表 3—4。

表 3—4　　性别与情感调节的列联表卡方检验结果

	Value	df	Asymp. Sig.（2 - sided）
9. 我觉得在泰国人面前交流时，我感到很焦虑，担心他们不理解我要表达的意思	9.557（a）	4	.049
13. 我感到在泰国生活很开心，很乐意邀请国内的朋友来泰国游玩	11.616（a）	4	.020
16. 与泰国朋友相处时，我非常敏感，很在乎他们对我的看法	11.707（a）	4	.020

3. 性别与社会适应之间的关系

通过列联表的卡方检验，我们发现性别与赴泰汉语教师志愿者的社会适应存在着显著相关。即双尾检验小于0.05表示这两个变量之间不独立。如图3—1所示，在对题项17.“我知道泰国人对什么感兴趣，知道如何与他们交流”的结果统计发现，赴泰汉语教师志愿者中的男性志愿者（80.0%比较认同，10.6%完全认同，比例均高于女性）能够较好地把握泰国人的兴趣偏好，普遍懂得怎样与他们交流。

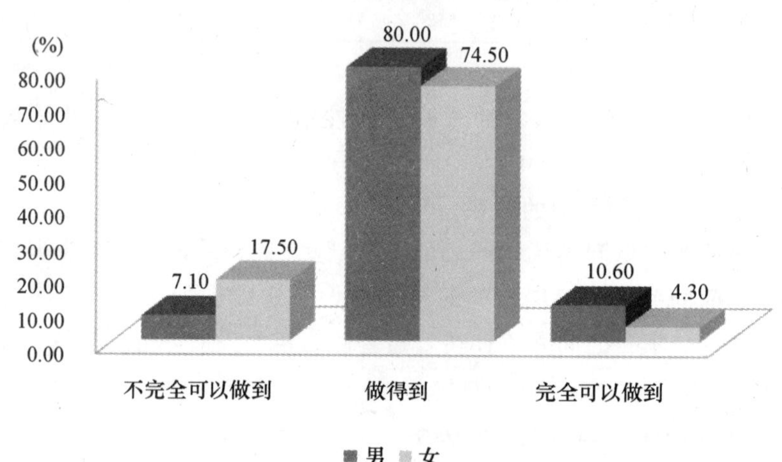

图3—1　男女汉语教师志愿者对泰国人兴趣把握的比较

4. 性别与教学能力之间的关系

通过列联表的卡方检验，我们发现性别与赴泰汉语教师志愿者的教学能力之间存在着显著相关。即双尾检验小于0.05表示这两个变量之间不独立，存在着相关性。具体见表3—5。

表3—5　性别与教学能力的列联表卡方检验结果

	Value	df	Asymp. Sig. (2 - sided)
28. 我对泰语有一定的了解，这能够帮助我在教学中及时发现汉语与泰语的异同，并进行有针对性的教学	14.521 (a)	4	.006

（三）赴泰汉语教师志愿者在泰国的工作年限与他们的跨文化适应在四个维度的相关性分析（验证假设2）

1. 赴泰汉语教师志愿者在泰国的工作年限与认知之间的关系

经过分析，我们发现赴泰汉语教师志愿者对泰国的认知与他们在泰国的工作年限，在以下三个方面存在显著性相关：（1）对泰国饮食习惯的认知；（2）对泰国文化的认知；（3）对泰国生活适应的认知。以上三项的双尾检验小于0.05，表示这两个变量之间不独立，存在相关性。具体见表3—6。

表3—6　　在泰国的工作年限与认知的列联表卡方检验结果

	Value	df	Asymp. Sig.（2 - sided）
3. 泰国的饮食以酸辣为主，我很喜欢吃泰国菜	30.319（a）	16	.016
4. 我对泰国文化很感兴趣，也了解得比较多	41.498（a）	12	.000
8. 我觉得我已经适应了在泰国的生活	52.522（a）	12	.000

如图3—2所示，在泰国工作年限为1—6个月、6—12个月和12—24个月的志愿者中，超过70%的人表示对泰国文化比较感兴趣，自身了解的也比较多。而且随着在泰国工作年限的增加，他们对于泰国文化的兴趣和了解程度越来越高，非常认同他们对泰国文化感兴趣的比例在上升，比较认同的比例在下降，这说明他们的认知程度有效提高。

对饮食习惯的认知方面，在泰国工作年限为1—6个月的汉语教师志愿者对泰国当地的饮食习惯的适应程度的差异比较显著。但是，工作年限在6—12个月、12—24个月和24—36个月的志愿者中，非常认同泰国的饮食习惯、很喜欢吃泰国菜的人所占的比例更高。即随着在泰国工作年限的增加，他们对于泰国饮食习惯的认知程度越来越高。具体如图3—3所示。

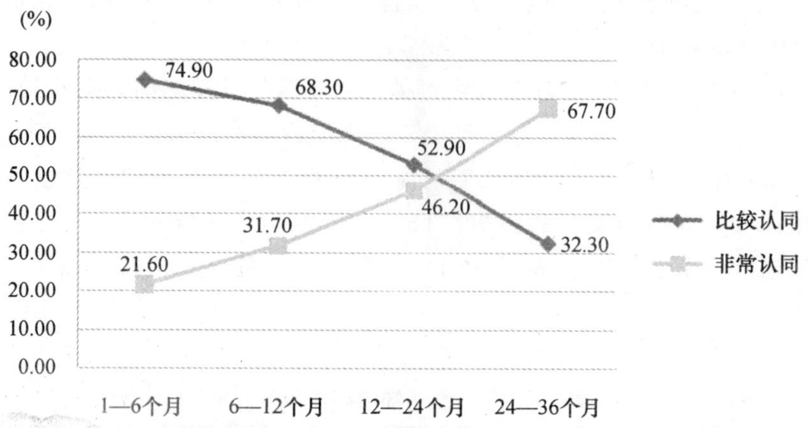

图 3—2 在泰工作年限的长短与汉语教师志愿者对泰国文化认知的比较

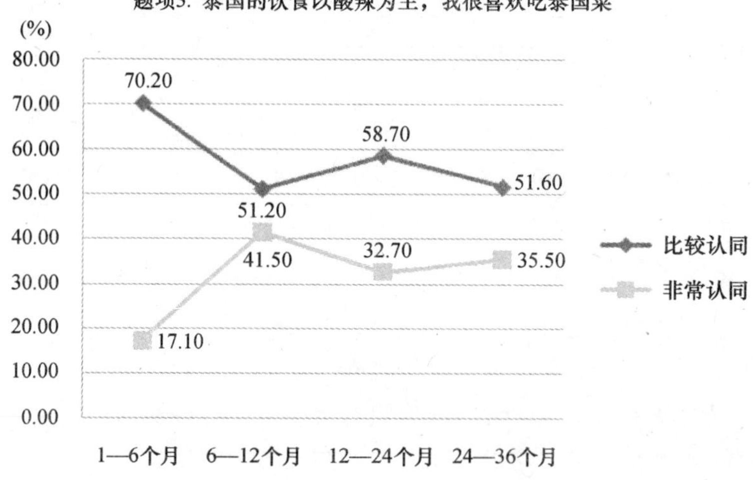

图 3—3 在泰工作年限的长短与汉语教师志愿者对泰国饮食习惯认知的比较

对泰国生活的适应方面，从图 3—4 中我们可以得知在 1—6 个月的阶段，仅有 21. 60% 的志愿者认为他们已经能够完全适应在泰国的生活。从曲线的走向来看，非常认同他们已经适应了在泰国生活的人数比例在上升，比较认同的比例在下降。即志愿者的适应程度随着时间的推移，呈现出明显的上升趋势。

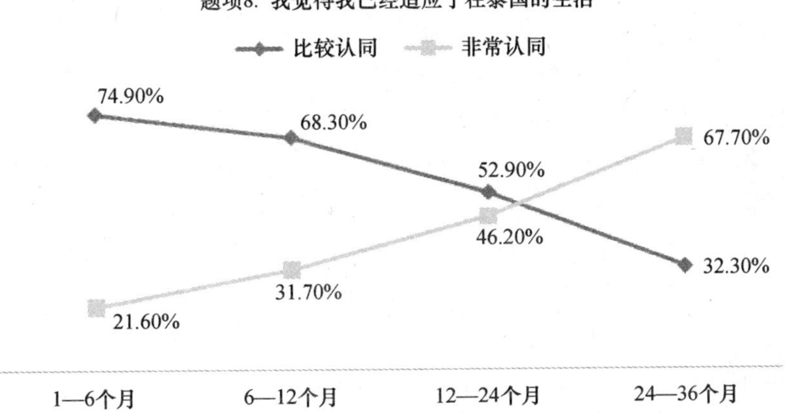

图 3—4　在泰工作年限的长短与汉语教师志愿者对泰国生活认知的比较

2. 赴泰汉语教师志愿者在泰国工作的年限长短不同与情感调节之间的差异

通过卡方检验，我们发现赴泰汉语教师志愿者的情感调节能力会随着在泰国的工作年限不同而出现阶段性的差异。双尾检验小于 0.05 的项目主要有三点：（1）在跨文化交流中焦虑情绪的产生；（2）在泰国的工作进展和跟泰国同事的沟通；（3）跨文化交际中敏感情绪的产生。以上三项中变量之间不独立，存在相关性。具体见表 3—7。

表 3—7　在泰国工作的年限长短与情感调节的列联表卡方检验结果

	Value	df	Asymp. Sig. （2 - sided）
9. 我觉得在泰国人面前交流时，我感到很焦虑，担心他们不理解我要表达的意思	62. 210 （a）	16	. 000
14. 在泰国工作进展比较慢，与泰国的同事沟通比较困难，我经常感到很焦虑	48. 724 （a）	16	. 000
16. 与泰国朋友相处时，我非常敏感，很在乎他们对我的看法	42. 015 （a）	16	. 000

从表3—8中我们得知，在跨文化交流方面，汉语教师志愿者在泰国工作年限在1—6个月的阶段时，往往更加容易产生焦虑的情绪，主要是担心与泰国人的交流存在着问题以及工作进展方面的问题；工作年限为1—6个月的汉语教师志愿者有49.9%的人不太认同他们与泰国朋友相处时非常敏感，很在乎他们对自己的看法，19.2%的人完全不认同该观点；随着时间的推移，不认同的比例越来越高。这表明随着在泰国的工作年限的增加，他们敏感情绪的产生会减弱，适应的程度得到提高。

表3—8　　在泰国工作年限长短与情感调节的比较

		V7. 您已在泰国工作了多长时间					Total
		1—6个月	6—12个月	12—24个月	24—36个月	36+	
9. 我觉得在泰国人面前交流时，我感到很焦虑，担心他们不理解我要表达的意思	不太认同	33.0%	31.7%	11.5%	6.5%	16.7%	27.2%
	比较认同	42.7%	53.7%	41.3%	51.6%	.0%	43.3%
	完全认同	20.3%	14.6%	44.2%	35.5%	66.7%	25.7%
14. 在泰国工作进展比较慢，与泰国的同事沟通比较困难，我经常感到很焦虑	不太认同	22.0%	22.5%	11.5%	9.7%	16.7%	19.3%
	比较认同	52.8%	37.5%	38.5%	35.5%	33.3%	47.8%
	完全认同	23.6%	40.0%	50.0%	48.4%	50.0%	31.5%
16. 与泰国朋友相处时，我非常敏感，很在乎他们对我的看法	完全不认同	19.2%	27.5%	35.6%	48.4%	16.7%	24.5%
	不太认同	49.9%	50.0%	40.4%	22.6%	66.7%	46.7%
	比较认同	29.3%	22.5%	21.2%	22.6%	.0%	26.5%

3. 志愿者在泰国工作年限的不同，社会适应出现差异

在社会适应方面，我们发现志愿者在泰国的工作年限与他们对泰国人兴趣和偏好的把握能力呈显著相关，即双尾检验小于0.05，代表着变量之间不独立。而且，在泰国有一定工作年限的赴泰汉语教师志愿者，普遍能够把握泰国人的兴趣偏好，了解如何跟他们开展交流。在图3—5中我们可以看到，随着在泰国的工作年限的增加，志愿者认同该观点的比例不断地上升，这表明随着时间的推移，志愿者更能把握泰国人的兴趣点，更能懂得怎样跟他们开展交流。

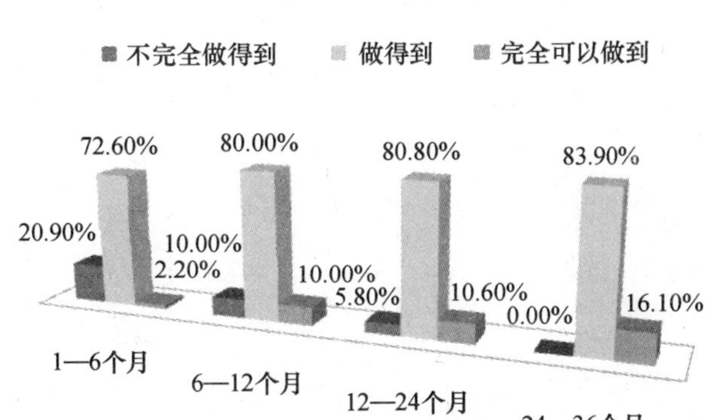

图3—5　在泰工作年限的长短与汉语教师志愿者对泰国人兴趣把握的对比

4. 志愿者在泰国工作年限的不同，教学能力出现差异

在教学能力的适应方面，我们发现，在问卷的8个问题中有6个关于教学适应的问题是与志愿者在泰国的工作年限呈显著相关的，它们分别为设计教学方法、教学资源、解决教学中所遇到的问题等，这几项的双尾检验结果均小于0.05，说明了变量之间不独立。通过表3—9的比例变化我们可以得知，随着在泰国的工作年限的增加，他们完全认同这些观点的比例在不断地上升，同时比较认同的比例在下降，这说明了随着在泰国工作年限的增长，汉语教师志愿者在教学方面的适应能力在不断地提升。

表 3—9　　在泰国工作年限的长短与教学能力的比较

		V7. 您已在泰国工作了多长时间					Total
		1—6 个月	6—12 个月	12—24 个月	24—36 个月	36 +	
25. 与泰国朋友相处，我能发现他们汉语学习的弱点，并设计更适合他们的教学方法，应用在课堂上	做得到	82.3%	82.5%	75.0%	58.1%	100.0%	79.7%
	完全做得到	9.8%	15.0%	17.3%	38.7%	.0%	13.1%
26. 我懂得如何在课堂上调动泰国学生的兴趣，让他们更快地提高汉语	做得到	84.8%	85.0%	83.7%	64.5%	83.3%	83.5%
	完全做得到	8.4%	15.0%	13.5%	35.5%	.0%	11.3%
28. 我对泰语有一定的了解，这能够帮助我在教学中及时发现汉语与泰语的异同，并进行有针对性的教学	做得到	68.6%	62.5%	70.2%	35.5%	50.0%	66.4%
	完全做得到	10.6%	35.0%	26.0%	64.5%	50.0%	18.7%
29. 我能够根据不同的教学对象，选取不同的教学资源、教学方式、教学手段、教学效果评价方式，顺利实现教学目的	做得到	85.3%	77.5%	77.9%	71.0%	83.3%	82.5%
	完全做得到	9.8%	22.5%	20.2%	29.0%	16.7%	13.9%
30. 我能够因地制宜，充分利用当地文化资源进行教学	做得到	84.8%	72.5%	78.8%	67.7%	100.0%	82.0%
	完全做得到	8.4%	22.5%	19.2%	32.3%	.0%	12.7%
32. 教学中遇到的问题或情况，我会及时准确地加以解决，不能解决的，我会在课后进行思考或与其他教师商讨并尝试解决	做得到	81.3%	72.5%	66.3%	61.3%	66.7%	76.5%
	完全做得到	17.1%	27.5%	32.7%	35.5%	33.3%	22.0%

（四）赴泰汉语教师志愿者的泰语水平与他们的跨文化适应在四个维度上的相关性分析（验证假设3）

1. 泰语水平与认知之间的关系

志愿者的泰语水平与他们对泰国文化、泰国人生活方式与工作方式、在泰国的适应情况这4项显著相关，即双尾检验小于0.05，代表着变量之间不独立。具体见表3—10。

表3—10　　泰语水平与认知的列联表卡方检验结果

	Value	df	Asymp. Sig. (2 - sided)
4. 我对泰国文化很感兴趣，也了解得比较多	49.599 (a)	9	.000
5. 泰国人的生活比较悠闲，更注重享乐	33.717 (a)	9	.000
6. 我认为泰国人的工作方式与中国人很不同，他们做事比较慢	23.701 (a)	12	.022
8. 我觉得我已经适应了在泰国的生活	60.161 (a)	9	.000

我们将汉语教师志愿者的泰语水平划分为两大类："可以进行交流"和"交流有障碍"。可以"自由交流"和"可进行一般交流"属于第一类，"交流时有困难"和"完全不能交流"属于第二类。通过百分比的变化，我们可以得知，随着泰语水平的提升，汉语教师志愿者对泰国文化、泰国人生活方式、泰国人工作方式和泰国生活的认知呈现上升的趋势。具体见表3—11。

表3—11　　汉语教师志愿者的泰语水平与认知程度的对比

		V9. 您的泰语水平（在和外国人交往中）如何					Total
		可以自由交流	可进行一般性交流	交流时有困难	完全不能交流		
4. 我对泰国文化很感兴趣，也了解得比较多	比较认同	62.5%	74.1%	84.8%	83.0%	77.8%	
	完全认同	37.5%	24.3%	10.4%	7.5%	18.8%	
5 泰国人的生活比较悠闲，更注重享乐	比较认同	33.8%	42.2%	57.1%	46.3%	47.6%	
	完全认同	66.3%	53.5%	42.0%	48.1%	50.0%	

续表

		V9. 您的泰语水平（在和外国人交往中）如何					Total
		可以自由交流	可进行一般性交流	交流时有困难	完全不能交流		
6. 我认为泰国人的工作方式与中国人很不同，他们做事比较慢	比较认同	47.5%	53.0%	61.2%	53.7%	55.7%	
	完全认同	51.3%	43.2%	33.6%	44.4%	40.5%	
8. 我觉得我已经适应了在泰国的生活	比较认同	42.5%	62.2%	77.6%	79.6%	67.5%	
	完全认同	56.3%	36.8%	19.0%	14.8%	29.9%	

2. 泰语水平与情感调节之间的关系

在情感调节方面，我们发现志愿者的泰语水平与他们在跨文化交流中接纳不同的意见和乡愁情绪的产生之间显著相关，即双尾检验小于0.05，代表变量之间不独立。在跨文化交流方面，根据跨文化沟通心理学的内容，人数上的优势会决定沟通上的优势，不仅会影响沟通形式、过程和结果，还会对人的心理和意识产生潜在的影响。志愿者泰语水平的高低，会影响他们接纳不同的想法和观念的程度。即泰语水平越高的志愿者，其接纳程度相应也越高。通过图3—6比例的变化，我们可以得知他们认同的比例基本随着泰语水平的提高而上升。

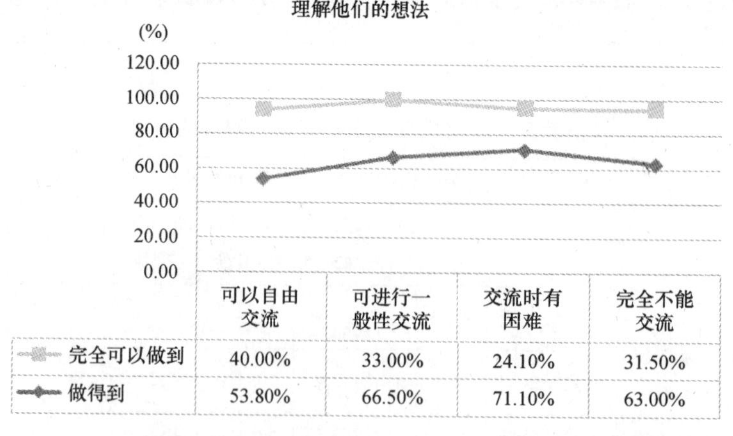

图3—6　不同的泰语水平与汉语教师志愿者对泰国人接纳程度对比

如果志愿者与泰国人完全不能交流、有困难和只进行一般性交流，他们容易产生思乡情绪，不开心的时候会比较多。从图 3—7 中我们可以看到，比较认同这个观点的比例分别是：45. 30%、50. 90% 和 48. 60%。三者均高于图 3—6 中可以自由交流的该数据来源于图 3—6，正确的比例。这说明随着泰语水平的提升，他们思乡的情绪可以得到一定的缓解。语言能力的提升，影响了他们的人际交往能力，志愿者可以通过结交泰国朋友来缓解思乡情绪。

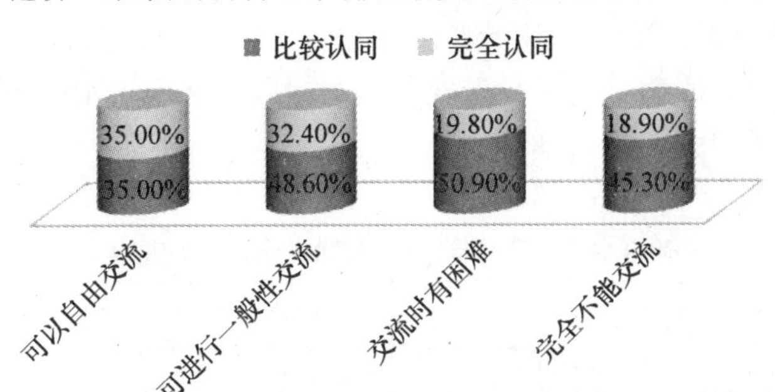

图 3—7　不同的泰语水平与汉语教师志愿者思乡情绪的比较

3. 泰语水平与社会适应之间的关系

在社会适应方面，我们发现双尾检验小于 0.05 的一共有 3 项：(1) 志愿者是否懂得怎样跟泰国人交流；(2) 是否理解泰国人的价值观和行为方式；(3) 在跨文化交际方面，志愿者在课余时间与泰国人的接触程度。具体见表 3—12。

表 3—12　　泰语水平与社会适应的列联表卡方检验结果

	Value	df	Asymp. Sig. (2 - sided)
17. 我知道泰国人对什么感兴趣，知道如何与他们交流	69. 391 (a)	12	. 000
18. 我非常尊重泰国人的行为方式，并理解他们的文化价值观	43. 452 (a)	12	. 000
20. 我大部分课余时间都是与本国朋友在一起的，很少与泰国朋友相处	40. 066 (a)	12	. 000

通过三项的比例变化，我们可以得知，随着泰语水平的提升，完全认同的比例不断上升。在把握与泰国人的交流方面和课余时间与泰国朋友的接触程度方面，认同的比例也呈现上升的趋势。这说明在这三个方面的社会适应上，泰语水平的提升有助于他们更好地与泰国人进行交流、接受并理解他们的价值观以及与泰国朋友多接触。

4. 泰语水平与教学能力之间的关系

在教学能力方面，我们发现双尾检验小于0.05的是以下5项：（1）通过与泰国朋友的交流，挖掘适合泰国人的教学方法；（2）发现汉语与泰语的异同，并据此开展针对性教学；（3）根据不同的教学对象采用不同的教学方法；（4）能否利用当地资源进行教学；（5）能否采取适当的方法解决泰国学生的学习习惯和态度方面的问题。即泰语水平与上述5项之间存在着显著相关关系。具体如表3—13所示。

表3—13 泰语水平与教学能力的列联表卡方检验结果

	Value	df	Asymp. Sig. (2 - sided)
25. 与泰国朋友相处，我能发现他们汉语学习的弱点，并设计更适合他们的教学方法，应用在课堂上	18.153 (a)	9	.033
28. 我对泰语有一定的了解，这能够帮助我在教学中及时发现汉语与泰语的异同，并进行有针对性的教学	186.179 (a)	12	.000
29. 我能够根据不同的教学对象，选取不同的教学资源、教学方式、教学手段、教学效果评价方式，顺利实现教学目的	30.306 (a)	9	.000
30. 我能够因地制宜，充分利用当地文化资源进行教学	23.592 (a)	12	.023
31. 对泰国学生表现出来的一些学习习惯或态度问题，我有适当的方法进行解决	32.508 (a)	12	.001

由表3—14我们可以发现，汉语教师志愿者比较认同/做得到和非常认同/完全做得到的比例变化基本是随着泰语水平的提高而呈现上升的趋势。这说明在一定程度上泰语水平的提高有助于他们在教学方法等方面的教学能力的提升。

表3—14　　不同的泰语水平与汉语教师志愿者教学能力比较

		V9. 您的泰语水平（在和外国人交往中）如何				Total
		可以自由交流	可进行一般性交流	交流时有困难	完全不能交流	
25. 与泰国朋友相处，我能发现他们汉语学习的弱点，并设计更适合他们的教学方法，应用在课堂上	做得到	73.8%	78.1%	82.3%	83.0%	79.7%
	完全做得到	22.5%	16.4%	8.2%	9.4%	13.2%
28. 我对泰语有一定的了解，这能够帮助我在教学中及时发现汉语与泰语的异同，并进行有针对性的教学	做得到	22.5%	16.4%	8.2%	9.4%	13.2%
	完全做得到	51.3%	26.1%	5.6%	1.9%	18.8%
29. 我能够根据不同的教学对象，选取不同的教学资源、教学方式、教学手段、教学效果评价方式，顺利实现教学目的	做得到	76.3%	79.8%	86.6%	83.0%	82.4%
	完全做得到	21.3%	19.1%	7.8%	11.3%	13.9%
30. 我能够因地制宜，充分利用当地文化资源进行教学	做得到	78.8%	80.4%	84.1%	83.0%	82.0%
	完全做得到	17.5%	16.8%	8.6%	9.4%	12.8%
31. 对泰国学生表现出来的一些学习习惯或态度问题，我有适当的方法进行解决	做得到	82.5%	84.2%	84.9%	75.5%	83.4%
	完全做得到	15.0%	12.0%	6.5%	11.3%	10.0%

（五）跨文化培训与跨文化适应的相关性分析（验证假设4）

1. 行前的跨文化适应培训内容数据分析

汉语教师志愿者在出行前进行的跨文化培训项目情况如表3—15所示。

表 3—15 汉语教师志愿者所参加的跨文化培训项目

培训项目	参加人数百分比（%）	没有参加人数百分比（%）
泰语	96.6	3.1
泰国文化	92.9	7.1
文化意识	45.3	54.7
文化休克	50.2	49.6
心理调整能力	74.6	25.4
跨文化交际技巧	79.7	20.3

2. 出国前培训的各项内容与四个维度的相关性分析

（1）跨文化培训与认知相关性分析

在跨文化培训的内容方面，我们发现认知与以下几项培训内容之间显著相关，分别是：汉语教师志愿者参加过语言方面（泰语）的培训、如何面对文化休克、心理调节能力的跨文化培训与认知之间显著相关。具体请见表 3—16 的卡方检验结果，上述几项的双尾检验结果值均小于 0.05。

表 3—16 跨文化培训与认知的列联表卡方检验结果

跨文化培训的内容	项目	Value	df	Asymp. Sig. (2 - sided)
语言方面（泰语）	6. 我认为泰国人的工作方式与中国人很不同，他们做事比较慢	9.824（a）	4	.044
如何面对文化休克	2. 泰国人很热情，很和蔼，对外国人很友好	8.666（a）	2	.013
	3. 泰国的饮食以酸辣为主，我很喜欢吃泰国菜	10.011（a）	4	.040
	4. 我对泰国文化很感兴趣，也了解得比较多	11.393（a）	3	.010
	8. 我觉得我已经适应了在泰国的生活	8.387（a）	3	.039
心理调节能力	2. 泰国人很热情，很和蔼，对外国人很友好	14.305（a）	2	.001

续表

跨文化培训的内容	项目	Value	df	Asymp. Sig. (2 - sided)
文化意识能力	2. 泰国人很热情，很和蔼，对外国人很友好	8.317 (a)	2	.016
	3. 泰国的饮食以酸辣为主，我很喜欢吃泰国菜	11.700 (a)	4	.020
	4. 我对泰国文化很感兴趣，也了解得比较多	12.781 (a)	3	.005
	8. 我觉得我已经适应了在泰国的生活	13.033 (a)	3	.005

a. 语言方面（泰语）的跨文化培训：我们发现赴泰之前参加过语言方面（泰语）培训的赴泰汉语教师志愿者有 56.8% 的人比较认同泰国人的工作方式与中国人存在着差异，其比例高于没有参加过此培训的（23.5%），后者更倾向于选择完全认同泰国人做事比较慢。语言的流畅与否影响了志愿者的沟通情况，从而影响了他们的工作进展与方式见表 3—17。

表 3—17　是否参加过语言培训与汉语教师志愿者对泰国人工作方式认知的对比

			V14. 来泰国之前参加过语言（泰语）的培训		Total
跨文化培训的内容	项目		不选择	选择	
语言方面（泰语）的跨文化培训	6. 我认为泰国人的工作方式与中国人很不同，他们做事比较慢	比较认同	23.5%	56.8%	55.8%
		完全认同	64.7%	39.6%	40.4%

b. 如何面对文化休克的跨文化培训：对泰国生活适应程度的高低与参加过如何面对文化休克的培训之间有一定的联系，无论是文化、饮食、对泰国人的印象还是对泰国生活的适应，由柱状图（图 3—8）可以得知参加过该培训的教师志愿者完全认同的比例均高于没有参加过该培训的教师志愿者，即参加过培训的教师志愿者的适应能力更强，该培训的效果显著。当人们面对新的环境时，会明显感觉到语言、气候、宗教和食物等的不同，因为自身已有的习惯与之不适应，从而产生文化休克的现象。但是

通过该项培训，志愿者已经建立起基本的能力，因此可以较好地克服文化休克的问题。

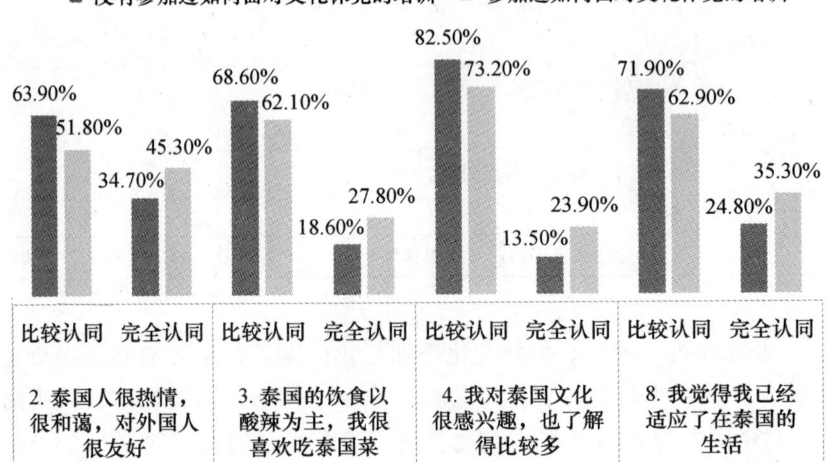

图 3—8　是否参加过如何面对文化休克的培训与汉语教师志愿者对泰国文化、饮食等认知的比较

c. 心理调节能力的跨文化培训：赴泰前参加过关于心理调节能力培训的汉语教师志愿者更倾向于“完全认同”泰国人很热情、和蔼，对外国人很友好，正面评价较高。具体见表 3—18。

表 3—18　是否参加过心理调节能力培训与汉语教师志愿者对泰国人印象的对比

			V14. 来泰国之前参加过语言（泰语）的培训		Total
跨文化培训的内容	项目		不选择	选择	
心理调节能力	2. 泰国人很热情，很和蔼，对外国人很友好	比较认同	71.4%	53.2%	57.8%
		完全认同	27.1%	44.4%	40.0%

（2）跨文化培训的内容与情感调节的相关性分析

在跨文化培训的内容方面，我们发现情感调节与以下几项培训内容之间存在着显著相关，具体是：汉语教师志愿者参加过如何面对文化休克、心理调节能力和文化意识能力的跨文化培训与他们的情感调节之间存在显著相关，上述几项的双尾检验结果值均小于0.05。见表3—19。

表3—19　　跨文化培训与情感调节的列联表卡方检验结果

跨文化培训的内容	项目	Value	df	Asymp. Sig. (2 - sided)
如何面对文化休克	10. 与泰国朋友交流时，遇到不同意见或观念的时候，我能接受并理解他们的想法	11.138 (a)	4	.025
	14. 在泰国工作进展比较慢，与泰国的同事沟通比较困难，我经常感到很焦虑	10.878 (a)	4	.028
心理调节能力的培训	14. 在泰国工作进展比较慢，与泰国的同事沟通比较困难，我经常感到很焦虑	17.249 (a)	4	.002
文化意识能力	9. 我觉得在泰国人面前交流时，我感到很焦虑，担心他们不理解我要表达的意思	11.487 (a)	4	.022
	10. 与泰国朋友交流时，遇到不同意见或观念的时候，我能接受并理解他们的想法	15.511 (a)	4	.004
	11. 在泰国我不开心的时候比较多，我非常想念中国，想家	10.142 (a)	4	.038
	16. 与泰国朋友相处时，我非常敏感，很在乎他们对我的看法	13.540 (a)	4	.009

a. 如何面对文化休克：从图3—9得知，在接纳不同的观念方面，参加过该培训的志愿者有34.90%的志愿者是完全认同，其接受能力和程度较未参加过培训的志愿者要高；在没有参加过培训的调查对象中，50.70%的调查对象表示他们在泰国的工作进展较慢，与泰国同事沟通比较困难，比较容易感到焦虑。

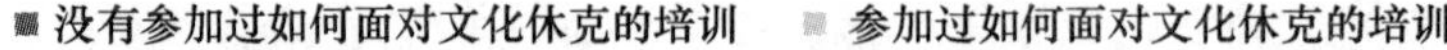

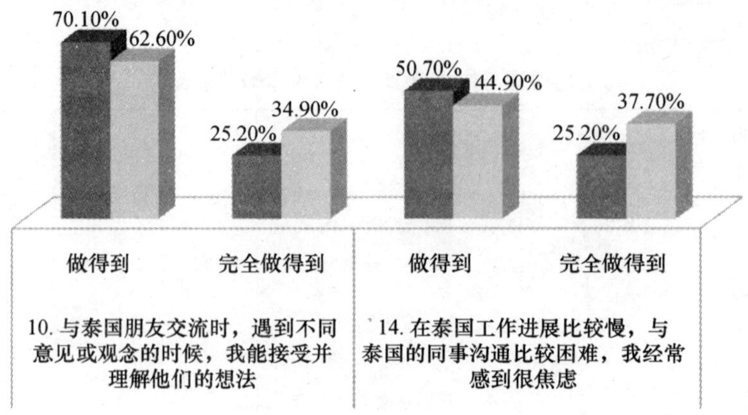

图 3—9　是否参加过如何面对文化休克的培训与汉语教师志愿者不同的情绪调节的比较

b. 心理调节能力培训：在因工作所产生的焦虑情绪方面，从表 3—20 得知，参加过心理调节能力培训的志愿者相对来讲更认同他们在泰国的工作进展比较慢，与泰国同事沟通困难，容易产生焦虑。在比较认同和完全认同他们容易产生焦虑情绪方面，参加过心理调节能力培训的志愿者认同的比例均高于未参加过培训的志愿者。

表 3—20　是否参加过心理调节能力培训与汉语教师志愿者焦虑程度的对比

跨文化培训的内容	项目		不选择	选择	Total
心理调节能力	14. 在泰国工作进展比较慢，与泰国的同事沟通比较困难，我经常感到很焦虑	比较认同	47.1%	48.0%	47.8%
		完全认同	22.9%	34.4%	31.5%

c. 文化意识能力培训：在焦虑情绪方面，如图 3—10 所示，参加过文化意识能力培训的志愿者中有 31.20% 的人表示他们与泰国人进行交流时，感到很焦虑，担心他们不能理解自己要表达的意思，高于没有参加过该培训的志愿者比例，这说明没有参加过培训的人反而不容易产生焦虑情绪。

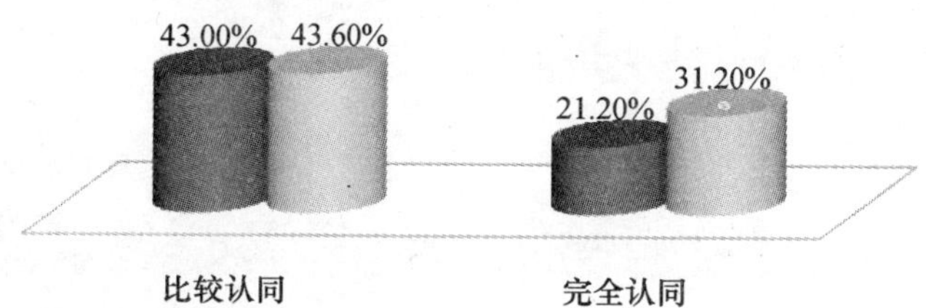

图 3—10　是否参加过文化意识能力培训与汉语教师志愿者焦虑程度的比较

人际交往方面，如图 3—11 所示，在参加过文化意识能力培训的志愿者中，有 37.20% 的人表示他们与泰国朋友交流时，遇到不同意见或观念的时候，能接受并理解他们的想法，高于没有参加过培训的比例——24.20%。这说明培训有助于他们理解和接受不同的意见。

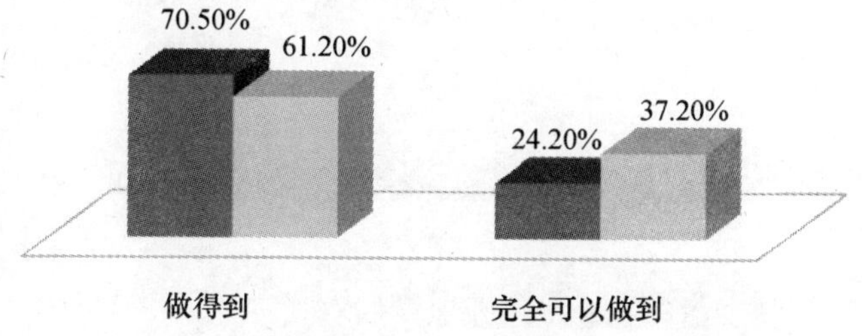

图 3—11　是否参加过文化意识能力培训与汉语教师志愿者接纳不同意见的程度的比较

思乡情绪的方面，在参加过文化意识能力培训的志愿者中，有 31.60% 的人完全认同他们在泰国不开心的时候较多，乡愁情绪浓烈，该数据高于没有参加文化意识能力培训的志愿者群体数据。详见图 3—12。

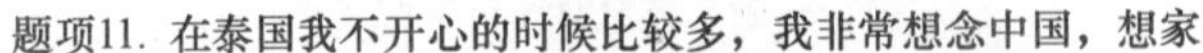

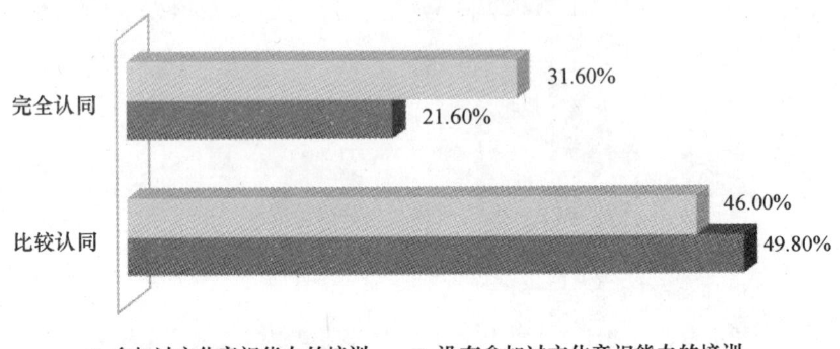

图 3—12　是否参加过文化意识能力培训与汉语教师志愿者思乡程度的比较

在与泰国朋友相处方面，如图 3—13 所示，在参加过文化意识能力培训的人中，不太认同和完全不认同该观点的比例均高于没有参加过该培训的比例。这说明参加过培训的人更倾向于认为自己并没有很敏感，很在乎泰国朋友对自己的看法。敏感情绪的产生因参加过此项跨文化培训而得到缓解。

题项16. 与泰国朋友相处时，我非常敏感，很在乎他们对我的看法

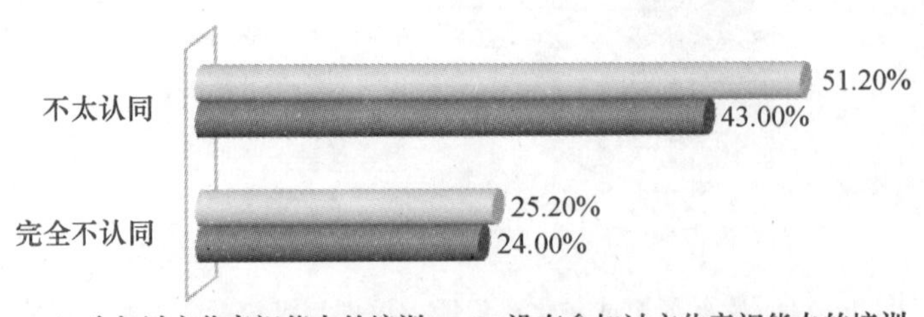

图 3—13　是否参加过文化意识能力培训与汉语教师志愿者敏感程度的比较

（3）跨文化培训的内容与社会适应的相关性分析

在跨文化培训的内容方面，通过列联表分析的卡方检验，我们发现以

下几项培训内容与汉语教师志愿者的社会适应之间显著相关，它们分别是：汉语教师志愿者参加过语言方面（泰语）、文化意识能力和跨文化交际技巧方面的跨文化培训。具体请见表3—21的列联表检验结果，上述几项的双尾检验结果值均小于0.05。

表3—21　　跨文化培训的内容与社会适应的列联表卡方检验结果

跨文化培训的内容	项目	Value	df	Asymp. Sig. (2 - sided)
语言（泰语）的培训	20. 我大部分课余时间都是与本国朋友在一起的，很少与泰国朋友相处	23.465 (a)	4	.000
	23. 我不认同泰国人的一些价值观，但与他们交流时我不会把我的想法表现出来	19.154 (a)	4	.001
文化意识能力的培训	23. 我不认同泰国人的一些价值观，但与他们交流时我不会把我的想法表现出来	11.713 (a)	4	.020
跨文化交际技巧的培训	19. 我很喜欢参与泰国朋友的活动，并融入他们的生活圈子	16.270 (a)	4	.003

a. 语言（泰语）培训：在人际交往方面，参加过泰语培训的志愿者在课余时间与泰国朋友的交往良好，有比较多的时间与泰国人相处，而在价值观的认同方面和自我表达方面，同样是参加过培训的教师的适应程度更高，更能控制自己的表达，62.6%参加过该培训的教师虽然不认同泰国人的一些价值观，但与他们交流时不会把这种不认同表达出来。两项的比例都高于没有参加过泰语培训的汉语教师。这表明培训是有效的，能够促进志愿者与泰国人的交往。

b. 文化意识能力的培训：汉语教师志愿者通过参加文化意识能力的培训后，在跨文化交流时，更加能够做到自我控制——虽然不太认同泰国人的一些价值观，但是能够更好地做到不把自己的想法表现出来，有助于双方交流的进一步开展。具体请见表3—22。

表 3—22　　是否参加过文化意识能力培训与汉语教师志愿者对泰国人价值观的认同的比较

<table>
<tr><th>跨文化培训的内容</th><th colspan="2">项目</th><th>不选择</th><th>选择</th><th>Total</th></tr>
<tr><td rowspan="2">文化意识能力</td><td rowspan="2">23. 我不认同泰国人的一些价值观，但与他们交流时我不会把我的想法表现出来</td><td>不完全做得到</td><td>25.1%</td><td>19.2%</td><td>22.4%</td></tr>
<tr><td>做得到</td><td>61.2%</td><td>62.4%</td><td>61.7%</td></tr>
</table>

c. 跨文化交际技巧的培训：我们通过表 3—23 的对比发现，志愿者参加过跨文化交际技巧的培训后在人际交往方面的适应程度更高，比较认同（72.2%）和完全认同（21.2%）他们很喜欢泰国朋友的活动，并且能够融入他们的生活圈子的比例均高于没有参加过该项培训的人。这说明了此项培训有助于提高志愿者的社会适应能力。

表 3—23　　是否参加过跨文化交际技巧的培训与汉语教师志愿者跟泰国人之间的交往情况的比较

<table>
<tr><th>跨文化培训的内容</th><th colspan="2">项目</th><th>不选择</th><th>选择</th><th>Total</th></tr>
<tr><td rowspan="2">跨文化交际技巧</td><td rowspan="2">19. 我很喜欢参与泰国朋友的活动，并融入他们的生活圈子</td><td>做得到</td><td>68.5%</td><td>72.2%</td><td>71.5%</td></tr>
<tr><td>完全做得到</td><td>18.9%</td><td>21.2%</td><td>20.7%</td></tr>
</table>

（4）跨文化培训的内容与教学能力的相关性分析

在跨文化培训的内容方面，我们发现汉语教师志愿者的教学能力与以下几项培训内容之间显著相关，即汉语教师志愿者参加过语言方面（泰语）、如何面对文化休克、泰国文化、文化意识能力和跨文化交际技巧方面的跨文化培训。具体请看表 3—24 的卡方检验结果，上述几项的双尾检验结果值均小于 0.05。

表 3—24　跨文化培训的内容与教学能力的列联表卡方检验结果

跨文化培训的内容	项目	Value	df	Asymp. Sig. (2 - sided)
语言（泰语）	30. 我能够因地制宜，充分利用当地文化资源进行教学	13.230（a）	4	.010
	31. 对泰国学生表现出来的一些学习习惯或态度问题，我有适当的方法进行解决	19.083（a）	4	.001
	32. 教学中遇到的问题或情况，我会及时准确地加以解决，不能解决的，我会在课后进行思考或与其他教师商讨并尝试解决	13.934（a）	3	.003
如何面对文化休克	25. 与泰国朋友相处，我能发现他们汉语学习的弱点，并设计更适合他们的教学方法，应用在课堂上	8.019（a）	3	.046
	26. 我懂得如何在课堂上调动泰国学生的兴趣，让他们更快地提高汉语水平	12.479（a）	4	.014
	28. 我对泰语有一定的了解，这能够帮助我在教学中及时发现汉语与泰语的异同，并进行有针对性的教学	10.087（a）	4	.039
泰国文化	28. 我对泰语有一定的了解，这能够帮助我在教学中及时发现汉语与泰语的异同，并进行有针对性的教学	18.653（a）	4	.001
文化意识能力	25. 与泰国朋友相处，我能发现他们汉语学习的弱点，并设计更适合他们的教学方法，应用在课堂上	9.431（a）	3	.024
	31. 对泰国学生表现出来的一些学习习惯或态度问题，我有适当的方法进行解决	11.909（a）	4	.018
跨文化交际技巧	25. 与泰国朋友相处，我能发现他们汉语学习的弱点，并设计更适合他们的教学方法，应用在课堂上	8.103（a）	3	.044
	26. 我懂得如何在课堂上调动泰国学生的兴趣，让他们更快地提高汉语水平	14.242（a）	4	.007
	30. 我能够因地制宜，充分利用当地文化资源进行教学	10.674（a）	4	.030

（六）志愿者跨文化适应四个维度的回归分析（验证假设5）

1. 有关四个维度（认知、情感调节、社会适应、语言教学）的相关分析

相关分析发现四个维度都彼此相关，如表3—25所示。

表3—25　认知、情感调节、社会适应、语言教学的相关性分析

		认知	情感调节	社会适应	语言教学
认知	Pearson Correlation	1	.203（**）	.267（**）	.278（**）
	N	548	545	545	535
情感调节	Pearson Correlation	.203（**）	1	.338（**）	.319（**）
	N	545	549	548	538
社会适应	Pearson Correlation	.267（**）	.338（**）	1	.387（**）
	N	545	548	549	538
语言教学	Pearson Correlation	.278（**）	.319（**）	.387（**）	1
	N	535	538	538	539

** Correlation is significant at the 0.01 level（2-tailed）.

2. 自变量和因变量模型

根据跨文化适应的现有理论，我们确定认知、情感调节和行为为跨文化适应的三大影响方面，汉语教师志愿者的跨文化适应也同样受这三大因素的影响。而他们在泰国的最终目的是从事汉语教学，因此我们将认知、情感调节和行为作为影响志愿者汉语教学能力的三大要素。也就是说，我们将汉语教学能力作为因变量，认知、情感调节和社会适应作为自变量来做回归分析。回归模型如下：

$$Y = \alpha + \beta_1 X_1 + \beta_2 X_2 + \beta_3 X_3 + \varepsilon$$

其中，Y表示志愿者汉语教学能力，以综合平均分衡量；X_1表示认知，X_2表示情感调节，X_3表示社会适应，均以问卷得分的平均值衡量。

对有效样本进行回归分析，结果如表3—26所示。

表 3—26　　样本回归分析结果

自变量	参数估计	标准误	t 值	P 值	95% 置信下限	95% 置信上限
α（常数）	2.023	.177	11.459	.000	1.676	2.369
X_1 认知	.128	.031	4.085	.000	.066	.189
X_2 情感调节	.168	.039	4.340	.000	.092	.245
X_3 社会适应	.251	.037	6.772	.000	.178	.324
$R^2=0.211$　$F=47.243$（P 值 $=0.000$）　$DW=1.961$						

结果显示，常数和认知、情感调节、社会适应三个解释变量的 t 检验 p 值都为 0.000，小于 1% 的置信水平，说明这三个因素对语言教学能力有显著影响，方程 F 检验的 P 值亦为 0.000，小于 1% 的置信水平，方程显著。此外，我们进行了多重共线性、异方差、自相关（在 95% 的置信水平下，$d_L=1.738$，$d_U=1.799$）和残差的正态性检验，结果表明，回归方程不存在多重共线性，不存在异方差和自相关，残差不能拒绝服从正态分布的原假设。

从回归结果来看：如果保持情感调节和社会适应解释系数不变，平均来说，认知每增加一个单位，语言教学能力增加 0.128 个单位；如果保持认知和社会适应解释系数不变，平均来说，情感调节每增加一个单位，语言教学能力增加 0.168 个单位；如果保持认知和情感调节解释系数不变，平均来说，社会适应每增加一个单位，语言教学能力增加 0.251 个单位。由此得知，假设 5 成立，即认知、情感调节、行为和教学能力之间存在变量关系。

四　讨论

本研究通过对赴泰汉语教师志愿者的问卷调查，了解他们的跨文化适应诸方面情况。本研究提出了 5 个假设，通过对收回问卷的数据统计、分析及验证，发现：

假设 1：男女赴泰汉语教师志愿者的适应情形会因性别的不同而出现差异——不完全成立。

假设 2：赴泰汉语教师志愿者在泰国的工作年限会影响他们的跨文化适应情况——成立。

假设 3：赴泰汉语教师志愿者的泰语水平会影响他们的跨文化适应情况——成立。

假设 4：跨文化培训内容影响志愿者跨文化适应结果——成立。

假设 5：认知、情感调节、行为和教学能力之间存在变量关系——成立。

对假设 1 的解释：

从项目调查问卷设定的认知、情感调节、社会适应、教学能力四个维度来看，不同性别的汉语教师志愿者的适应情况在情感调节、社会适应与教学能力这 3 个方面出现差异，在认知方面的差异不显著。冯源等（2007）认为我国的文化背景一般认为男性应该比女性更坚强、克制、稳重，且更具独立性，因此男性不会轻易地表现他们的情绪，他们更倾向于自己处理情绪问题和拥有较强的社会适应能力。而女性一般被认为是感性的、脆弱的，对情绪的控制能力和社会适应能力不如男性。在我们的研究中发现，男性汉语教师志愿者对在泰国的生活的满意程度高于女性。其次，我们还发现男性更懂得如何把握泰国人的兴趣偏好，交流能力强于女性。这与男性的适应能力强也有一定的关系。一般认为，女性是比较敏感的，但是在研究中却得出了相反的结论，在人际交往方面，女性志愿者较男性更不太认同她们自身是非常敏感的，她们很在乎泰国朋友对自己的看法。

对假设 2 的解释：

我们的研究数据显示，随着在泰国工作年限的增加，汉语教师志愿者在认知、情感调节、社会适应与教学能力这四个维度的适应能力上均呈现上升趋势。随着在泰工作年限的增长，汉语教师志愿者对泰国生活的认知不断加深，所谓一切的不喜欢、不适应都来源于误解，当对东道国生活熟悉之后，他们的跨文化适应能力也会不断地提升。此外，汉语教师志愿者在东道国工作的年限越长，对东道国人们的工作方式、兴趣偏好等也越能更好地把握，从而促进他们对东道国的跨文化适应。最后，与东道国人们的沟通以及教学资源、方式的运用也会随着其工作年限的增长而有更深程度的理解。概言之，随着汉语教师志愿者在东道国工作年限的增长，其跨文化适应能力也会有所增长。

对假设 3 的解释：

汉语教师志愿者的泰语水平与他们四个维度的跨文化适应状况也存在着显著相关关系。通过对比我们发现，随着泰语水平的提高，汉语教师志愿者的跨文化适应能力得到提升。在认知方面，志愿者通过语言这个桥梁去获取更多的信息，可以提高他们对泰国文化、泰国人生活方式、泰国人工作方式和泰国人生活的认识；在情感调节方面，负面情绪的产生也可以通过语言能力的提升而得到缓解。泰语水平高的志愿者可以拥有更多的机会去结交泰国朋友从而缓解思乡情绪，其次与泰国人的有效沟通有助于他们接纳不同的意见；在社会适应方面，随着泰语水平的提升，志愿者可以更好地理解泰国人的价值观，把握他们的兴趣偏好；在教学能力方面，泰国学生更喜欢志愿者用泰语和他们交流，更加容易明白和有亲切感。因此，志愿者的泰语水平较高时，通过与泰国人的沟通，他们更能把握泰国人学习汉语的弱点，从而采用有效的教学方法开展教学。

对假设 4 的解释：

跨文化培训的内容与汉语教师志愿者的跨文化适应存在着显著相关关系。第一，在认知方面，参加过语言方面（泰语）的培训、如何面对文化休克、心理调节能力的跨文化培训的志愿者通过这些培训，从而更好地与泰国人进行沟通，建立起基本的适应能力以及拥有足够的心理准备，可以有效地应对文化休克问题，志愿者的认知程度得到提高。第二，在情感调节方面，是否参加过如何面对文化休克、心理调节能力和文化意识能力的培训影响着汉语教师志愿者的情感调节。Brislin 和 Yoshida（1994）认为跨文化培训能够让外籍人士了解文化差异，通过提供一个特定文化的信息及知识，从而减少情绪上的挑战。我们在本研究中也发现，对于不同意见的接纳能力和敏感情绪的产生，可以通过文化意识能力的培训得到缓解。但是，心理调节能力和文化意识能力这两项培训均存在着一定问题。根据数据结果，我们发现，参加过心理调节能力培训和文化意识培训的志愿者，反而更容易产生焦虑和思乡的负面情绪。第三，在社会适应方面，语言方面（泰语）、文化意识能力和跨文化交际技巧方面的跨文化培训与志愿者的跨文化适应相关。Pusch（1993）总结了各个方面跨文化培训的三个共同目标：理解由文化差异带来的心理压力；培养与异国文化进行有效沟通的能力；建立良好的人际关系的能力。在本研究中，语言方面（泰语）、文化意识能力和跨文化交际技巧方面的跨文化培训效果显著，通过这些培训，志愿者的沟通交流能力得到提高，在交往中能够做到尊重不同的价值观，促进了他们的人际交往，从而提升了他们的社会适应能力。第四，在教学能力方面，语言方面（泰语）、如何面对文化休克、泰国文化、文化意识能力和跨文化交际技巧方面的跨文化培训的效果也是显著的，通过这些培训志愿者的教学能力也得到了提升。

对假设5的解释：

由相关分析可知，汉语教学能力与认知、情感调节、社会适应之间均呈现显著相关关系。此外，根据回归方程的显示，方程不存在多重共线性，不存在异方差和自相关，残差不能拒绝服从正态分布的原假设。认知、情感调节、社会适应和汉语教学能力之间存在变量关系，假设5成立。汉语教师志愿者对东道国的文化认知水平越高，他们对东道国文化就越了解，从而可以更好地与东道国的学生在课堂上实现互动，以提高其汉语教学能力；汉语教师志愿者的情感调节能力越强，他们在面对文化休克、跨文化冲突等跨文化问题时越能及时调整自己的状态，从而更好地进行汉语教学；汉语教师志愿者对东道国的社会适应越好，意味着他们对东道国的环境可以更好地适应，从而善于解决遇到的跨文化问题，在跨文化教学过程中能够游刃有余、挥洒自如。因此，我们可以推测认知、情感调节、社会适应和汉语教学能力之彼此相关，而且认知、情感调节、社会适应作为自变量，对汉语教学能力这一因变量有着显著的正向作用。

五 结语

本章主要是针对赴泰汉语教师志愿者跨文化适应的定量研究，采用问卷调查的方式，探究汉语教师志愿者的基本情况和跨文化适应的影响因素。研究发现赴泰汉语教师志愿者的性别与认知不相关，但与情感调节、社会适应和教学能力均显著相关；赴泰汉语教师志愿者在泰国工作的时间、泰语水平均与跨文化适应的四个维度显著相关；跨文化培训的内容会影响跨文化适应的结果；赴泰汉语教师志愿者的跨文化适应的四个维度之间彼此相关，且语言教学能力是认知、情感调节和社会适应三者共同影响的结果。

第四章

赴泰汉语教师志愿者跨文化适应质化研究

在第三章问卷调查的基础上，我们对赴泰汉语教师志愿者的跨文化适应影响因素有了较为全面的了解，发现情感调节、社会适应影响教学能力，在泰国工作的时间、泰语水平和跨文化培训的内容影响跨文化适应，认知、情感调节和社会适应影响语言教学能力。为了更全面、更深刻地考查汉语教师志愿者跨文化适应现状，我们进行了深度访谈研究。我们希望通过该研究，深入了解赴泰汉语教师志愿者跨文化认知适应、情感适应、社会文化适应、教学适应、跨文化培训、身份转换和认同以及对未来发展的思考等，发现赴泰汉语教师志愿者跨文化适应的重要印象因素、阶段性特征、跨文化适应完成的标志等，从而建构汉语教师志愿者跨文化适应的模式，为汉语教师志愿者的跨文化适应实践提供理论支持。

一　研究问题

问题 1：赴泰汉语教师志愿者跨文化认知适应情况如何？志愿者关注的中泰文化之间的同与异是怎样的？

问题 2：赴泰汉语教师志愿者的跨文化情感适应情况如何？情绪波动出现的原因有哪些？如何加以解决？

问题 3：赴泰汉语教师志愿者在跨文化教学上面临的困难有哪些？如何解决？情绪调节与教学调节之间是否相关联？

问题 4：赴泰汉语教师志愿者身份转换情形如何？转换所需时间是否存在个体差异？

问题 5：赴泰汉语教师志愿者跨文化适应完成的标志有哪些？

问题 6：赴泰汉语教师志愿者跨文化适应是否存在阶段性差异？表现

如何？

二　研究过程概述

自 2011 年 8 月 15—21 日，我们走访了普吉、董里、合艾、曼谷四地，对当地志愿者进行了 6 个场次的正式访谈。我们按照规范的访谈研究步骤，对赴泰汉语教师志愿者的跨文化适应情况进行了全面而深入的了解。在调研结束后，我们按顺序对访谈录音进行了转写、归类和分析。

三　转写过程

赴泰调研录音资料的转写工作烦琐而量大，我们将所有的录音材料一字不落地进行转写，包括语气词，力求反映访谈时志愿者的最准确情状。基本转写情况如表 4—1 所示。

表 4—1　访谈对象概况统计

名称	访谈时间	访谈人数	时间长度	转写字数
普吉孔院志愿者访谈	2011/8/16	11 人	1h6′（9：40—10：46）	18344
普吉中学孔子课堂访谈	2011/8/16	3 人	55′（14：00—14：55）	14216
董里教学点志愿者访谈	2011/8/17	2 人	35′（15：40—16：15）	11307
合艾孔院志愿者访谈	2011/8/18	5 人	1h16′（9：30—10：46）	19005
合艾国光中学孔子课堂	2011/8/19	11 人	1h43′（9：40—11：23）	27184
曼谷地区志愿者访谈	2011/8/20	19 人	3h17′（9：00—12：17）	57372
合计	场次：6 次；人数：51 人；时间长度：8 小时 52 分；转写字数：147428 字			

此次转写的具体步骤如下所示。

（1）完善“赴泰汉语教师志愿者访谈表”中的基本信息，如访谈人员、时间、地点、访谈对象等基本内容，理清录音中的人物及关系，确保“其人”与“其语”的准确对应。在赴泰调研之前，我们制作了“赴泰汉语教师志愿者访谈表”，表中含有赴泰汉语教师志愿者个人详细信息（如姓名、性别、年龄、学历、派出单位、赴泰时间、授课地点、联系方式等）和发言情况。由于个别场次访谈的志愿者人数很多，所以在访谈完成的当天晚上，我们会熟悉访谈笔记，确保准确把握人物和发言的一一对应。

（2）制订转写计划。考虑到转写需要的时间很长，我们制订了转写计划，以便研究者合理安排时间，保证转写质量。在转写完全展开之前，我们进行了小规模的转写实验，测验转写的速度、难度等。之后，我们根据先前的实验情况，确定了每日工作时间、转写内容和工作量等，以保质保量尽快完成转写工作。

（3）转写。转写耗时耗力，枯燥乏味，但是基础中的基础，我们对此项工作坚持“忠于录音”“完全转录”的原则。考虑到访谈时会出现的访谈对象众多、访谈环境开阔、研究者不够近等因素，我们在此次调研中准备了两支录音笔，在访谈中两支录音笔会在不同方位同时录音，如果一支录音笔无法清晰地记录访谈内容，则另一支录音笔能做很好的补充。两支录音笔有效地解决了因位置问题而带来的录音不清、转写困难的问题。但即使两支录音笔同时采录，也偶尔会出现反复听仍旧无法辨别的内容，对于多次听仍无法辨别的少量无关紧要的录音，我们采取省略非重要信息的方式，以“……”号代替。对于录音中出现的沉默、掌声、语气加强、声调提高等现象，我们也在转写内容中添加注明；对于省略或简称，在后边的括号中补全，力求重现访谈场景。

（4）转写后的检查。通读转写文字资料，检查错别字、标点符号等。

四 归类分析

对转写之后的文字材料进行归类分析，是访谈研究中最重要的步骤之一。完成这一步尤其需要集中注意力，在一个相对静的环境中，研究者要在较长时间内保持敏感性。对于头脑中产生的每个新颖的观点，研究者都进行了仔细思考和认真笔记。

“归类分析”步骤如下。

（1）熟悉核心概念，如认知适应、情感适应、行为适应、教学技能、跨文化管理等，包括跨文化传播学和跨文化心理学的相关理论，以准确把握可能在转写材料的归类分析中涉及的概念和理论。

（2）在无心理预设的前提下，通读文字材料，熟悉内容。无心理预设是确保归类分析质量的重要前提。只有在无心理预设的前提下，研究人员才能对文字材料进行较为客观的把握，对文字材料隐含的深层次意义进行较为客观的挖掘，而不会因为既有的心理预设，而将能够发掘的深层次意义的范围人为地缩小。

（3）再次阅读，并标注。再次阅读以熟悉内容是基础，进行标注是该步骤的关键，也是整个归类分析的关键，这步工作的质量如何直接影响着下一步工作的好坏。我们采用分段阅读方式，逐字逐句阅读，并将读到的内容进行标注，如属于情感适应方面表达的语句在句子后边相应标注"情感适应"，如身份转换不成功的则在文字之后标注"身份转换失败带来问题"等。并将在第二次阅读中涌现出的感触和想法作记录，记在相应的文字材料之后。

边阅读材料边分析的过程要求对材料和理论知识都要具备相当的敏感性，能够在两者之间借助理论与思维做精确的"嫁接"，如陈述属于对泰国文化的认识，还是志愿者的情绪情感适应，或者是志愿者在社会交往行为上的适应，还是管理或教学方面的问题，还是几个方面的内容都涉及？对此要在阅读之后有清晰的把握。在标注过程中，有的内容需要标注不同的理论知识，如对泰国学生的看法或认识，既可以归结到认知类中，也需要归结到教学技能中，这时标注要全面、清晰，不能遗漏。另外，归类并非一次完成，需要反复进行多次。粗线条的分类能笼统概括或归结，但这并非归类的终点，许多内容需要在这些大类之下继续细分，纵向逻辑上是什么、为什么和怎么办，横向逻辑上包括哪些并列平行的方面等，并且要将自己即时的想法及时记录。

另外，附加在相应的内容之后的思考，其方向可能有：原因的寻找，如为何会出现教学上的不适应；现象的总结，如课堂管理的恐惧是跨文化教学不适应的表现，这样的情况还有哪些；与其他访谈内容的前后联想，如有的志愿者说话的着重点在教学上，有的则将大部分的时间用在了自己过去的不愉快的适应经历上，两种表述出现差异的原因是什么，是不是把注意力放在自己的生活状况上的志愿者就是不关心工作，并且工作做得不好？到底是情绪影响了教学，还是教学影响了情绪？

（4）标注内容归类总结。在无心理预设的前提下进行标注内容的归类总结，需多步进行。最初的分类，不管分类数量的多少，只需要将相同的或相近的内容分到同一类中，先将各个访谈表的内容分类整合，再总地进行分类整合；再次归类则需要将各小类进行归类汇总，归到大类之下，方便进一步地研究。

（5）将有价值的词句或重复或强调的表述进行筛选。筛选出的内容为需要进一步思考和分析的内容。这些内容可能是志愿者认为有价值或处理难度较大的问题，在日常工作生活中不能忽视的现象。对这些问题或现象的原因挖掘、归纳是研究走向深入的重要步骤，该步骤完成情况与研究人员知识储备、学术敏感性密切相关。我们长期从事跨文化适应与传播方面的研究，在跨文化适应研究方面的实践、经历和理论储备都有一定优势。

（6）总结访谈的时间、转写的字数等内容，包括：每篇归类之后，该篇内容的字数、时间等；将总的访谈情况表格制作成 EXCEL 格式，包括访谈名称、时间、地点、人数、时长、字数和小结等。

（7）总结。纵览整个研究过程，思考在 Coding 的过程中涌现出的新观点，重新发掘与新观点相关的事实脉络结构。注重理清思路上的逻辑，确保归类分析的准确性和深刻性。

五 分析与结论

我们从认知适应、情感适应、行为适应（社会文化适应）、教学适应、跨文化管理等方面对整个访谈文字数据进行了分析处理，结论如下。

（一）跨文化认知适应

跨文化认知是跨文化沟通能力的重要方面，其主要是通过理解母文化与其他文化的异同来改变个体对环境的认知（Triandis，1997）。志愿者在泰国经过一段时间的适应之后，对泰国的自然环境和人文社会环境产生了个体特征显著的感知，他们能感受到中泰文化之间的差异，不过这种差异在个体间存在差别，这种差别表现在质和量两个方面。志愿者在感受文化的冲击、理解文化的差异的过程中产生了自己的感受，有了带有个体特征的跨文化认知。

1. 对泰国自然环境的认知

中国虽然地域面积广阔，但是多数地区处于温带，而泰国则是典型的热带气候；国土面积，中泰也有着很大的差异……对这些自然地理环境，志愿者有自己的认识。

> 马：整个社会没有我想象的那么乱，包括天气，我原来都觉得很热很热，可能比北京的桑拿天还热，但实际上很多时候是我们还需要带外套。
>
> 王：今天这种柔和的环境本身就会给你带来一些轻松的心态去适应。

中国地域范围宽广，纵跨亚寒带到亚热带广大地域，对于一直生活在北方的志愿者来讲，初到泰国，首先面临的就是气候，尤其是气温上的考验。但是泰国国情特殊，虽然气候炎热，但是室内气温很低。对这些自然地理环境的认知，志愿者体察入微，而且能够体会到这种柔和的环境对跨文化适应的意义，这是更高层次认知适应的表现。

2. 泰国人的和善与微笑

泰国是全民信佛的国家，民风淳朴，素有“黄袍之国”“微笑国度”的美称。与中国尤其是改革开放之后发生巨变的中国的文化与现实相比，多有差异。对此志愿者有着自己的感受和认识。

> 徐：比如说你走在大街上，男男女女你都不认识，你们可能目光对视一下，然后就自然而然地微笑一下。这在中国也是没有的，他们是微笑之国嘛。
>
> 赵：我觉得我当时很幸运，没有分在曼谷，分到那个偏远的小地方，让我懂得了泰国和泰国文化，还有泰国人的那种宽容和友善，我学会了很多。
>
> 王：泰国人特别特别好，他们非常纯朴，把你当他家里人一样，甚至比对他家里人更好。

对文化差异的感知情况既是影响跨文化适应状况的重要因素，也是跨文化适应状况的重要指标。从访谈中可以看出，不同的志愿者从不同的方面和层次感受到了中泰文化之间的差异：泰国人微笑的习惯、礼貌、热情，民风淳朴、宽容、友善。这些对中泰文化之间差异的细微体察存在于不同的志愿者身上，在差异感触的数量和程度上，志愿者之间存在一定的差异，而这些对差异的体察及感受程度指示着志愿者跨文化认知适应情况良好。

3. 泰国人的心态：给与得

志愿者经过一段时间的适应之后，能够察觉到自然地理环境不同，也能够体会到文化精神层面的差异。如在付出与回报上，志愿者就感受到了泰国文化中价值理念层次的东西，这种精神层面差异的感知更为珍贵和深刻。

> 王：泰国人首先会看你为他做的一切，然后他也会相应给你回报，这是他们文化的一种理念。这体现在你工作的过程中，你不断地为这个学校付出，为学生而努力工作，他们自然而然地就会看到你的付出，就会开始帮助你，慢慢地给你一些东西。

虽然中泰文化之间存在很大差异，但是许多价值观念仍为两种文化共享，“与人为善”“天道酬勤”都是两国文化共同认可的价值观，而这些共享价值观恰恰是两种文化能够展开对话与合作的基础。志愿者身处泰国，能够感受到文化差异的同时，还能敏锐捕捉共享文化，并在此基础上成为跨文化对话的执行者，进而习得异域文化体系中的其他价值观念，这是志愿者能够进行包括认知适应在内的跨文化适应的必经步骤。以此观之，对于共享价值体系的感知、捕捉与价值发掘是赴泰汉语教师志愿者跨文化认知适应中不可或缺的一步。

4. 对泰国教育的认知

志愿者在泰国从事的主要工作是汉语推广教育工作，这是占据志愿者多数时间和精力的工作，也是志愿者跨文化认知感触最深刻的方面。志愿者不仅能够感受到教育上中泰之间的规则差异，而且能体会到规则之外的潜规则的不同，并且能够认知、理解和遵守这些规则，达到认知适应的较高层次。

魏：因为他们信佛，（考试）要让他们过，不行再补一次，想办法让他过。

王：泰国真的是给我们一个场子就让你去，锻炼吧，爱怎么发挥就怎么发挥吧。

吴：泰国学校需要我们是多面手。就是你不仅仅只是教汉语，学校的各种活动，只要有节日，你就要排舞蹈，学生要去比赛，需要我们帮忙准备，我们就做展板，等等。

泰国尊崇“与人为善”的文化，在考试上也不难为孩子，想办法让学生过，与中国的“原则”大有不同，但是志愿者适应了，“习以为常”了；志愿者能感受到泰国教育部在给志愿者从事教育的自由与权利，体会到这种自由与中国的不同；在汉语推广工作的实践上，志愿者也意识到赴泰汉语推广工作，需要多方面素质的培养与能力的发挥。

综上所述，志愿者对泰国的印象和感受良好，能够意识到中泰之间的文化差异，在跨文化认知上的适应情况理想。他们能够感知到泰国文化中的礼貌、热情，民风淳朴、宽容、友善，能够适应泰国的炎热气候、环境宽松，感受到泰国教育上的对学生“和善”与教育部给志愿者的“自由”，能够内化教育上的泰国原则，并意识到赴泰汉语推广不仅仅是教学的事情，对自然、人文、社会教育的认知都相对理想。如图4—1所示。

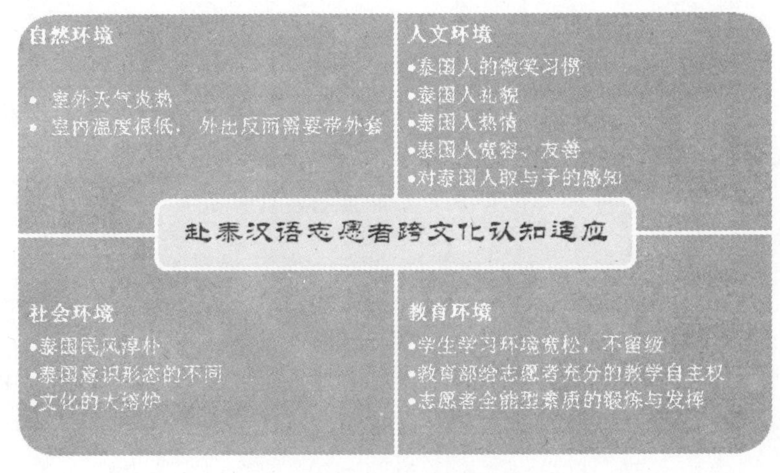

图4—1 赴泰汉语教师志愿者跨文化认知适应

（二）跨文化情感适应

情感是与社会性需要相联系的高级主观体验，情感具有稳定性、持久性、深刻性、内隐性（李静，2010），所谓跨文化情感适应，也就是在跨文化环境中，与社会性需要相联系的高级主观体验稳定与深刻的过程，即情绪逐渐稳定的过程。汉语教师志愿者初到跨文化环境中，容易产生焦虑、思乡、紧张等不良情绪，而首先面临的便是如何克服这些不良情绪，让正面情绪占据主动。赴泰汉语教师志愿者在跨文化情感适应过程中，逐渐在缺乏指导的不良情绪应对中形成了自己的应对方案与适应策略。但从总体上看，缺乏指导和培训跨文化情感适应具有效率低和破坏性大的特点。

A. 跨文化情感适应案例

研究者：有没有出现让你崩溃的时候？

赵：有有有，真的要崩溃了，我第一个月就不停给家里边打电话，我电话费差不多两千人民币，几乎每天都给家里边打电话，因为我不知道找谁啊！

研究者：这样家里人会不会很难受？

赵：我没有跟他们说这些，我都说非常好，我不想跟他们说。如果说的话肯定会特别担心的，然后就这样自己一个人忍过来的，真的是非常非常非常……

研究者：有没有一个朋友可以交流一下、倾诉一下？

赵：没有没有，都没有，所以都只能是自己一个人忍着，然后最多就是和我一个府的志愿者周末聚一下。

研究者：那你以什么方式宣泄自己的情绪呢？

赵：健身。

研究者：健身？

赵：我门口有一个公园，然后我每天就去，其实我是很懒的，我不健身的，但是那年我整整健身健了一年，每天去健身，就跑步，而且我自己是学舞蹈的嘛，我也还是经常去练功啊什么的，所以一直在坚持。

研究者：你一健身就能把痛苦忘掉啊？

赵：对，因为你在做自己喜欢做的事情，你会觉得很，怎么说呢，那些东西都不算什么，而且就是说比较幸运的是我们学校有两个志愿者，他们是从英国来的。

研究者：英国还来两个志愿者？

赵：对对，他们是教英语的，然后就是说可以跟他们骑自行车啊，去外边兜兜风啊。

研究者：就是说在那一年你就是这样子散心的？

赵：对。然后还有最大的就是和学生在一起的时候，也是比较比较……因为泰国学生，他们真的很可爱，就是在你难过的时候，他们从你一个很微妙的表情，他们能够看得出来你难过，他们问你，你怎么了，老师？然后就给你，给你买零食啊，或者别的什么，就非常感动，主要是学生给我的一些，最后就是说办公室老师其实一开始对我很冷漠，但是后来对我都非常非常好，包括一直到现在我都跟他们有联系。

案例分析：

案例中，该志愿者讲述了自己在泰国艰难的情感适应过程，想家情绪浓烈，情绪低落、压抑，这也证实了初期该志愿者情感适应状况不理想。该志愿者尝试了疏导不良情绪的可能方式：与家人通电话，但不讲述实际情况，效果一般；志愿者聚会，但频率低，效果有限；健身，能够较好地排解不良情绪，是个人化的方式；社交，与外国志愿者一起游玩；与学生在一起，获得了较为理想的支持；从同事处取得支持。在这些没有有效指导、欠缺效果评估的措施长时间的作用下，志愿者最终走出了适应的痛区，这也启示跨文化管理工作者可以在志愿者跨文化情感适应方面予以指导和帮助。

B. 从工作中寻找兴趣

赵：然后还有最大的就是和学生在一起的时候，因为泰国学生，他们真的很可爱，就是在你难过的时候，他们从你一个很微妙的表情，能够看得出来你难过，他们问你，你怎么了，老师？然后就给你，给你买零食啊，或者别的什么，非常感动。

志愿者的主要精力和时间都用在了汉语教学工作上，所以能在工作中找到解决情绪的方案，而这才是最优解决方式，而建立工作的兴趣，在长时间的工作中寻找和体会乐趣，将情感适应与日常教学结合起来可能是最佳方案。

C. 他人期望

> 周：我们大学的校长来说了一句很让人鼓舞的话：就是像你们这些年轻人，不管是志愿者也好，还是教师也好，你在外面经历了几年，你就是学校的一个宝贝，你就是学校的一个人才。我就是用这些话一直鼓励自己，不管我们这些志愿者将要走哪一步，我想我们得到了历练，得到了成长，下一步一定会有更好的机会等着我们。

情感适应的过程需要获取支持因素，而支持因素的来源宏观上可以分为内在因素与外在因素两部分。志愿者从他人期望与肯定中获取的包括信息和希望在内的外在支持因素，而外在支持因素需要经过内化，即志愿者的理解和认可，才能真正转化为支持志愿者情绪适应的因子。他人的期望和自我期许是志愿者恢复前进动力的重要来源，是解决情绪问题的有效武器，是志愿者情感适应中可以尝试的重要方式。

综上所述，志愿者在跨文化适应过程中容易出现情绪波动问题，而情绪情感问题的调节和跨文化情感适应状况直接影响了跨文化适应的整体水平。在进行宣泄和调节不良情绪上，志愿者进行了有益的探索，发现了适合不同个体的多种方案：与家人通电话，志愿者聚会，做自己喜欢的事——健身，交友，与学生在一起，从同事处获得社会支持，将自己的爱好与工作统一，自我期许与别人期望。而对于志愿者情感适应影响因素和适应策略的探讨，在理论和实践上都显示出了重要意义。具体如图 4—2 所示。

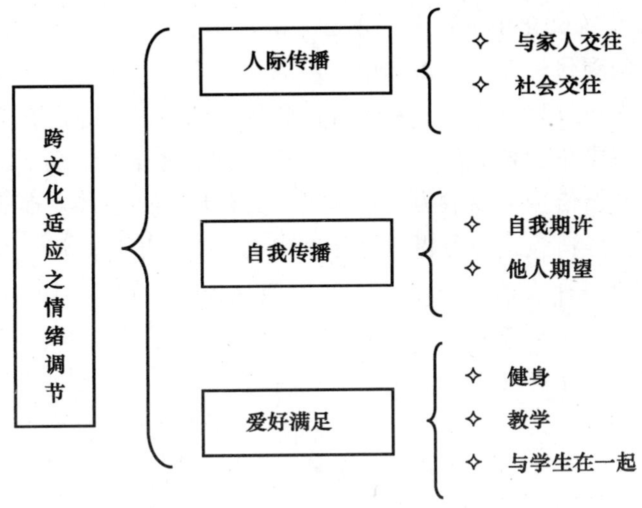

图 4—2　赴泰汉语教师志愿者跨文化情绪情感适应

（三）社会文化适应

Ward（1992）定义了社会文化适应：社会文化适应是指适应当地社会文化环境的能力，是否能与当地文化群体成员进行有效接触。这一定义也为后来跨文化适应研究学者所采用。跨文化社会文化适应包括两个方面：对于社会文化环境的适应和跨文化社会交往。在访谈中，志愿者描述了他们对“慢慢来”文化的适应、对“微笑”文化的适应、对时间文化的适应和对跨文化交往的适应情况。志愿者的社会文化适应显示出适应项目上的个体间差异。

1. “慢慢来”文化是泰国文化中一大特色

随着中国经济的崛起，追求效率与精确的现代性越发弥漫开来，在这样的大背景下，中泰两种文化碰撞到一起产生冲突成为必然，相互的理解和接受都需要一定的时间。

> 肖：我走路比别人快很多，我从这里到宿舍走路需要 20—25 分钟，泰国人至少要走一个小时（大家笑），我不理解为什么他们要走那么慢！别人走得慢了我就嫌弃他，我真不理解，但是后来我理解了。

2. 中国传统文化中的许多传承已久的精神在1949年之后的运动中和改革开放后的现代性建设的浪潮中，逐渐被放弃

当前国人也开始重拾许多富有价值的传统精神，志愿者在异国他乡感受到了在泱泱中华漫长的历史中的古朴民风。在这样的情况下，志愿者感受到的文化冲击恰恰可以成为对我国当今文化反思的注脚。而志愿者能逐步对这样的差异适应，并习得泰方的风俗文化甚至精神内涵，是志愿者跨文化适应力的一种表达；志愿者短暂时间地回国，感受到的跨文化不适应，如案例中的在“微笑”上的不适应，说明志愿者对泰国社会文化适应的同时，已经在跨文化再适应上出现问题了。

肖：泰国人对人还是很友善的。当时我去年来的时候就是第一天来上学，来孔院，从住的地方到这里，有一个扫大街的那个大妈就对我笑，我就跟我当时的同伴说：“赶快走，这个人有神经病!”我拔腿就赶快走了。后来我就发现所有人都对你笑的，你看他就对你笑，所以你也会对他报以真诚的微笑。我觉得这种交流感动到你心里最脆弱的部分，但是这种笑是真诚的，非常的舒心，不是那种虚情假意的笑。所以当我回到中国，去年回到中国，呃，今年的1月份回到中国，我对别人笑，别人不对我笑，我反倒不习惯了。别人以为我是神经病呢!

3. 时间观念上的差异

中国和泰国在时间观念上的差异明显。中国人越来越接受单线性时间观；在泰国，多线性时间观更受认同。虽然中泰并非两种时间观的典型代表，但是在现实经济社会发展中，这种差异已然显现。

季：但是我的学生，我跟他说12点到，我等到两点，他可能就咬个冰棍过来了，哎，老师，你到了。一开始的时候，我的性格是比较急，我觉得我要做这件事情，我要立刻做好，要学生必须跟我一样。这个过渡期大概是3个月，我就慢慢适应了泰国的学生。

4. 社会交往情况既是影响志愿者跨文化适应的重要因素，又是社会文化适应状况的重要指标

在跨文化社会交往上，志愿者的社会交往圈子普遍狭窄。真正有泰方朋友圈子的志愿者数量少、比例低，多数志愿者的交往圈子仍旧局限在志愿者或华人圈子中，由此看来，志愿者跨文化适应水平并不理想。同时，有的志愿者的跨文化社交较为深入，这些志愿者特点明显：因环境的限制，不得不与泰国人交往；个性开放、活泼，交流积极性高，好奇心强，敢于跨文化交流；工作上与泰方有合作关系等。我们认为志愿者的跨文化社会交往对志愿者的跨文化适应及整个汉语推广工作有重要的意义。在2011年下半年的泰国洪灾中，涌现出了志愿者帮助泰国人抗洪救灾的事迹，这些事迹对汉语教师志愿者的声望和汉语推广有着不可低估的作用。当然，这些都是建立在跨文化社会交往关系基础之上的。

A. 志愿者的社会交往圈子狭小，赴泰之初尤其如此，因此志愿者获取的社会支持有限。

社会交往的局限性对于志愿者的跨文化适应，不管在物质上还是在精神上，都是一种莫大的限制，释放这部分潜力，对于志愿者的个体适应和汉语推广工作的继续深入都极有价值。

> 谭：我那时候（刚到泰国的时候）的办法就是，多跟朋友跟在泰国的朋友志愿者聊聊天，跟他们交流交流。
>
> 研究者：像你们除了跟老师打了交道，跟泰国其他人打交道多不多？
>
> 韦：就是每天都上班，所以就是跟学校的老师打交道。

B. 有一定泰国社交圈子的志愿者特征明显：外向、活泼、交流欲强，不畏跨文化交际之难；与泰国朋友在工作上有合作关系；周围环境中基本没有中国人。

> 肖：跟泰国朋友的话，不仅是这个朋友，还有很多很多的朋友，我去过他们家。一般的话，泰国朋友是不会带你去他们的家，如果不是特别特别好的朋友的话。然后我在他家住了三天，他们家有很多很多果园，他爸爸妈妈也很喜欢我，他哥

哥也很喜欢我，每次到达合艾都是让他妹妹约我一起吃饭，去见他去接机，都很好、很好。

冉：跟那些泰国老师一起合作也挺愉快的，然后有些泰国老师就是跟你接触比较多了，就经常跟你开玩笑，比如说问你泰国有鬼你会不会怕呀，然后我也跟他们开玩笑，泰国不一定有鬼，还有佛祖。

C. 中泰社交之间的差异性感受：泰国人更温柔，这也影响着中国人进行跨文化社会交往的风格。

孙：我觉得他们（泰国人）比较温柔，所以讲话不能太大声，也不能随便发脾气。

5. 社会文化适应的表现

社会文化适应是志愿者对泰国社会深层接触、了解之后的结果，是跨文化适应的较高层次。在社会文化适应上，并不是每位志愿者都能达到一个较为理想的水平，许多志愿者还难以在该项目上有很好的表现。具体来说，志愿者社会文化适应的表现有：与泰国人之间建立密切的友谊，产生包容心态。

谭：我觉得我现在有一个泰国的家庭。

赵：他们（泰国人）老是问我说，你觉得我们的清迈像不像你们的上海？然后我说像，挺像的，哈哈，他们根本就不知道中国是什么，他们就觉得，就觉得清迈可能像上海一样，我说好吧，那你说是上海就是上海吧，他们说为什么你们中国可以举办奥运会，泰国就不可以呢？然后我说可能很多年后就可以吧。

6. 社会文化适应：标准与影响

情境性是跨文化适应标准确定的重要考查内容之一，跨文化情境上的限定是跨文化适应界定的前提。志愿者的社会适应则是对社会文化环境的适应，其简单标准是与社会接触程度。在泰国，区域文化间差异很大，在乡下和在曼谷的人际关系氛围不同，志愿者由此感受到了区域文化差异，并因此带来适应状态上的波动，如“不会再像小地方的老师那样手把手地带”。波动的出现并非社会文化适应能力上的问题，我们认为仅仅是环境的作用。生活环境的变化对志愿者的适应造成的压力是一个值得关注的课题，尤其是有着成功社会文化适应经历和经验的志愿者，在转战文化差异较大的地区时，是否碰到社会文化适应上的障碍和困惑，以及带来的个体适应上的压力，值得继续深入地研究。

> 谭：我第二次来是到了泰国的法政大学，然后是在国际学院，工作环境很好，住宿条件很好，老师的汉语水平也很好，各方面都很好，但是我感觉稍有不同的是人和人之间的交流，因为老师都很忙，不会再像小地方的老师那样手把手地带着你去哪儿，就是要学独立，自己给自己补充空间，你的时间要学会自己充实自己的空间。

综上所述，社会文化适应既包括对不同文化之间差异的体察，也包括与文化中个体的互动与传播，而后者处于更高层次上，也是根本所在。通过互动过程，志愿者了解不同文化的差异，进而协调差异，在“求同存异”和“协商改变”的过程中进行跨文化传播网络的建立和延展，因此释放志愿者传播网络的社会支持，对其跨文化适应帮助很大。所以，对跨文化社交传播网络的研究和实践，对于整个跨文化适应和跨文化传播能力都有积极的作用。现将赴泰汉语教师志愿者跨文化社会交往与传播网络适应相关知识图示化表达，如图 4—3 所示。

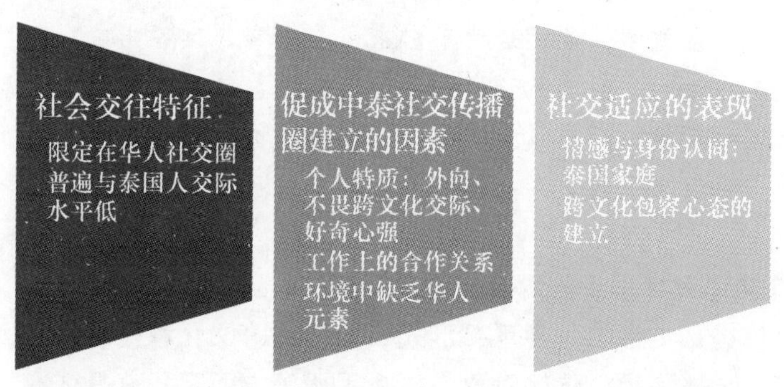

图 4—3　赴泰汉语教师志愿者跨文化社会交往与传播网络适应

（四）跨文化教学适应

跨文化教学是志愿者在泰国从事的主要工作，也是志愿者感受最深的地方，跨文化教学适应的过程不仅仅是志愿者感受差异的过程，更是志愿者解决冲突的过程，跨文化教学适应情况直接影响着志愿者使命的完成，影响着国家汉语推广工作的大局。

1. 教学不适应的表现：孩子吵、调皮

泰国与中国的课堂教学风格差异很大。泰国课堂气氛活跃，学生积极性高。在赴泰汉语教师志愿者的跨文化教学适应中，课堂纪律是志愿者面临的第一个问题，尤其是在初到泰国、泰语一般且承担低年级教学任务的志愿者，对于该情状的接受、理解和控制是一个适应的过程，这个过程中，许多因素在起作用，既有志愿者对学生的爱，也有志愿者对于课堂纪律控制的无所适从；另外志愿者还碰到了学生不爱学习、教材不统一等问题。

王：我刚开始去教学的时候，遇到的最大问题就是他们非常得吵。刚去的时候泰语也不是很好，然后在你不会说泰语的情况下，你是没有办法控制住他的纪律的，就是那个时候甚至感觉到去上那个班的课，然后都会有一些头疼，不知道该怎么办。

徐：因为他（学生）就是那种本身就不爱学的，无论是什么科目他都不爱学。然后我就是本着“不抛弃、不放弃”的理念，每堂课还要他也很痛苦，我也很痛苦。我要点他，既要让他学，他还是读不出来，一个字都读不出来。

庞：过去我们的孩子们，他们第一批第二批来的时候是最困难的时候，没有教材，你上课想讲什么，人家泰国人也不懂，也没有个教案，也没有个教材，自己编、自己写。

2. 跨文化教学适应问题及出现的原因

教育传播是传播的一种重要形式，而影响跨文化教学适应的因素可以从传播者、传播途径、传播对象、传播手段等方面寻找，具体有：个人经历与背景，对教学对象的了解和把控程度，教学对象的差异性，教师的个人魅力，工作任务重、要求高、项目多，语言熟练程度等。

> 郭：我觉得来的时候刚见到小学生的时候，已经知道教学对象了，这样的话知道教学对象对他做适当的安排，不用太大的调整。
>
> 程：教学方面，还有待于提高，因为我，我一直教不同的年龄层次和不同汉语水平的学生。
>
> 马：我们经常是，星期一到星期六，星期六我们也要上课，他不会先征求你的意见，他就直接给你排了，周日还要培养学生，比如说有比赛，我们学校是只要有比赛就参加，然后只要跟中文有关的活动，全部给中文老师，包括日常的宣传板的设计。
>
> 张：要那个用肢体语言嘛，再加上稍用点泰语，再加点中文，然后再加点肢体语言教点，蛮有意思的，很有新鲜感。

访谈中，志愿者提到教学工作任务繁重是教学适应上的重要困难，而且教的学生数量多、层次不一。而志愿者能够适应教学，就要有个人魅力，能教给学生东西，要有一定的语言能力，了解自己的教学对象，因材施教等。

3. 教学问题的应对与适应表现

跨文化教学上的不适应是赴泰汉语教师志愿者跨文化不适应的重要组成部分，跨文化教学适应的应对上，志愿者有自己的应对方案，或自己创新，或接受培训指导。在这个过程中，志愿者创制并试验了许多方法，并取得了一定的成果，获得了一定的感悟，成功实现了跨文化教学适应，具体方法包括：把握学生心理、因材施教、穿插游戏、注重激励、爱的方式交流、学习竞赛、课堂时间拆分、多做课外活动。

A. 教学理念的收获

> 张：我觉得孩子你要把握他的心理，不同的孩子要有不同的实施。
>
> 付：我们要用一个爱的方式去交谈，去和他们做朋友，这样一来他就会接近你，从而就会更好地学习中文。

志愿者在教学过程中，摸索出了众多的教学理念和经验，如把握心理、因材施教、以爱的方式去接触等，这些理念的得出，不仅表现在教学水平上的提升，也是志愿者心理上适应教学的重要体现。

B. 教学方法的收获

郭：小孩子要多带他们做一些游戏，因为你要讲，很多东西他们是不理解的。

付：我们一个比较的方法是我们一节课分成两半，可能就是两个老师来上，他一般是上一个课程，另外一半就是上另一个课程，有时候还分成两个小组，然后他就每个组来比赛。

陈：然后我就发现泰国的小朋友其实特别喜欢动，然后在跳舞这一块他们就比较有兴趣、比较热衷。

志愿者不仅有理念上的感触，还有实际教学方法上的收获，志愿者已经能够感受和总结出游戏、活动、竞赛等手段在教学上的重要性，这些有助于教学适应层次的提高。

C. 教学适应的表现——成就感

赵：我教了差不多一年吧，我的班的学生就是零基础的学生就已经有人考三级了，HSK 三级了，这是我最大的收获，我觉得很有成就感。

成就感的产生是志愿者跨文化教学适应的重要表现。这不仅仅是志愿者实际教学能力和成果的表现，也是志愿者内心接受和适应跨文化教学的表达。

4. 跨文化教学适应的时间与阶段性差异

跨文化教学适应也是一个动态的过程，每个阶段面临的问题都有所不同，留任志愿者对跨文化教学的阶段性差异尤其显著。志愿者在教学适应的时间上感觉有所差异，有的认为是一周，有的认为是一个月，有的认为还要长，对于不同阶段的不同适应任务，在留任志愿者中意见较为一致。

康：工作了三年半，第一年主要是来的时候一年像刚刚他们所说的，一个月一个变化，完全要投入到对外汉语教学中。最后一年，因为临近毕业嘛，泰国学生比较活跃嘛，虽然我教最后一个年级，但是他们还是比较活跃。所以一个月左右摆正以后完全静下来了，现在我接着教二年级、三年级、四年级，所以说这些学生我从来没有接触过四年级的，现在就很熟悉。

5. 教学适应上的性别差异

教学与工作上男女的性别差异较为明显，各具有不同的优势和劣势。一般来讲，女老师更具有亲和力，才艺方面也占优势，所以女老师在课外活动和在低年级或学生汉语水平不好的情形下，在教学上具有优势。但是因为男老师数量少，所以男老师在开始时更受欢迎，但是这个吸引力的持久性不足，而能够吸引学生的最根本因子还是教学技能。

徐：刚才老师您提到的男老师和女老师在这边的区别，其实刚开始的时候你会感觉他们挺喜欢你的，很喜欢你，然后现在快三个月了，大家渐渐就，“唔，一点都不帅！”然后上课的时候就不怎么理你了，刚开始的时候他们会很积极地举手回答问题，然后现在就是一切都回归正常了。

研究者：那男教师合适教低年级还是高年级的学生？

程：也要看学生水平，如果学生的年级低，年龄比较低，汉语水平也比较低的话，那男老师教起来可能会困难一些。女老师的亲和力要强，还有一些活泼的舞蹈啊、动作啊，这样去跟学生接近，所以女老师更合适，我个人是这样认为的。

6. 讨论：情绪适应与教学适应的关系

关于个人情绪与教学状况关系的访谈中，多数志愿者认为个人情绪不能影响教学状况，但是在实际中，情感适应状况确实影响教学适应状况；不同适应阶段的志愿者，在情感适应与教学适应关系的感受上多有差异。

A. 教学影响心情

> 陈：来到这边，你的工作就是教学嘛，要是你能够把教学这个工作完成好啦，你的心情自然就会很好。所以我觉得教学和心情是互相关联的。
>
> 何：如果我今天教学教得特别顺利，学生学到了特别多，又特别听话，老师就特别有成就感，你就觉得一切都没有什么累的感觉，你会觉得那个情绪状态就会很好，我觉得是工作影响。

志愿者赴泰的主要工作是教学，如果教学适应情况良好，学生积极性和教学成果令人满意，这也就意味着志愿者大部分时间都处于满意的状态下，而情绪和情感适应也就达到较为理想的状况。

B. 教学与心情的关联因赴泰时间的不同而有所变化

> 刘：去年的时候我会觉得如果教学好的话，我心情会很好。但是第二年我会更倾向于那种比例会下降，就比如说你心情好的话，你教得也就很好，你在课堂会有心情会跟学生笑，那么他们会觉得很舒服，我也会觉得很舒服。更加熟练的话，随着教学这个方面的影响，这方面的比例会下降。

根据访谈发现，教学影响心情的情形在赴泰初期的志愿者身上表现明显，而随着赴泰时间的增加，这种联系会变弱，如志愿者刘所言的“但是第二年我会更倾向于那种比例会下降”，转而心情会逐渐影响教学。教学技能达到一定水平后，心情与教学之间的关联性会继续下降。可见，教学与情绪的关系与赴泰时间和个人的教学经验与能力密切相关。

C. 认同基本原则：心情不能影响教学

> 徐：我们的生活不要进入到课堂，不管说现在有什么事情只要你进入课堂了，你就要调整好自己这个教师的角色。

虽然教学和个人情绪之间确实存在关系，而且这种关系还会随着时间的推移发生变化，但大都如志愿者徐所说的，心情和教学工作应该分开，不能让心情影响教学，他们将之视为工作中的一条基本原则来看待。

（五）跨文化培训

一般认为跨文化适应成功与否取决于旅居者对旅居国文化的了解、沟通和行为等技巧的熟练，也就是具有沟通的胜任度和能力（communication competence）（陈国明，2009）。而这种能力需要经过一段时间的教育与学习才能获得，也就是需要经过跨文化培训才能够取得，跨文化培训的主要目的可以概括为（Landis & bhagat，1996）：（1）认知上改变个人的思想；（2）情感上改变个人的情绪反应；（3）行为上改变，以适应旅居国的行为准则和风格。

在访谈中，志愿者接受的跨文化培训的完整性不足，除此之外，志愿者认为：A. 国内的集中培训针对性不强、实用性有限，而志愿者的培训项目也呈现阶段上的差异性，留任的志愿者的培训侧重于心理辅导和经验交流；B. 孔子学院和孔子课堂创制出了自己的培训模式：内训和自我培训，孔子学院是教师带学生，孔子课堂则是集体思考下的自我培训，两个群体对于自己的模式都较为认同，认为其有很强的针对性和实用性；C. 志愿者建议赴泰之前的培训分区域进行，加强教学软件的学习等。

A. 赴泰之初的针对性培训

> 卢：在孔子课堂、各个学院，还举行志愿者培训，就是到任有一个到任培训、到任座谈。每一年在志愿者到任一个月以后，汉办代表处这边都要求就近对志愿者进行第一轮培训。比如这次我们组织的培训，为期两天，内容主要是教学、教学技能的培训，生活上的文化适应，还是强调这一部分。我们当时请的是泰国教育部的项目官员，这样子过来。
>
> 张：这边的培训主要是找出问题。已经来了一个月，自己有一些切身经历，大家会讨论，然后给我们培训的老师会解决。
>
> 卢：可能会具体一些。比如说办签证的时候需要哪些文件，有的学校就是或现在还没有准备。因为有的学校是第一年接收志愿者，它不太清楚流程，所以说……

志愿者赴泰之后在工作生活方面的针对性培训，其效果和形式得到了志愿者的肯定。

B. 培训形式的探索

> 魏：自我团队模式就是我们创造模式，我们自己训练自己，所以我们要搞培训的时候，我们要征集大家最想了解什么，最关心什么，需要解决什么问题。比如说，心理问题，住的问题，教学问题。那我们就根据这个特点参加培训，培训的过程中大家分担不同的角色，比如说有的负责给大家分享，有的分组，大家承担不同的角色，两种角色都有。自我团队，自我团队意识，这一块自己做工作，自己培训自己。
>
> 张：我觉得教学提高并不是说培训的时候提高，到这边才开始提高得多一些。
>
> 张：公派教师每周都要有一个 workshop，就是相互交流，关于志愿者的有哪些问题啊，聚在一起解决这个问题，就是说公派教师来解决。这个效果更明显一些。

有针对性的培训、内训、自我培训，对于志愿者实际教学能力和适应能力的提高有着更为实际的作用，这也是志愿者对这些培训模式加以肯定的原因。而基于此种考虑，如何增强国内跨文化培训的针对性和有效性是跨文化培训工作中应该予以思考的课题。

C. 建议

> 肖：教中文的、幼儿的好的软件啊、活动啊、游戏啊，应该在国内有很多人懂这个，但是在培训的时候没有涉及。
>
> 张：在北京培训了两个多月，确实是有收获的，但是我觉得如果再培训一次的话，还是区分得更开一点，比如说东南亚的、非洲的，而不是欧洲那些区域性的。另外，（培训）太抽象了，具体一点会很好、更好一些。

在软件建设、分区域培训和培训具体化方面，志愿者都提出了自己的看法。

（六）跨文化身份的转换

志愿者从中国到泰国，不仅面临对跨文化环境的适应，而且自身的身份也在发生微妙的变化。外派的志愿者多为本科毕业生或者硕士研究生，因此，赴泰之前的身份多为学生，从学生到老师的身份转变，是一个需要自我调整和逐步适应的过程。这个过程调整得好与坏，关系着教学适应的成败。通过访谈，我们发现：A. 志愿者意识到身份转换主要来自于自己的感知和培训，环境和工作的要求使志愿者能够感觉到自己从学生身份到教师身份的转换，而培训的老师将该问题提出来，进行一定程度的针对性训练，也取得了较为明显的效果；B. 完成身份转换之后，志愿者的主动性和责任心都有了一定程度的提升，对于工作的适应状况表现良好；C. 对于该适应过程所需要的时间，志愿者没有一个准确的感知。

A. 身份转换意识来源

> 张：去年我们是来这里学习的，就是那身份就是一个学生，还没有把自己当成一个教师，一个职责，今年到这里来就是一个身份的转换。刚开始来突然去教书，然后大家在一起来讨论教学活动、教学方法，就是感觉学生突然一下变成了老师，这个转换过程比较大。刚开始还有一点点不适应，去年学生嘛，学生就是没有那么多要准备的事情，比如备课，要把材料准备好，就是上课，就是把泰文学习好，准备考试，这是一个。

志愿者能够在实际的工作和培训中感受到身份的变化，这个过程对于志愿者产生了较大的影响。

B. 身份转换带来的变化

> 甘：那么今年来了之后是一个你要帮助别人去安排，主动的方式，那么你的责任和你要承担的工作，它整个这个方向就不一样，所以这个一下子就是，自己这个主动性全被调动起来了，不管是在教学上还是在工作上，所以这个一下子感觉提

升得非常大。

肖：来到这里，身份转变就是以前是学生，现在是老师了。所以还是有一些，心理上还是有一些变化。要提前去，你觉得责任心要比以前强。

身份转换的过程是责任性、主动性产生的过程，对此，志愿者有一定的自我感知，也认同这一转变带来的思想和行为上的变化。

C. 所需时间的主观判断

雷：上了一两个月之后这种差异就不明显了。

甘：我们现在来泰国3个月了，感觉好像角色已经转换过来了。

对于身份转变所需要的时间，志愿者主观的判断不一，许多志愿者认同在3个月以下，此转变所需时间因人而异。

跨文化身份转换过程如图4—4所示。

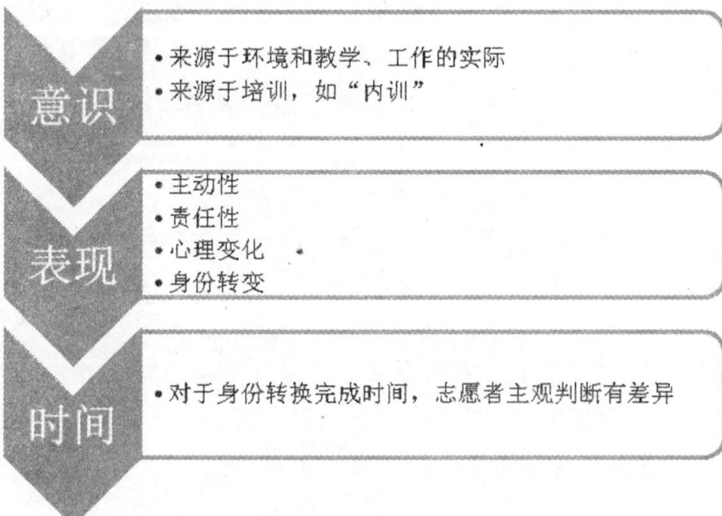

图4—4 赴泰汉语教师志愿者跨文化身份转换过程

（七）对未来的规划和打算

外派汉语教师志愿者工作有一定的特殊性，志愿者的工作时间一般在一年，最多不超过三年，志愿者回国即面临找工作、跨文化再适应等问题。调研发现，多数志愿者对未来缺乏明确的规划，不确定感明显。对于未来的看法、计划、打算，不同的群体有不同的观点：（1）管理教师认为最重要的是做好现在的工作，提升自己，以后再做打算；（2）留任且快到期的志愿者，对未来缺乏打算，知道别的志愿者的基本情况，但是自己没有特别向往的生活，所以还在犹豫；（3）有一段时间的汉语教学经历的留任志愿者或新任汉语教师志愿者对汉语推广工作产生了兴趣，表示希望能够继续从事汉语推广工作，换个国家或许不错；另外，他们也不愿放弃专业，为有朝一日可能的转行做基础准备；（4）有一部分志愿者还处于对未来的迷茫中，因此产生低落情绪。

A. 管理教师方面

> 季：我个人认为计划赶不上变化，我希望就是我在这个位子上一天，就是做志愿者老师一天，就先把这个工作做好，等我觉得可以了，再做自己的打算。
>
> 周：志愿者之后的工作、志愿者下一步是什么，每个人都有自己的打算，每个人都会有自己的想法，但是我的想法就是我们在这边拼了，经历了两年三年，经历的时间更长，我们得到的那些收获，我们经历的那些历练，我想不管你走到什么岗位、走到什么单位，都会有你发挥作用的地方。

处于管理岗位的管理教师普遍表示对未来充满信心，认为现在所需要做的就是做好本职工作，这可能与他们未来就业前景相对明朗、距离就业时间较长有关。

B. 即将离任志愿者

> 雷：（未来发展）这是目前困扰我们最大的一个问题。都像我们刚才说的，无非就是这样，一种留下，留下就在这做老师了，一种就是回国，再找其他的工作。但是留下来还是需要

很大的勇气。

冯：或者是你的另一半愿意过来这边，还有你的父母，你放得下心，他们在国内，你觉得可以放得下心。

快要回国的志愿者对将来的不确定心态明显，而对长久留在泰国也并不完全认同，这也是多数志愿者的心态。这既是人之常情，也是志愿者跨文化适应情况的一种表现。

C. 爱好汉语教学的志愿者

康：我们大学学的是很高深的，理论啊、结构啊，我们如果不看不复习的话就会扔掉的，所以在工作之余，我们，我是把这些东西抓紧回忆一下。所以说就是两方面的，对外汉语方面的和自己本专业的都不能扔掉。

张：不过以后想，还想去其他国家。比如说新加坡、韩国这些。

对于未来的工作，志愿者有两条路可选：汉语教学工作和非汉语教学工作，而转行的话，志愿者认为最为现实的是从事与大学专业相关或相近的工作，所以不能丢弃大学所学专业，这是前提条件。

D. 对未来迷茫的志愿者

徐：然后会感觉和国内会不会脱节啊，因为国内的社会日新月异地变化，我可能在国外接触得更多了，可能国内会不会一点都不一样了?！会不会回去的话不适应啊，或者进入学校啊、进入社会啊，或者再参加工作，会不会有一些不平衡?

赴泰汉语教师志愿者对未来的思考，也可以因人群的差异而有所不同，除了个人的发展和自己的兴趣，志愿者普遍表现出对未来的迷茫，而这些迷茫对汉语推广工作的影响值得思考与研究。如何解决这部分人的迷茫问题，需要进行理论上的研究与实践上的尝试。具体如图 4—5 所示。

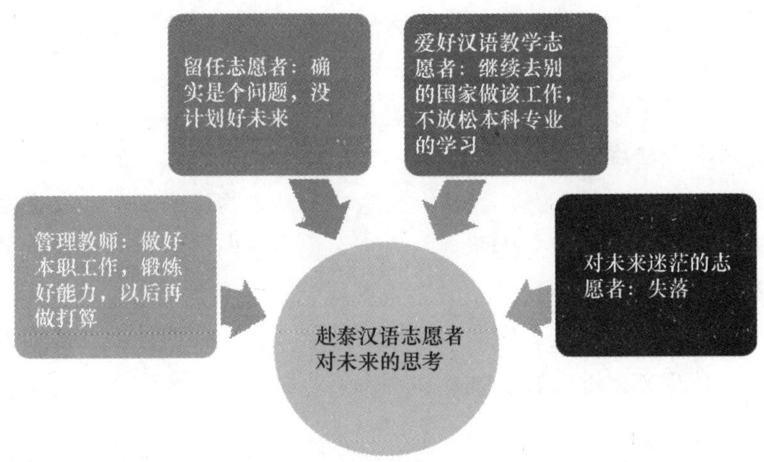

图 4—5　赴泰汉语教师志愿者对未来的思考

六　结语

赴泰汉语教师志愿者的跨文化认知适应情况良好，多数志愿者表示出对泰国的良好印象，基本未出现对泰国过于负面评价的表述，对于两国之间文化差异的感知情况较为良好，志愿者能够在文化冲突中“求同存异”，寻找共享价值观作为进一步对话与合作的基础。

在情感适应上，许多志愿者经历过较为艰难的适应过程，并在缺乏指导的情形下进行了诸多情绪调节方式的尝试，虽然最终实现了情感适应，但是其过程所花费的代价值得跨文化管理者和理论研究人员关注。而许多志愿者对艰苦环境和在困境中的感受有很深刻的印象，经历过困难时期之后，志愿者普遍进行了对该经历的价值挖掘过程，并认可这段艰苦经历对自己整个人生的意义。

跨文化教学上。中国志愿者在跨文化环境中长期耳濡目染，泰国化倾向明显，如在考试上表现出想方设法让学生通过考试的想法，并且这种想法被共享，成为“潜规则”。当然这种规则在泰国存留已久，从该角度看，志愿者的跨文化适应水平到了一定层次。

身份转换上。志愿者角色由学生转变到老师，需要一定的时间和必要的指导。跨文化适应培训中，这部分有必要加强。许多志愿者表示曾意识到这个转变过程，但是该过程的个体所需时间存在差异，在自我感知上也多有不同。对此培训的加强有利于志愿者快速转换身份，以尽快适应跨文化环境。

汉语教师志愿者对在泰工作的满足感、荣誉感、使命感、责任感的建立是其跨文化适应顺利完成且达到一定程度的重要标志，而这些内在感受的成型离不开开放的心态、教学上的适应、基本物质的满足、社交网络的搭建等因素，尤其是跨文化环境中的跨文化关系网络的建立和完善是影响志愿者跨文化适应水平和状况的重要因素，也是重要指标。一般情况下，但凡有着建立起一定跨文化关系网络的志愿者，得到的社会支持因素相对较多，而在跨文化适应所需时间和跨文化适应水平的指标上要优于一般的志愿者。

对未来的规划和打算。志愿者普遍对未来缺乏规划和打算，这既是志愿者本身的问题，也是整个项目运作欠完善的表现。志愿者能够在国外陌生的环境里，以高度的热情和国家荣誉感，为汉语推广工作作出卓著贡献，理应得到关于在未来职业规划、人生规划及其他必要方面的指导。

心态第一，环境第二。心理预期情况和心态的开放性直接影响着志愿者适应情况。调研发现，较低的心理预期有利于志愿者顺利快速适应相对有限的物质环境。在物质环境不能令人满意的情况下，志愿者自我的跨文化开放心态的建立是实现其心理适应的强大引擎。

志愿者的跨文化适应显示出明显的阶段性特征，对于不同的阶段给予不同的指导和支持显得很有必要。留任志愿者和新任志愿者之间的适应程度有很大的差异，新任志愿者在不同的阶段也显示出适应程度的差异性，留任志愿者存在调任和再适应问题，志愿者面临着地域文化差异情况下的跨文化适应，这也是需要注意的方面。

留任志愿者的跨文化适应情况较为理想，许多志愿者已经将泰国的许多生活习惯融入自己的日常生活中，这是良好的跨文化适应的表现。但志愿者可能存在回国发展或去别的国家继续从事汉语推广活动，所以志愿者的跨文化再适应同样值得关注，最根本的莫过于对志愿者跨文化适应能力的培养，通过指导和帮持，让志愿者学到能够享用一生的“真本领”。

第五章

赴泰汉语教师志愿者跨文化心理濡化模式建构*

心理濡化对赴泰汉语教师志愿者的跨文化适应而言具有重要的意义。为了更好地研究赴泰汉语教师志愿者的心理濡化情况，在这一章中，我们专门研究了影响赴泰汉语教师志愿者心理濡化的关键因素，并构建了赴泰汉语教师志愿者的心理濡化模式。

一 研究背景

随着我国国际影响力和吸引力上升，世界各地汉语学习热潮涌起，汉语国际传播需求加大，但是汉语教师却极度匮乏。为帮助世界各国解决汉语师资短缺问题，我国启动了汉语教师志愿服务项目。据国家汉办网站，自 2003 年国家汉办试点向泰国和菲律宾派遣首批志愿者以来，目前，国家汉办已向亚、欧、美、非、大洋五大洲派出 1.4 万多人次（数据来源于教育部办公厅文件，教学厅〔2012〕3 号，2012 年 4 月 28 日印发）。志愿者以其出色的工作被誉为“民间大使”“最可爱的人”。

汉语教师志愿者是汉语跨文化传播的直接承载者，而濡化（acculturation）则是外派汉语教师志愿者成功进行汉语国际传播面临的首要问题，尤其是心理濡化（psychology acculturation）问题，其关乎志愿者个人的生活质量和工作成效。事实上，外派汉语教师志愿者多是本科毕业生或在读研究生，海外经历很少，受到的培训有限，适应状况集多面性和复杂性于一体，是一个新生的旅居者群体，对于汉语教师志愿者的心理濡化研究，

---

* 关于“濡化”（acculturation），请参见安然《解析跨文化传播学术语“濡化”与“涵化”》，《国际新闻界》2013 年第 9 期，第 54—60 页。

既是对国际心理濡化研究的一个补充和拓展，也利于对汉语教师志愿者持续关注和帮助。

二　文献研究

濡化（acculturation）现象发生在来自不同文化的个体持续接触即第一手接触（continuous first-hand contact）之后一个或两个群体最初文化模式的不断变化，Redfield 等（1936）强调这是一种现象（phenomena），既然是一种现象，那么就应该包括现象的起因、经过和结果。此后，Redfield 等的定义被视为经典，也是被濡化研究学者引用最多的定义，虽然“濡化”是一个使用很频繁的术语，但是在社会科学领域其基本的含义和应用都很模糊（Sam 和 Berry，2006：11），有的学者将兴趣放在过程的考查上，如濡化变化如何产生，将濡化视为过程并加以定义（McGee，1989；Simons，1901），也有的学者将关注点放在濡化过程中哪些物质发生了变化，也就是结果问题（Sam 和 Berry，2006：16），而前者占的比例似乎更大。而具体到我国的濡化研究（acculturation study）则同样存在许多问题，甚至对于 acculturation 的翻译也有“涵化”“文化适应”等多个版本，我们认为 acculturation 是指分属不同文化群的个体之间进行持续性地直接接触（笔者理解为这就是“濡”），因而导致对某一个或双向原有文化形态改变的现象（笔者理解为这是“化”），其以个体为主体，朝着某一文化去适应，因此“acculturation”译为“濡化”更为合适。关于 acculturation 与中文概念的对应问题，笔者已另文阐述。

濡化现象源于欧洲人对殖民地土著人统治的需要，后来，研究逐渐关注移民在进入东道国社会后的变化。濡化一词（acculturation）最早由 Powell 提出，他认为濡化指的是由跨文化模仿（cross-cultural imitation）而引起的心理变化（Powell，1880：176—208；Powell，1883）。之后，研究的发展中，人类学家倾向于用濡化来表示从低等社会中来的群体与文明社会接触而变得进步起来的过程，而社会学家更喜欢用同化来更直接地表示移民群体与当地社会接触之后逐渐遵守当地社会生活习惯的过程（Sam 和 Berry，2006：12—14）。

濡化研究发展至今，深度和广度已是先前研究所不能比拟的。濡化研究领域的著名学者 Berry 给出了濡化的内涵与外延，他认为濡化是发生在两个或多个文化群体及其中的个人间的结果而产生的文化和心理变化的双向过程，这些变化是一个长期的过程，内容常常包括学习东道国语言、认同东道国人的偏好、适应穿着风格和社交特点等，这些内容常常会在跨文化互动中产生压力和文化冲突（Berry，2005）。濡化过程中可能包括一套比较容易实现的行为变化，如说话方式、衣着方式、吃饭方式，但同时也可能有不容易发生变化的一面，如个人的文化身份，进而产生濡化压力，如不确定感、紧张、失望（Berry，1976）等，而对于这些压力的处理在濡化过程中其结果是适应或不适应。濡化研究发展至今，研究框架业已完善，研究范围已经扩大到心理和社会文化两个层面。

而具体到心理濡化（psychological acculturation）上，此概念由 Graves（1976）提出，指的是个人在文化接触环境（culture contact situation）中，因与他文化接触，和来自于个人所在文化的不断变化，而产生的个体的变化。后来，Berry（1990：201—234）进一步指出这种变化在群体层面和个体层面的差异：群体层面上的变化或者在群体社会结构层面，经济基础或者群体的政治组织中；个体层面上的变化发生于个人的身份、价值观、态度和行为，而且这些方面的变化速度也是不同的。

濡化的过程就是一个适应的过程。心理濡化涉及情感的（affective）、行为的（behavior）和认知的（cognitive）变化，在个体层面上，被 Ward 等学者（2001）冠以濡化的 ABC 理论。Berry 将 ABC 理论总结为行为变化和濡化压力两个方面（Berry，1997；Berry & Sam，1997：291—326），这些变化往往成为短期濡化研究的关注点。Ward 和他的同事将心理上的和社会文化上的濡化现象区分开来，认为心理濡化指的是心理和情感的稳定和满足（Searle & Ward，1990；Ward & Kennedy，1993；Ward，2001：411—445），这种区分是根据濡化理论研究的两个层面提出来的，即“压力”“适应”和文化学习（Ward，Bochner & Furnham，2001）。其中，心理濡化研究看重人在濡化过程中的情感方面问题，属于压力和适应范畴（Lazarus & Folkman，1984）。

如何经由濡化过程获得良好的濡化（跨文化适应）结果则涉及濡化策略问题。濡化策略常常包括在日常跨文化交往中表现出来的两个相互关联的部分——态度和行为，态度即个人对如何进行文化适应的偏好，行为则是个人的实际行为。Berry 于 1997 年提出了包括同化、整合、分离、边缘化的濡化策略（acculturation strategies）。后来，对于濡化策略的选择和濡化压力之间的关系成为学界研究的热点，结果显示，整合策略造成的压力最小，也会有最好的适应结果（Berry，Kim，Minde 和 Mok，1987；Ward 和 Kennedy，1994），而边缘化策略造成的压力最大，处于中间的是同化策略和分离策略，有时候是这个压力小些，有时候是另一个，这些发现的模式成为心理健康的重要指示标志（Berry，1997；Berry & Kim，1988：207—236）。关注个体心理濡化过程研究的成果显示，心理问题经常在接触另一文化群体之后会上升，而之后往往会紧接着下降，而个性特点、生活变迁事件、社会支持等因素影响个体的适应（Berry，2005）。其中社会支持（social support）是影响心理濡化的重要因素，Ramsay 将社会支持分为四种：情感支持（emotional support）、实际支持（practical support）、信息支持（informational support）和社会陪伴支持（social companionship support）（Ramsay，Jones 和 Barker，2007）。

最近，濡化研究重点关注三个方面的问题：全球化带来的不断扩大的国际贸易和政治关系；本土居民经历新型的殖民化和表象的抗争；在民族文化群体在多数国家业已形成的情形下，与这些经济和政治变化一同进行的新一轮移民、旅居和难民潮（Berry，2005）。而本课题中研究的汉语教师志愿者便是世界政治经济变化中的新一轮“旅居潮”中的一支。

濡化研究在国外多进行定量研究，在量表设计与操作流程上较为成熟和规范，而这些规范的程序逐渐为国内学者重视和应用。笔者在赴泰汉语教师志愿者跨文化适应的论文中，经过实证研究发现跨文化培训与汉语教师志愿者的适应状况之间的关系不显著、社会文化适应程度和心理适应程度之间的相关关系不明显、汉语教师志愿者社会文化适应和心理适应程度随赴泰时间增长呈现出不同趋向（Lilasetthakul 和 An，2011），但对心理适应过程即濡化没有做深入细致的分析。祝捷对在韩汉语教师志愿者跨文化适应影响因素进行了实证研究，发现社会支持对心理适应有负影响，濡化策略（即论文中的跨文化适应策略）影响适应状况，韩语水平对社会文化和心理适应有不同影响（祝捷，2011）。

对于旅居者的研究一直是濡化研究的重点，所谓旅居者即赴外一段时间以达成特定目标的群体，任务完成之后，这些个体将返回自己的国家，目前所研究的旅居者主要包括留学生、游客、外派工作人员、NGO 雇员、军事人员、国际贸易的经理人和技术人员、游客等（Sam 和 Berry，2006：181—182）。汉语教师志愿者是承担一定任务的外派工作人员，但同时与西方对外派工作人员的研究又有所区别：外派汉语教师志愿者从小生活在中国，是彻底的中国文化产物；该项目启动不过 8 年时间，汉语教师志愿者是一个新生的正在发展的群体；他们赴外时间一般在 3 年以内，赴外任务是汉语教学，传播中国文化；年龄大都在 20—25 岁，且女性居多；该群体的形成与中国的国家政策密不可分。这些中国文化中成长起来的志愿者教师在适应国外环境的过程中受到中国文化、项目目标等多种因素的影响，呈现出一定的独特性，而对于这一独特性的挖掘和总结，对于汉语教师志愿者项目进一步的发展价值很大。

综上所述，本研究以赴泰汉语教师志愿者为研究对象，考查赴泰汉语教师志愿者的心理濡化情况，寻找影响心理濡化的因素，并建构汉语教师志愿者心理濡化模式。

三　研究方法

本研究以扎根理论（grounded theory）为基础，通过对赴泰汉语教师志愿者群体自我认知和经历的揭示，即自我感知（self-perceived）的描述，归结赴泰汉语教师志愿者在跨文化适应上的影响因素和适应特点。扎根理论特点在于深入调查、归纳推理和概念结构化（Glaser 和 Strauss，1967），目标是形成一个良好的概念集合，以此来解释研究中的现象，数据多来自深度访谈（in-depth interviews）和观察，样本的获得参照概念、性质、规模和变化等（Corbin 和 Strauss，1990）。该研究中的研究对象分布在泰国的四个市，我们用 A、B、C、D 代替。访谈对象基本信息见表 5—1 和表 5—2。

表 5—1　　访谈对象基本信息

性别	学历	所在单位	年龄	赴泰时间
男（17，37%）	本科（33，72%）	孔子学院（15，33%）	22 岁（3，6.5%）	3 个月（20，43%）
女（29，63%）	硕士（13，28%）	孔子课堂（28，61%）	23 岁（11，23.9%）	1—2 年（9，20%）
		汉办驻泰办事处（3，5%）	24 岁（4，8.7%）	2—3 年（7，15%）
			25 岁及以上（28，61%）	3 年及以上（10，22%）

表 5—2　　四地（A、B、C、D）访谈人数统计

项目	A	B	C	D
孔子学院	9	2	3	4
孔子课堂	3	0	10	15
合计	12（26%）	2（4%）	13（28%）	19（42%）

在国家汉办驻泰代表处的帮助之下，4 个地点的孔子学院、孔子学院教学点和孔子课堂及汉语教师志愿者多数成为我们的访谈对象，除了上课的志愿者，其他志愿者全部参加了我们的访谈。这些志愿者中有的是本科毕业，有的是在读硕士，有的是硕士毕业，他们在泰国都生活了至少 3 个月，有的不只在泰国做过志愿者，他们都愿意接受我们的采访。这些志愿者来自中国不同地域和不同的大学，有着不同的专业，但是他们在泰国都由学生变为了老师，来泰经历了或正经历着濡化过程，访谈前研究人员向访谈对象承诺保护个人信息。

访谈形式为小组访谈，地点为当地孔子学院或孔子课堂的办公室或会议室，语言为中文。选取这种访谈形式的原因有：（1）能够启发研究对象发觉自己在泰国的经历和感受，尤其是小组成员的相互启发；（2）能够让研究者从志愿者的角度理解和感受他们在泰国的心理濡化过程；（3）能够鼓励志愿者将他们在泰国的内心感受阐述和评价。访谈问题主要有：（1）初到泰国的经历和感受？（2）遇到的压力及应对？（3）在泰国工作生活的感受和评价？（4）对未来的计划和打算等？所有的问题都是半结构半开放式，以鼓励志愿者说出自身的真实经历和感受，相关的表述都被鼓励。我们用追问和重述的方式来核实我们对访谈对象意欲表达的意思和我们的了解之间的一致性。访谈时间因小组访谈人数的不同而有差异，多数场次在 1 小时左右。

收集到的数据分三步处理：（1）访谈录音转写成文本，以便于下一步的分析，访谈共转写 8 小时 52 分时长的录音，共转写 147428 字。（2）根据访谈内容的归类，我们将转写内容分为几个相关的主题，包括：第一，志愿者选择赴泰教学的原因；第二，志愿者对汉语教学工作的态度；第三，志愿者在泰国生活和工作中的经历；第四，工作生活中遇到的压力和应对；第五，与心理波动相关的其他因素；第六，志愿者对在泰工作和生活的看法。(3) 再按主题进一步分类，组成下一部分中“主要发现”的内容。

四 主要发现

通过访谈及对访谈内容的归纳总结，我们特别关注并考察了赴泰汉语教师志愿者的跨文化心理适应即濡化情况。心理适应是情感的稳定和满足，其以情感反应为基础，指向在跨文化接触中的心理健康和生活满意度(Searle 和 Ward，1990)。

(一) 这里条件很差：低度心理预期

对于这些汉语教师志愿者，在赴泰之初便已经做好了吃苦的心理准备，对他们来说，生活和工作的基本条件能够满足便可以接受了。如伟是一名研二的学生，他这样讲述自己赴泰之前的预想。

> 伟：当时我的期望值是只要我来到这的屋子四面是白墙就可以，因为我们的师哥告诉我们，如果是木制的，有缝，会有蛇进来，每天还要贴报纸。

随着汉语教师志愿者项目的扩大，作为提供志愿者的主要阵地，许多高校的志愿者人数已经很多，有的高校则顺势建立了志愿者中心，为志愿者的选拔和后续工作提供服务，而在此平台上的新老志愿者的交流则成为志愿者了解泰国基本情况的重要信息渠道。而且传播者的身份为回国的志愿者，他们的经历让传播者具有更强的可信度与说服力。此处志愿者伟获得的关于泰国的信息来自于志愿者中心中的“师哥”，这些回国的志愿者给出的泰国生活的场景颇为艰苦。旅居者在出国之前会在脑海中对所去往的目标国家有所想象，这种想象包括东道国的生活状况、东道国人们的行为、东道国文化的核心精神等。而这种想象会形成旅居者对目标文化的预期（安然，2011：19）。心理预期影响志愿者的心理适应，过高的心理预期与现实环境之间的巨大差异，往往会造成心理上的不适与情绪的低落，影响整个工作、生活、学习的状态；而有一个符合实际或低于实际的低心理预期会使志愿者视困难为常事，反而促成志愿者以良好心态去应对困难。访谈中，多数志愿者表达了自己对于赴泰教学环境的低水平预期，能够乐观地接受赴泰工作的实际。如燕的描述，燕是一位来泰国一年的志愿者，其专业为泰语，硕士生。

> 燕：以前老志愿者都吓唬我很艰苦。所以就已经做好了那种很苦的准备，但是来了以后感觉没有想象那么惨，所以心里就没那么失落。

（二）没人交流：心理压力

在泰国的汉语教师志愿者很希望在赴泰之初有交流的对象，尤其是在志愿者人数很少的教学点。对他们来说，这种交流能够帮助他们克服物质上的困窘。如斌是一位即将毕业的硕士研究生，他在讲述自己赴泰之初的感受时说：

> 斌：[……] 一个人，稍微有个人，像我们俩还能打打羽毛球，我们俩在这边打打羽毛球做做饭什么的，有时候邀请泰国老师过来 [……] 我觉得心里难受主要是说没有人交流，没有人帮忙，你说住宿条件再差，但是有人关怀什么的下来，心理上就会好一点。

斌是一位已经在泰国做了3年汉语老师的志愿者。他工作的地方是一个孔子学院下设的教学点，孔子学院和这个教学点分布在两个城市，有4个小时的车程，虽然这个孔子学院有十多个汉语教师志愿者，但是这个教学点中只有斌和另外一名志愿者。而在另一位志愿者到来之前，这个教学点只有斌一个人。虽然在这里生活工作了近3年，但是想起赴泰之初无人交流的境况，他仍旧记忆清晰，表述深沉。大量的研究表明，很好地参与东道国文化对其更好地适应东道国文化有着积极的影响（安然，2011：19）。而人际交流是社会交往的一种形式，文化圈内和圈外人际交往的情况影响着志愿者的跨文化适应。志愿者的人际交流是编制或巩固传播网络的过程，是从中获取支持因子的过程，在物质支持因子获取情况一定的情况下，其他支持因子的获取便成为心理濡化过程中的关键影响因素。

（三）皮格马利翁效应：他人期望与自我肯定

他人尤其是长辈或领导的关注和肯定成为志愿者肯定自我的重要源头，许多志愿者在岗位上坚守和不断地进步的重要原因在于上级对于自己价值的肯定。如宝是一位在泰国工作了5年的志愿者，因表现优异，已成为办事处的管理老师，他这样讲述：

> 宝：[……] 之前听到管理老师有说工作中求地位，然后得到历练，你不管将来到任何单位都可以做好，给你一摊子工作你都能做好。然后还有一个深刻体会的地方，就是之前我就读的大学的校长过来，他也是提了一个就是很让人鼓舞的一句话，就是像你们这些年轻人，不管是志愿者也好，不管是教师也好，你在外面经历了几年，你就是学校的一个宝贝，你就是学校的一个人才，所以说我就是用这些话一直鼓励自己，不管我们这些志愿者下一步要走哪一步，我想我们得到了历练，得到了成长，下一步一定会有更好的机会等着我们。

如宝本科毕业之后便来到泰国工作，一直到现在。他是从农村走出来的，是他们村子的第一个大学生，也是第一个出国的人，他十分重视长辈或领导的嘱托和信任，很珍视他人对自己的肯定，这种肯定成为自己不断进取的重要力量源泉，志愿者也就成了汉语教学和文化推广中的“皮格马利翁”，产生了皮格马利翁效应。所谓皮格马利翁效应（pygmalion effect）亦称罗森塔尔效应（robert rosenthal effect），或“期待效应”，它源于人格中的“自我”部分对外界环境和个人需要等不完善的判断，从而接受外来影响和暗示作为不完善“自我”的补充，外界的赞美、信任和期待可以使人自尊、自信，并尽力达到对方的期待，因此人们会不自觉地接受自己喜欢、钦佩、信任和崇拜的人的影响和暗示（苏宏元，2010：66）。心理濡化的过程需要获取支持因素，而根据支持因素的来源，宏观上可分为内在因素与外在因素两部分。汉语教师志愿者从他人期望与肯定中获取外在支持因素，外在支持因素内化后，即志愿者理解和认可，使志愿者更自尊和自信，从而转化为支持志愿者心理适应的因子。

（四）不重视则失落：社会认可度的影响

这些汉语教师志愿者身负着汉语教学与文化推广的重任，有一定的工作目标，工作任务能否完成、目标能否达到影响着志愿者内心的感受。如志愿者春是一位赴泰3个月的硕士研究生，她这样讲道：

> 研究者：那你说你当时在俄罗斯感觉不好，那是什么样子？
>
> 春：因为那边属于还是偏欧洲化一些，他们对于欧洲语言比较喜爱，然后汉语在这边推行是有一定的困难，所以对汉语的重视度确实不是很高，所以就觉得有点失落。[……] 可能不是国家的问题，可能是这个地区也有问题，不是属于那种开放城市，所以他们对于这个汉语的要求程度也不是很高。

春现在在泰国已经3个月了，在赴泰之前她在俄罗斯有一段比较长的经历，但是当时她所在的地方的汉语教学与文化推广并没有得到当地的认可，当地居民没有对汉语表现出让她满意的热情，因此她感觉失落。而且春在阐述中仍旧在寻找汉语在俄罗斯不受重视的原因：欧洲化一点；可能是这个地区的问题，不开放。春不认为汉语推广工作存在什么问题，而认为问题出在俄罗斯或这个地区身上，这种自我保护的归因方式一方面显示出她对自己工作的高度认同；另一方面也反映出汉语推广工作的整体对个体的影响。志愿者将汉语推广工作看作自己的本职工作，认为自己的角色便是汉语教师，别人对于该项目的肯定，便是对自己工作的肯定，反之，则是否定。角色转换完成之后，如果社会不认可汉语推广工作，便会让志愿者退回到汉语和志愿者相关的圈子中，不利于志愿者的濡化与适应。另外，这种情形源于志愿者的身份认同，还与中国传统中的集体主义价值观密切相关，“先有国才有家”，先有汉语推广项目才有汉语志愿者，因此汉语推广项目不顺利自然也带来了志愿者心理上的不适。

（五）微笑与包容：全球化心态

经历过一段时期的内心阵痛之后，这些志愿者学会了调解自己的内心世界，逐渐适应了泰国的学习生活，心理濡化的过程接近完成。赴泰3年的志愿者唯向研究人员这样描述：

> 唯：他们（泰国学生）根本就不知道中国是什么样的，他们就觉得，上海可能像清迈一样，他们老是问我，你觉得我们的清迈像不像你们的上海？我比较无语，心里说好吧，你说像就像吧。哈哈……他们说为什么你们中国可以举办奥运会，泰国就不可以呢？我说可能很多年后就可以吧。

唯现在在泰国已经 3 年多了，刚刚到泰国的时候，他被分到了北部靠近中国的一个很偏远的学校，地域封闭、条件很差。当学生问及有关中国发达城市和举办奥运会的事情的时候，他便如上回答学生，他的回答体现出自信、豁达、乐观的全球化心态。全球化心态是指我们能够透过不同背景，看到人们对不同的事物和观念的理解，其通过包容（tolerance）和移情（empathy）产生的具有多元特征的概念及其适应性（陈国明、安然，2010：77—79）。心理适应的根本在于心态的自我良性调整，良好的心态会促进心理适应。像唯一样，许多志愿者对泰国学生在缺乏对实际了解的情况下作出的结论持包容态度，不计较学生在未看到中国实际的情况下产生的偏见，这种包容心态是全球化心态的题中之意，是心理适应的重要表现。

另外，乐观、豁达与包容的心态能让物质环境的影响力降低，让自己的乐观心态成为主流，从而提升在泰生活和工作的质量。这些志愿者在面对恶劣的工作生活环境的时候，能够以乐观、豁达的全球化心态面对，显现出志愿者心理适应到达一定层次了。如伟是赴泰 3 个月的志愿者，在此次赴泰之前，她有一年在泰国进行汉语教学的经历，她这样描述自己初次赴泰时候的情形：

> 伟：[……] 其实我当时那年也受了很多罪，比如我被蚊子咬得满身都会起包，都会化脓，然后会跟小孩子接触会感染风疹，然后还经常会被烫到、被咬到，其实还是有很多会让自己心里很难受的阶段，但是我觉得，就得靠自己来调节，因为我想反正不在家了嘛，跟爸爸妈妈诉苦什么的，只能增加他们的担心，就是自己调节，[……] 我觉得高高兴兴的每天，也是一天，愁眉苦脸的每天也是一天，所以每天我就是

再难受，我也让自己笑着出门，然后跟学生见面，然后见到一些可爱的学生，又增加你的开心，我觉得事相辅相成，首先要从你自己的心态调整，然后旁边的环境会帮助你。

（六）亲人、朋友与学生：社会支持的来源

这些志愿者在赴泰之初往往经历过一段情绪由高涨到低落最终再次高涨的过程，Lysgaard 将这一心理变化的过程总结为 U 形曲线理论，即从刚开始的新鲜感、幸福感下滑到压抑感，再上升到复原感觉（Lysgaard，1995）。情绪和情感是人对客观事物的态度体验及相应的行为反应（彭聃龄，2008：364），是与社会性需要相联系的高级主观体验，具有稳定性、持久性、深刻性、内隐性（李静，2010：128）。志愿者赴泰之初的心理适应中正存在一个主观体验逐渐稳定的过程，如志愿者唯讲述了他赴泰之初情绪稳定的案例。

案例：唯是赴泰汉语教师志愿者，赴泰后被分配到泰东北的一所学校，物质条件差，与他共处的当地教师对他不太友好，这些都让他在赴泰的第一个月中几近崩溃。因为不知道找谁倾诉，第一个月每天都给家里边打电话，因为不懂如何打国际长途，花了 2000 元人民币。但对家人他报喜不报忧，艰难度过了第一个月。他每周末期待跟同府的志愿者聚会，如果不能则心情惆怅，而在平时就以健身的方式发泄不良情绪（该志愿者以前学过舞蹈，热衷健身），另外他还跟英国来的两个志愿者交朋友，一起骑车兜风等。他表示最快乐的时候是跟学生在一起的时候，学生能够看出老师心里苦闷，就给他买零食，这让他感动。

社会支持是影响汉语教师志愿者跨文化心理适应的重要因素，是否能够获取足够的支持因子直接影响着志愿者的适应效率和适应水平。案例中，志愿者唯获取支持的来源可分为 3 类：亲人、朋友、学生，3 种来源中获得的支持的功能各不相同。

从亲人处获取支持是该志愿者频度最高的，但因为中国孝道文化的制约，便“报喜不报忧”，所以在实际问题处理中，从亲人处获取的对实际

问题解决大有帮助的信息有限，按照 Ramsay 的分类，获取的多为情感支持（emotional support）和社会陪伴支持（social companionship support）。

朋友是另一个获取支持的重要来源。在该志愿者描述中，他赴泰之初的朋友只有中国志愿者和英国志愿者，两者相比较而言，该志愿者更期待跟中国志愿者的相聚，如果不能按计划聚会，则会有情绪低落等问题产生，可见中国的志愿者在给予该志愿者情感支持上的重要地位。另外，中国的志愿者们聚会中讨论生活工作中的问题，这种讨论能够给予解决实际问题带来支持，而这种功效是英国的志愿者无法给予该志愿者的，而英国的志愿者给予他的更多的是跨文化友谊带来的心灵上的宽慰。综合起来，从朋友处获得的支持类型有情感支持（emotional support）、实际支持（practical support）、信息支持（informational support）和社会陪伴支持（social companionship support）4 种。

志愿者从学生处获得的支持也多为情感支持（emotional support）和社会陪伴支持（social companionship support）。志愿者与学生建立的情感及学生的进步给志愿者带来的成就感和满足感，助益于志愿者的心理濡化。访谈中，志愿者表现出了对学生进步的欣慰和因此带来的成就感、荣誉感和责任感，这样的感觉支撑着志愿者走过这段艰难的心理适应之路，而反过来，也让志愿者自愿投入更多的时间和精力到教学工作中去，这反而为教学和师生关系的发展提供了契机。

五 讨论

（一）心理濡化中的中国文化印记

中国文化深受儒家文化影响，强调国家群体至上，在家庭中表现为家族主义，其以血缘为纽带，以孝为道德规范，强调对于家族的依附和服从，在个体与他人关系中，强调群体的认同，表现为人们愿意随大流，力图同社会其他成员和谐相处，倡导集体主义精神，在个体与国家、民族关系上，表现为国家民族利益至上，倡导为民族、为国家献身，儒家价值观强调人的义务，强调主体对国家、民族、家庭的责任（于铭松，2002）。

首先，集体主义价值观下的心理濡化与汉语推广。中国是 Hofstede（1991）的文化价值取向理论中集体主义价值观的代表，这种价值观在志愿者心理濡化的过程中得到了体现。志愿者在个体层面将自己与汉语推广项目联系在一起，汉语推广项目的好坏直接影响着志愿者的心情和心理状况，如访谈中志愿者春说在俄罗斯，汉语推广项目不受当地重视而倍感“失落”。这种联系建立在对于集体价值的认同和个体特点的忽视上，这也是集体主义价值观一直倡导的“为民族和国家献身”的观念的表达。另外，对于集体的认同导致对于集体所承载的任务和目标的认同及对于自己身份的认同，汉语推广的成效正是自己工作成绩和自己价值的体现，是自己能不能为国效力的体现，所以当遇到当地居民不热情的情形的时候，志愿者会感觉失落，并寻找客观原因进行归因，以保护自己。

其次，心理濡化中的孝道观。中国文化是 Hofstede（1991）文化价值取向理论中权力距离指数较高的文化，其强调尊卑有序，强调晚辈对于长辈的尊重，强调个体对于家庭的责任，而孝道观则是这种文化的精准概括。汉语教师志愿者是中国文化的产物，其在心理濡化的过程中，即使非常需要家人提供情感和实际信息上的支持，但是在跟亲人联系的时候仍旧像案例中的唯那样，报喜不报忧，志愿者选择遵守孝道，舍弃从父母那里得到过多的保护。

最后，外部的和谐与内心的和谐。中国文化在处理和他人关系上强调关系的维持与和谐氛围的营造，强调集体主义精神和随大流，所以在跨文化人际关系的处理过程中，志愿者不“较真”，而是希望能够维持比较好的关系和良好的外部和谐氛围，只有这种氛围才能让志愿者内心实现和谐，这点在唯的案例中体现得更加明显，他对于学生未经证实的观点不加评论，不愿意过多地纠正学生的带有国家自豪感的不准确观点，这既是全球化心态的表达，同时也体现出儒家文化中追求和谐的一面。

（二）沟通和交流是濡化过程诸影响因素的交汇点

心理濡化是一种在异域文化中追求和谐与安宁的过程，而对于这种状态追求早在汉语教师志愿者赴泰之初便已经开始。志愿者向自己的有经验的师哥求教，师哥提供的信息让志愿者产生了较低的心理预期，如伟所说的“只要四周是白墙”就可以了，这种来自沟通地对他文化的想象实际为心理濡化过程的开始；志愿者进入泰国之后，经历着种种的不顺利，自然而然地通过各种途径寻求支持，包括自己的家人、异国朋友、志愿者和学生，这种支持的寻求需要经由人际沟通获得情感支持或利于自己实际问题解决的信息，这种信息建立在符号的加工和意义的建构之上；另外受集体主义价值观和高权力距离的影响，志愿者对于长辈或上级的肯定格外珍视，所以志愿者宝受鼓舞于广西师大校长的肯定，并且认为自己有很大的价值，以后在什么岗位上都能作出一番事业，这是建立在上级肯定信息的传播与个体对于这一信息的认同基础之上的，这种信息经由个体的加工，即人内传播最终转换为自我效能感，即认为自己什么事情都能做好。所以沟通和交流将心理濡化过程中诸影响因素串联了起来，从而直接影响着志愿者的心理适应情况。

（三）自我效能感和成就感是志愿者心理适应的初级表现

自我效能感由班杜拉于 1977 年提出，指的是个体在执行某一行为操作之前，对自己能够在什么水平上完成该行为活动所具有的信念、判断或主体自我感受，自我效能感高的人倾向于选择富有挑战性的任务，相信通过自己的努力一定能克服困难，不会在做事之前具有强烈的焦虑心理，而是会选择积极应对（曾荣侠，2003）。志愿者在进行汉语教学或其他文化活动之前认为自己是否能够很好完成这一工作直接关乎工作完成的实际结果，而且这种感觉的形成和稳定意味着内心的满足，所以是心理适应结果的初级表现。当然这种感觉可能会在任务和目标完成不理想之后而遭到破坏，但这正是心理适应的初级表现，即可能不稳定。访谈中志愿者宝对所在大学校长和汉办驻泰办事处老师的肯定深信不疑，认为自己是一个人才，到哪里都能做好，而外界的期望，即皮格马利翁效应真正能起作用的也是需要作用于个人之后，让个人产生自我效能感，认为自己一定能克服困难，这种自信能够消减焦虑心理。

另外，成就感是志愿者心理适应的另一初级表现。成就感的获得能够让志愿者自己感受到自己和自己工作的价值所在，从而产生内心的满足和自豪，实现心理的稳定与和谐；反之，则会出现访谈中的志愿者春那样的“失落”感。虽然同为心理适应的初级表现，但成就感产生于成绩之后，而自我效能感产生于成绩之前，所以成就感的稳定性要高于自我效能感，同时没有自我效能感做基础，成就感获得的概率便大打折扣。

（四）心理濡化的高级表达全球化心态，得益于成就感和挫败感的交织回环

全球化心态的特点是自信、豁达、乐观、包容和移情，是志愿者跨文化心理适应到达一定层次的重要标准，与成就感和自我效能感的不稳定性相比较，这一心态不容易受外界因素影响，呈现出稳定和持久的特点，体现出心理适应的更高层次。而全球化心态得以形成需要经历一定的过程，志愿者初到泰国，经历了培训之后自信心得以激发，而想要有所成就的效能感变得十分强烈，但是在实际的工作和生活中，志愿者发现诸多方面的不适应和应对上的局促，如志愿者唯在与当地教师的相处上存在困难，许多志愿者在课堂管理上出现了疲于应对的问题，等等。面对这些困难，志愿者通过自己的努力，或克服困难，重拾自信心，自我效能感加强；或应对失败，处于挫败感的煎熬中。具体又存在两种形式，一种是在同一件事情上挫败感与成就感的反复；另一种是在一件事上挫败，而在另一件事情上则取得成功，即失之东隅，收之桑榆。前者的例子在课堂上表现明显，多数志愿者经历了课堂管理中由新奇、兴奋到挫败，再到克服提升的 U 形过程，而后一种例子则以志愿者唯的经历为典型，与本地老师的不适应和在与学生接触过程中感到的浓浓情意交织回环，最终得到的是其对于学生的观点和看法的包容与豁达心态的形成。但是不管何种形式，结果都指向于志愿者全球化心态的形成，这种稳定的心态正是志愿者跨文化心理适应的高级表达。

六 结语

心理濡化是赴泰汉语教师志愿者在赴泰之初首要面临的适应问题之一，这一问题处理得恰当与否直接影响着跨文化适应的其他方面。我们认为，赴泰汉语教师志愿者心理濡化过程便是追求内心和谐的过程。影响这一过程的因素很多，包括心理预期、社会支持、跨文化经历等，但是这些因素的交汇点是沟通和交流，如果没有或者缺少合适的交流机会、渠道和内容，那么汉语教师志愿者的心理适应结果便可能不理想。而在交流基础之上的自我效能感及在自我效能感基础之上的成就感的获得，则是心理濡化结果，即心理适应的初级表达，而全球化心态因其稳定和持久的特点，

成为心理濡化的高级表现，并且这一稳定心态的形成多数情况下得益于由行动产生的成就感或挫败感的交织回环。另外，在汉语教师志愿者的心理濡化过程中，体现出浓重的中国文化特点，如集体主义、孝道观念和人际关系和谐理念等，在此我们将赴泰汉语教师志愿者的心理濡化模式归纳出来，如图5—1所示。

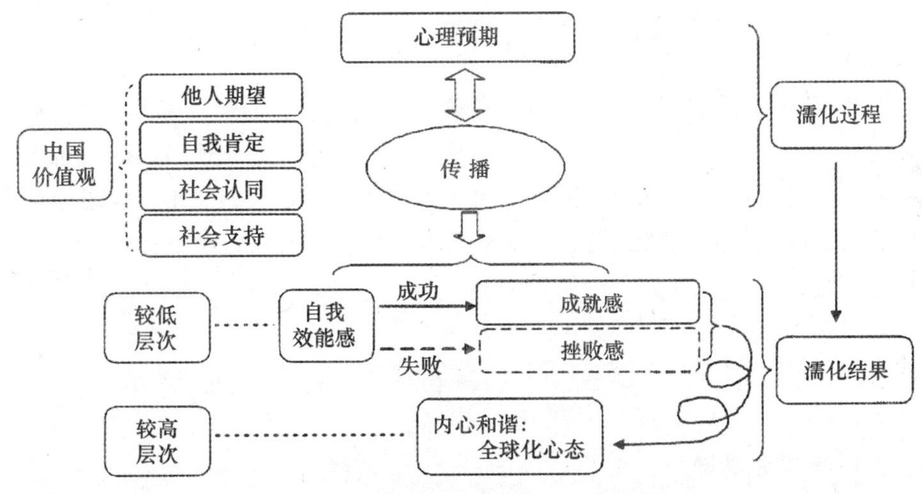

图5—1　赴泰汉语教师志愿者心理濡化模式

我们认为赴泰汉语教师志愿者的心理濡化的基础是心理预期，其建立在交流基础之上，并影响交流，而交流则是心理濡化过程的核心所在，经由交流才可能获得自我效能感与成就感。这两种感觉都标志着内心和谐的部分完成，而建立在丰富的跨文化经历基础之上的全球化心态的形成则预示着更高层次的心理适应结果。所以，心理濡化这一结果应该包括较低层次上的自我效能感和成就感的获得，以及较高层次上的全球化心态的形成。赴泰汉语教师志愿者只是我国外派汉语教师志愿者的一部分，因外派汉语教师志愿者所在的国家和文化差异颇大，因此，不同国家和文化中的汉语教师志愿者的跨文化适应情况的研究可能会得出不同的结论，体现出不同的特点，而这种差异和可能正是研究下一步应当关心的问题，这既是对外派汉语教师志愿者濡化理论的完善，也利于为我国汉语教师志愿者项目的进一步发展提供可行性建议，任重而道远。

第六章

汉语教师志愿者研究与实践展望

本篇前三章从定性和定量两个视角，采用了问卷调查、深度访谈、案例分析等方法，全面研究了赴泰汉语教师志愿者的跨文化适应问题，构建了赴泰汉语教师志愿者心理濡化的模式。在本章中，我们总结了汉语教师志愿者跨文化适应的诸问题、未来的研究方向，并对汉语教师志愿者项目提出了建议。

一　赴泰汉语教师志愿者的跨文化适应情况

1. 跨文化认知

汉语教师志愿者在泰国经过一段时间的适应之后，对泰国的自然环境和人文社会环境产生了感知，他们能感受到中泰文化之间的差异，不过对这种差异的感知存在个体差别，带有显著的个体特征。志愿者在感受文化冲击、理解文化差异的过程中产生了自己的感受，有了带有个体特征的跨文化认知。总体来讲，志愿者跨文化认知适应情况理想。他们能够感知到泰国文化中的礼貌、热情，民风淳朴、宽容、友善，能够适应泰国的炎热气候、环境宽松，感受到泰国教育上的对学生“和善”与教育部门给志愿者的“自由”，能够理解和接受泰国教育中的或明或隐的“潜规则”，总体而言，汉语教师志愿者对泰国的自然环境、人文环境、社会教育环境的认知适应都相对理想。

2. 跨文化情感适应

汉语教师志愿者初到跨文化环境中，容易产生焦虑、思乡、紧张等不良情绪，而如何克服这些不良情绪、让正面情绪占据主动则成为汉语教师志愿者首先面临的问题。志愿者在跨文化适应过程中容易出现情绪波动，情绪调节和跨文化情感适应状况会直接影响跨文化适应的整体水平。在进行宣泄和调节不良情绪方面，志愿者进行了有益的探索，找到了多种方案：如与家人通电话，志愿者聚会，做自己喜欢的事——健身、交友、与学生在一起、从同事处获得社会支持、将自己的爱好与工作统一、自我期许与别人期望相结合等。但从总体上看，赴泰汉语教师志愿者在跨文化情感适应方面缺乏指导，虽然能最终形成个人特点鲜明的应对方案与适应策略，但在缺乏指导的情形下，志愿者的情感适应过程耗时长，会影响汉语教师志愿者在泰国的生活质量和工作质量，进而影响汉语教学工作和其他活动的。因此，给予汉语教师志愿者一定的指导和支持在跨文化情感适应过程中显得尤为重要。

3. 跨文化心理适应

赴泰汉语教师志愿者跨文化心理适应，即心理濡化的过程便是追求内心和谐的过程，而心理预期、社会支持、跨文化经历等将影响这一进程，而且这些影响因素的交汇点是沟通和交流，如果没有或者缺少合适的交流机会、渠道和内容，那么汉语教师志愿者的心理适应结果便可能不理想。而在交流基础之上的自我效能感，及在自我效能感基础之上的成就感的获得，则是心理濡化结果，即心理适应的初级表达，而全球化心态因其稳定和持久的特点，成为心理濡化的高级表现，并且这一稳定心态的形成多数情况下得益于由行动产生的成就感或挫败感的交织回环。另外，在汉语教师志愿者的心理濡化过程中，体现出浓重的中国文化特点，如集体主义、孝道观念和人际关系和谐理念等，在此我们将赴泰汉语教师志愿者的心理濡化模式归纳出来，跨文化心理适应是汉语教师志愿者在跨文化接触过程中产生的抑郁、焦虑、孤独、失望、思乡等负面情绪逐渐减少乃至消失的过程。跨文化心理适应与心理预期、跨文化心态、跨文化经历等都有关系。从访谈中发现，志愿者需要不良情绪的排解渠道，但是这方面的有效指导相对缺乏。

4. 跨文化社会文化适应

志愿者的跨文化社会文化适应是指适应当地社会文化环境的能力，是否能与当地文化群体成员进行有效接触。社会文化适应既包括对不同文化之间差异的体察，更包括与文化中个体的互动与传播，而后者处于更高层次，也是根本所在。通过互动过程，了解不同文化的差异，进而协调差异，在“求同存异”和“协商改变”的过程中进行跨文化传播网络的建立和延展，释放志愿者传播网络的社会支持强度和力度，其价值将是难以估量的。我们的研究发现，赴泰汉语教师志愿者参与主流社会文化适应还是不够，他们的交往和交流主要还是集中在志愿者圈内。

5. 跨文化教学适应

跨文化教学是志愿者在泰国从事的主要工作，也是志愿者感受最深的地方。跨文化教学适应的过程不仅仅是志愿者感受差异的过程，更是志愿者解决冲突的过程，跨文化教学适应情况直接影响着志愿者使命的完成，影响着国家汉语推广工作的大局。而赴泰汉语教师志愿者的教学适应有其自身的过程和特点。

（1）赴泰之初，汉语教师志愿者对泰国的课堂气氛普遍不适应，普遍面临课堂管理问题，如学生缺乏学习兴趣、教材不统一、教学工作任务繁重问题。

（2）志愿者认为影响跨文化教学适应的因素有：个人经历与背景，对教学对象的了解和把控程度，教学对象的差异性，教师的个人魅力，工作任务重、要求高、项目多，语言障碍等。

（3）志愿者创制并试验了许多方法，以适应跨文化教学，如把握学生心理、因材施教、穿插游戏、注重激励、爱的方式交流、学习竞赛、课堂时间拆分、多做课外活动。

（4）跨文化教学适应是一个动态的过程，志愿者在教学适应的时间上自我感知有所不同，不同阶段面临不同的适应任务。

（5）教学与心情。访谈发现，“教学”影响“心情”的情况在赴泰之初表现最为明显，随着赴泰时间的增加，这种联系会变弱，而“心情”会成为影响“教学”的重要因素。所以，教学与情绪存在关系。

6. 跨文化培训

我们的研究发现，跨文化培训的内容与汉语教师志愿者的跨文化适应存在着显著相关关系。

（1）认知适应方面。汉语教师志愿者参加过语言方面（泰语）、如何面对文化休克、心理调节能力的跨文化培训与认知相关。通过这些培训，他们能够更好地与泰国人进行沟通，建立起基本的适应能力以及拥有足够的心理准备，可以有效地应对文化休克的问题，志愿者的认知程度得到提高。

（2）情感调节方面。汉语教师志愿者参加过如何面对文化休克、心理调节能力和文化意识能力的跨文化培训与他们的情感调节之间相关。对于不同意见的接纳能力和敏感情绪的产生，可以通过文化意识能力的培训得到缓解。但是，心理调节能力和文化意识能力这两项培训均存在着一定问题。数据显示，参加过心理调节能力培训和文化意识培训的志愿者，反而更容易产生焦虑和乡愁的负面情绪。

（3）社会适应方面。语言方面（泰语）、文化意识能力和跨文化交际技巧方面的跨文化培训与志愿者的跨文化适应相关。这三项培训的效果显著，通过这些培训，志愿者的沟通交流能力得到提高，在交往中能够做到尊重不同的价值观，促进了他们的人际交往，从而提升了他们的社会适应能力。

（4）教学适应方面。语言方面（泰语）、如何面对文化休克、泰国文化、文化意识能力和跨文化交际技巧方面的跨文化培训的效果也是显著的，通过这些培训志愿者的教学能力也得到提升。

（5）对于志愿者在国内和海外接受到的不同规模、不同目的的跨文化培训，针对汉语教师志愿者的看法和理解，我们进行了访谈和内容分析，发现以下两点内容。

① 国内的集中培训针对性不强，实用性有限，形式不够丰富。而定量研究结果也显示，跨文化的培训模式以课堂教学模式为主，缺乏对异国文化环境的模拟、行为方式的理解，也缺乏师生间的互动。志愿者建议，分区域进行培训，丰富培训的内容和形式，加强教学软件的学习等。

②孔子学院和孔子课堂创制出了自己的培训模式——“内训”和“自我培训”。孔子学院为公派教师带学生，孔子课堂为集体思考下的自我培训，两个群体对于自己的模式都较为认同，认为其有很强的针对性和实用性。

7. 性别与跨文化适应

从项目调查问卷设定的认知、情感调节、社会适应、教学能力四个维度来看，男女性别汉语教师志愿者的适应情况在情感调节、社会适应与教学能力这三个方面出现差异，在认知方面的差异不显著。我国文化中认为男性应该比女性更坚强、克制、稳重，更具独立性，因此男性不会轻易地表现他们的情绪，他们更倾向于自己处理情绪问题和拥有较强的社会适应能力。而女性一般被认为是感性的、脆弱的，对情绪的控制能力和社会适应能力不如男性。首先，我们的研究发现，男性汉语教师志愿者对在泰国的生活的满意度高于女性。其次，我们还发现，男性更能懂得如何把握泰国人的兴趣偏好，交流能力强于女性。这与男性的适应能力强也有一定的关系。

在人际交往方面，女性没有想象中的那么敏感。较男性而言，女性志愿者更不认同“她们自身是非常敏感的、很在乎泰国朋友对自己的看法”。

跨文化教学上存在性别差异。研究发现女教师更具有亲和力，才艺方面也占优势，男教师数量少，在教学之初受欢迎，但是持久性不足，而能够吸引学生的最根本之处在于教学。

心理适应上存在性别上的差异。访谈研究发现，在心理适应的速度上男性更快；但在韧性和持久性上，女性更有优势。

8. 赴泰时间与跨文化适应

汉语教师志愿者在泰国工作时间的长短会影响到他们的跨文化适应情况。定量研究发现，随着在泰国的工作时间的增加，汉语教师志愿者在认知、情感调节、社会适应与教学能力这四个维度的适应能力均呈现上升趋势。随着在泰工作时间的增长，他们对泰国生活的认知，泰国人的工作方式、兴趣偏好的把握，与泰国人的沟通以及教学资源、方式的运用都有一定程度的了解，因此，其适应能力会更强。

9. 语言（泰语）与跨文化适应

我们研究发现，汉语教师志愿者的泰语水平与他们四个维度的跨文化适应状况也存在着显著相关。随着泰语水平的提高，汉语教师志愿者的跨文化适应能力得到提升。

认知方面。志愿者通过语言这个桥梁去获取更多的信息，可以提高他们对泰国文化、泰国人生活方式、泰国人工作方式和泰国生活的认知。

情感调节方面。负面情绪的产生也可以通过语言能力的提升而得到缓解。泰语水平高的志愿者可以拥有更多的机会去结交泰国朋友，从而缓解乡愁情绪，同时与泰国人的有效沟通也有助于他们接纳不同的意见。

社会适应方面。随着泰语水平的提升，志愿者可以更好地理解泰国人的价值观，把握他们的兴趣偏好。

教学适应方面。泰国学生更喜欢志愿者用泰语和他们交流，更加容易明白，也更具有亲切感。因此，志愿者的泰语水平较高时，通过与泰国人的沟通，他们更能把握泰国人学习汉语的弱点，从而采用有效的教学方法开展教学。

10. 跨文化身份转换与跨文化适应

志愿者来到泰国，面临着对跨文化环境适应的同时，自身身份也在改变。外派的志愿者多为本科毕业生或者硕士研究生，他们在赴泰之前的身份多为学生，而到泰国后便面临从学生到老师的身份转变，转变情况关系着教学适应的成败。通过研究，我们发现以下问题。

（1）志愿者意识到身份转换主要来自于自己的感知和培训，环境和工作的要求使志愿者能够感觉到自己从学生向老师的转换。该过程所需时间存在个体差异。

（2）完成身份转换之后，志愿者的主动性和责任心都有了一定程度的提升，对于工作的适应状况表现良好。

11. 跨文化认知、情感调节、社会适应和教学适应彼此相关

数据统计的回归方程显示，方程不存在多重共线性，不存在异方差和自相关，残差不能拒绝服从正态分布的原假设。即认知、情感调节、社会适应和教学能力之间存在变量关系。也就是说，汉语教师志愿者的认知、情感调节、社会适应和教学能力之间存在着相关关系。

12. 未来的规划和打算

汉语教师志愿者所从事的汉语推广工作是一项阶段性工作，合同到期，志愿者便面临重新回国发展的问题。调研发现，一些志愿者对未来缺乏明确的规划，不确定感明显，不同的志愿者群体在对未来的规划与打算上出现了明显的群体差异。

（1）管理教师认为最重要的是做好现在的工作，先提升自己，以后再做打算。

（2）留任且快到期的志愿者对未来缺乏打算。

（3）部分非对外汉语教学专业的志愿者，虽然对汉语教师志愿者工作有一定兴趣，但不愿放弃原有专业，为有朝一日可能的转行作准备。

（4）有部分志愿者还处于对未来的迷茫中。

二　汉语教师志愿者研究展望

志愿者是一个庞大的群体，在跨文化环境中有着诸多的成绩，也面临诸多的问题，在这些实际问题的理论思考和理论挖掘上，亟须进一步不懈地努力，以促进国家汉语推广工作的深入和国家形象的构建。我们认为在该研究基础上，未来研究可以关注以下方向。

（1）赴泰汉语教师志愿者跨文化管理模式探讨。赴泰汉语教师志愿者的跨文化管理成果斐然，这是泰国汉语推广工作顺利开展的原因所在。对于该管理模式的总结和凝练，有利于赴泰汉语教师志愿者跨文化管理体系自身的完善与变革，更可以为其他国家和地区的汉语教师志愿者管理工作提供有意义的借鉴，可以说泰国的汉语教师志愿者管理模式为全球志愿者跨文化管理工作提供了模板，及时总结倍显重要。

（2）赴泰汉语教师志愿者跨文化适应能力模式的构建。跨文化适应不仅仅是新任志愿者初赴泰国所面临的任务，更是一个动态适应的长久过程，而且也是志愿者在回国或转移到其他国家从事汉语推广工作时同样要面临的问题。针对泰国的跨文化适应培训显现出应用性上的不足，所以对于这群“民间大使”的跨文化适应能力的培训显得尤为重要。将跨文化适应力中能够共享的部分加强，同时，不放松对特殊文化情景中的志愿者跨文化能力的培训，以求达到“授之以渔”的目的。

（3）赴泰汉语教师志愿者长期跟踪指导体系的建构。汉语教师志愿者在国外长久地努力为国家的汉语推广工作作出了贡献。但是在访谈中，志愿者普遍表示出对未来职业和人生规划的模糊性。这部分人才如何继续培养，让他们在中国和其他国家继续发展和提升，既是对志愿者本人的帮助，也是对国家人才的尊重，更是对汉语教师志愿者项目的完善。所以，对汉语教师志愿者建立长期的跟踪指导体系，帮助其建立起有效的适应力和竞争力，从心理到行为对之进行有效的指导，具有重要意义。当然，作为一个体系，需要多方参与其中，共同构建。

（4）赴泰汉语教师志愿者跨文化传播网络的建立及与跨文化适应的关系。赴泰汉语教师志愿者身处跨文化环境中，却没有过多的跨文化交往内容，多数志愿者所处的交往圈子较为狭小，对泰国社会的融入并不理想。当然，志愿者在泰国工作时间长短有差异，时间长的比时间短的表现出更加明显的文化融入特征，但是这并不能概括为跨文化经历时间长的志愿者一定具有更高水平的社会文化融入特征，还有许多其他的因素影响跨文化适应和融入情况，而对于这部分原因的探讨有助于总结影响跨文化融入的系统因子，进而将之提升为可以进行培养的能力系统。当然，跨文化融入是跨文化适应达到一定水平的体现，而影响融入或适应的一个重要因素就是跨文化传播网络的建立情况，或者跨文化传播网络状况所反映的就是跨文化适应水平，传播即适应。跨文化传播网络密集、丰富的志愿者对泰国的文化融入情况越为理想，而这又推动了跨文化传播力的发展，更有助于汉语、文化推广项目走向深入，所以，对于汉语教师志愿者跨文化传播网络，及其与跨文化适应之间关系的探讨对于整个汉语推广工作都具有极大的价值。

三 汉语教师志愿者项目发展建议

（1）外派汉语教师志愿者跨文化适应研究尚处于起步阶段，对该研究领域的持续支持是推进汉语教师志愿者研究工作走向深入、建构汉语教师志愿者跨文化适应理论、指导汉语教师志愿者跨文化适应成功的关键，有助于促进国家汉语推广工作。

（2）跨文化情绪情感适应，是志愿者在跨文化经历中较为艰难的一段过程，对于该过程给予包括心理辅导在内的全面支持，对志愿者跨文化适应的圆满完成有着重要意义。因此，建立跨文化适应指导团队、构建跨文化情感适应帮扶制度，是帮助志愿者成功实现跨文化适应的重要途径和手段。

（3）提倡跨文化交往，构建跨文化交往支持机制。跨文化社会交往既是跨文化心理适应的重要支持性来源，又是跨文化社会文化适应的重要标准。社会文化适应能够帮助志愿者建立、完善和拓展跨文化传播网络，对于志愿者在跨文化适应时所需要的社会支持的获取和汉语推广组织与项目的影响力提升都有不可限量的价值。因此，提倡志愿者走进异国文化，真正进行社会文化适应，既是对志愿者跨文化适应的支持，也对汉语推广工作有实际帮助。

（4）完善教学适应阶段性差异研究，对志愿者教学适应的困难和应对策略给予成体系的指导。教学适应是志愿者面临的最重要的适应任务之一，该任务的完成情况直接关系着志愿者历史使命的完成。而经过研究，我们初步发现，志愿者的教学适应自影响因素到策略构建，应当有一套完整的理论体系和实践操作系统，教学适应也存在阶段差异性特点，应该对该部分进行深入研究。构建教学适应的理论指导体系，从而帮助汉语教师志愿者解决跨文化教学适应的最根本问题。

（5）构建志愿者身份转换指导体系。身份转换影响着志愿者的跨文化适应，尤其是在教学适应方面，但目前多数志愿者的身份转换过程既缺乏理论研究与指导，又缺乏明确的思路与方案，因此，身份转换指导体系的构建显得十分必要。

（6）关注跨文化培训与汉语推广的良性关系互动。志愿者普遍反映培训工作缺乏针对性、不够深入、操作性不强等问题，究其根源，在于培训与汉语国际教育实践的脱离，培训的内容已经跟不上实践中层出不穷的新问题出现的速度，所以需要形成一定的机制，将实践中的新问题及时反馈给研究人员，以最快速度对问题进行研究，并纳入到培训中，才是解决培训问题的关键。做好跨文化培训的前提是，跨文化培训教师的实际跨文化适应能力培养。汉办需要关注跨文化培训效果与汉语推广实际良性互动机制的建立和完备运作。

（7）筹建汉语教师志愿者未来发展问题解决体系。外派汉语教师志愿者工作具有很大的特殊性，在解决汉语教师志愿者未来问题上捉襟见肘，但是该问题是否能够解决以及解决的效果如何直接影响汉语国际推广的大局，这种影响将随着我国经济社会的发展而日渐明显，在汉语教师志愿者招募、培养与训练中将加倍呈现。因此，这是一个不会消失的问题，必须解决。解决这一问题不仅涉及国家汉办，还会涉及国家层面上的多个部门和国家宏观政策层面，但解决问题的前提是对问题进行研究，以找到解决问题的最佳方案，建立问题的长效解决体系，这是解决这一不得不解决的问题的关键。

参考文献：

Berry, J. W. (1976), *Human ecology and cognitive style: Comparative studies in cultural and psychological adaptation*, New York: Sage/Halsted.

Berry, J. W. (1990), "Psychology of acculturation", In J. Berman (ed.), *Cross-cultural perspectives: Nebraska symposium on motivation*, Lincoln: University of Nebraska Press.

Berry, J. W. (1997), "Immigration, acculturation and adaptation", *Applied Psychology*, *46* (1), 5 – 68.

Berry, J. W. (2005), "Acculturation: Living successfully in two cultures", *International Journal of Intercultural Relations*, *29*, 697 – 712.

Berry, J. W., & Kim, U. (1988), "Acculturation and mental health", In

P. Dasen, J. W. Berry, & N. Sartorius (Eds.), Health and cross-cultural psychology, Newbury Park: Sage.

Berry, J. W., & Sam, D. (1997), "Acculturation and adaptation", In J. W. Berry, M. H. Segall, & C. Kagitcibasi (Eds.), *Handbook of cross-cultural psychology*, *Vol. 3*, Social behavior and applications. Boston: Allyn and Bacon.

Berry, J. W., Kim, U., Minde, T., & Mok, D. (1987), "Comparative studies of acculturative stress", *International Migration Review*, *21*, 491 - 511.

Brislin, R. W., & Yoshida, T. (1994), *Intercultural communication training: An introduction*, Thousand Oaks, CA: Sage, 1994.

Corbin, J., & Strauss, A. (1990), "Grounded theory research: Procedures, canons, and evaluative criteria", *Qualitative Sociology*, *1*, 3 - 21.

Glaser, B., & Strauss, A. (1967), *The discovery of grounded theory*, Chicago, IL: Aldine.

Graves, T. (1967), "Psychological acculturation in a tri-ethnic community", *South-Western Journal of Anthropology*, *23*, 337 - 350.

Hofstede. (1991) . G, *Cultural and Organizations: Software and Mind*, Maidenhead: McGraw-Hill Book Company.

Kim, Y. Y. (2001), *Becoming intercultural: An integrated theory of communication and cross-cultural adaptation*, Thousand Oaks, CA: Sage.

Landis, D & Bhagat, R. S. (1996), "A model of intercultural behavior and training", In D. Landis & R. S. Bhagat (Eds.), *Handbook of intercultural training* (*pp. 1 - 13*), Thousand Oaks, CA: Sage.

Lazarus, R., S., & Folkman, S. (1984), *Stress*, *Appraisal*, *and Coping*, New York: Springer.

Lilasetthakul, T., & An, R. (2011), "A study on the cross-cultural adaptation of the international Chinese volunteer teachers in Thailand", *Intercultural Communication Studies*, *1*, 208 - 223.

Lysgaard, S. (1955), "Adjustment in foreign society: Norwegian Fulbright grantees visiting the United States", *International Social Science Bulletin*, *7*, 45 - 51.

McGee, W. (1898) . J, "Piratical acculturation", *American Anthropologist*, *11*, 243 -249.

Powell, J. W. (1883), "Human evolution: annual address of the President", J. W. Powell, delivered November 6, 1883. *Transactions of the Anthropological Society of Washington*, 2.

Powell, J. W. (1880), *Introduction to the study of Indian languages*, (*2nd edn.*) . Washington, DC. : US Government Printing Office.

Pusch, M. D. (1993), *The chameleon capability*, Paper presented at the council for International Education Exchange Annual Conference. Washington: November.

Ramsay, S. , Jones, E. & Barker, M. (2007), "Relationship between Adjustment and Support Types: Young and Mature-aged Local and International First Year University Students", *Higher Education*, *54*, 247 -265.

Redfield, R. , Linton, R. , & Herskovits, M. (1936), "Memorandum on the study of acculturation", *American Anthropologist*, *38*, 149 -152.

Sam, D. , & Berry, J. (2006), "The Cambridge Handbook of Acculturation Psychology (Eds)", Cambridge: Cambridge University Press.

Searle, W. & Ward, C. (1990), "The prediction of psychological and sociocultural adjustment during cross-cultural transitions", *International Journal of Intercultural Relations*, *14*, 449 -464.

Simons, S. E. (1901), "Social assimilation", *American Journal of Sociology*, 6.

Triandis, H. C. (1997), "Subjective culture and interpersonal relations across cultures", In L. Leob-Adler (Ed.), Issues in cross-cultural research (Special issues), *Annual of the New York Academy of Sciences*, *285*, 418 - 434.

Ward, C. (2001), "The ABCs of acculturation", In D. Matsumoto (ed.), *the handbook of culture and psychology*, Oxford: Oxford University Press.

Ward, C. & Kennedy, A. (1992), "Locus of control, mood disturbance and social difficulty during cross-cultural transition", *International Journal of Intercultural Relations*, *16*, 175 -194.

Ward, C. & Kennedy, A. (1993), "Psychological and socio-cultural adjustment during cross-cultural transitions: a comparison of secondary students at home and abroad", *International Journal of Psychology*, *24*, 221 - 249.

Ward, C., & Kennedy, A. (1994), "Acculturation strategies, psychological adjustment and socio-cultural competence during cross-cultural transitions", *International Journal of Intercultural Relations*, *18*, 329 - 343.

Ward, Bochner, & Furnham. (2001), *The psychology of culture shock* (*2nd ed.*), London: Routledge.

安然:《跨文化传播与适应研究》, 中国社会科学出版社 2011 年版。

陈国明:《跨文化交际学》, 华东师范大学出版社 2009 年版。

陈国明、安然:《跨文化传播学关键术语解读》, 中国社会科学出版社 2010 年版。

范启华:《汉语教学志愿者"菲律宾模式"探析》,《云南师范大学学报》(对外汉语教学与研究版) 2005 年第 6 期, 第 22—25 页。

冯源、简福平、陈旭:《情绪调节的因素和方法研究》,《重庆教育学院学报》2007 年第 4 期, 第 113—116 页。

郝雷:《汉语教师志愿者成立与发展探析》,《文史资料》2010 年第 2 期, 第 133—135 页。

郝雷:《汉语教师志愿者管理研究》, 硕士学位论文, 河北师范大学, 2010 年。

黄雯雯:《海外汉语教师志愿者的岗前培训需求分析》,《现代语文》2011 年第 8 期, 第 131—135 页。

江傲霜、吴应辉、傅康:《泰国汉语教师志愿者教学情况调查对志愿者培训工作的启示》,《云南师范大学学报》(对外汉语教学与研究版) 2011 年第 5 期, 第 85—90 页。

李红宇、刘春荣、宋鹭:《汉语教师志愿者规模影响因素的灰色关联分析》,《云南师范大学学报》(对外汉语教学与研究版) 2011 年第 9 期, 第 43—47 页。

梁社会:《国际汉语教师志愿者应具备的基本条件》,《中国成人教育》2008 年第 8 期, 第 80—81 页。

吕兆格:《汉语教师志愿者如何进行课堂教学观摩》,《高等教育研究》2011 年第 3 期, 第 87—90 页。

李静:《民族交往心理的跨文化研究》, 中国社会科学出版社 2010 年版。

彭聃龄：《普通心理学》，北京师范大学出版社 2008 年版。

苏宏元：《网络传播学导论》，中国社会科学出版社 2010 年版。

宋原：《海外汉语教师志愿者心理压力分析和对策》，《重庆科技学院学报》（社会科学版）2008 年第 10 期，第 58—59 页。

吴应辉、郭骄阳：《泰国汉语教学志愿者项目调查报告》，《云南师范大学学报》（对外汉语教学与研究版）2007 年第 1 期，第 8—11 页。

吴雁江、俞勤伟、方熹：《泰国汉语教师志愿者项目实施情况调查报告——以云南师范大学为例》，《云南师范大学学报》（对外汉语教学与研究版）2010 年第 5 期，第 79—82 页。

杨军红：《来华留学生跨文化适应研究》，博士学位论文，华东师范大学，2005 年。

杨薇：《汉语教师志愿者中文教学实际情况及应对分析》，《读与写杂志》2009 年第 5 期，第 9 页。

于铭松：《冲突与融合：儒家价值观与西方价值观》，《青海师范大学学报》（哲学社会科学版）2002 年第 4 期，第 60—64 页。

祝捷：《在韩汉语教师志愿者跨文化适应影响因素的实证分析》，硕士学位论文，山东师范大学，2011 年。

曾荣侠：《论自我效能感理论及其教育价值》，《洛阳师范学院学报》2003 年第 3 期，第 100—103 页。

第三篇

跨文化教学视角——赴美孔院国际汉语教师教学理念与身份认同研究

全球化背景下，国与国之间的联系日益密切，文化交往不断增多。截至2014年底，全球已建立了475所孔子学院。孔子学院的快速发展为中国文化走向世界与世界文化的多元化发展作出了重大贡献，而孔子学院的发展壮大离不开众多汉语教师的努力。本篇以在美孔子学院任教的汉语教师为研究对象，通过课堂观察、深入访谈、教学反思、职业发展培训（学术会议、教学工作坊、教师行动研究等）等质化的研究方法，对赴美孔院汉语教师的教学理念和身份认同等进行研究。本篇内容主要分为三部分：第一部分旨在通过对在美孔子学院中方汉语教师为期三年的历时研究，探讨在跨文化语境下教师所持有教学信念与其教学行为之间的复杂有机联系；第二部分重点考察孔子学院的中方教师在跨文化语境下如何认识和建构其“国际汉语教师”的身份，并总结出国际汉语教师在国际教育的“文化接触地带”所面临的挑战和国际汉语教师的身份特点以及促进国际汉语教师身份发展的关键因素；第三部分则对比其他国家语言文化推广机构，总结提炼出孔子学院的独特优势和特色，并对孔子学院的建设和未来发展定位提出了一定的建议，希望孔子学院在推动中华文化走向世界的过程中也欣赏和感知其他文化的魅力，有意识地兼容并蓄其他文化的优秀成果，“各美其美、美人之美”，最终实现“美美与共，天下大同”的理想。

第七章

跨文化语境下孔院国际汉语教师教学理念的冲突与调和

一　研究背景

孔子学院在海外遍地开花以来，国家汉办每年向世界各地派遣大量汉语教师开展不同层次的汉语教学。美国是孔子学院和孔子课堂最多的国家，时至今日已设立了106所孔子学院和388所中小学孔子课堂。由于美国本土中文师资不足，每年需从国内“借”汉语师资以满足其日益升温的中文课程需求。自2006年以来，通过美国大学理事会和国家汉办的合作项目已经向美国派遣了1000多名汉语教师，且呈逐年上升趋势。在这一过程中，美国大中小学对这些汉语教师的评价毁誉参半，如Redden（2012）发文指出孔子学院提供的中文语言教育没有达到美国国家语言教学标准水平。近年，国家汉办/孔子学院也非常重视孔子学院教学质量的保障与提高，相继出台了《国际汉语教师标准》和《国际汉语教师能力标准》等多个纲领性文件。这些文件列举了国际汉语教师所应具备的能力，包括“汉语教学基础”“汉语教学方法”“教学组织与课堂管理”“中华文化与跨文化交际”和“职业道德与专业发展”五个部分。这些文件，对国际汉语教师所应具备的知识和技能进行了全面的描述，为国际汉语教师的培养和评估提供了依据，但仍偏于抽象表述，缺乏实际可操作的训练和考核工具（柯传仁、陆原、潘小斐，2015）。在最近的“2015北美及大洋洲孔子学院联席会议”上，各方都表示孔子学院的办学水平和可持续发展的关键因素还是教师的素质和教学能力是否满足当地的教学标准与需求。因此，培养一支高水平的教师队伍始终是孔子学院事业蓬勃发展的关键所在。为了达到这一目的，首先要研究的是孔院国际汉语教师的核心教学理念有哪些，这些教学理念在新的教学环境下遭遇了哪些冲突，孔院教师们在课堂实践上如何应对，了解他们对跨文化语境下汉语教学的体验和认识将有助于设计更有针对性的国际汉语教师培养和培训项目。

二　文献综述

无论是从事语言教学的教师还是研究者都一致认为明确教师的教学理念对教育标准和教学改革至关重要。遗憾的是我国在对外汉语教学领域对教师理念的研究非常薄弱。在我国，对第二语言教学领域的教师认知研究则始于20世纪90年代，主要针对国内从事英语教学的教师展开的，主要集中在交际语言教学与传统语法翻译方面的对比研究。而对外汉语教学界对汉语教师认知和职业身份的研究则刚刚起步（吴静，2013；吴勇毅、凌雯怡，2012），对汉语教师的教学理念和教学行为之间的关系的实证研究寥寥无几（江新、张海威，2010）。随着孔子学院数量上的持续增加，本土化教学日益受到重视，针对汉语教师在海外尤其是英语国家的跨文化教学方面的系统化研究已提上日程（祖晓梅、陆平舟，2012）。例如，吕明（2014）对9所美国孔子学院进行了调查，着重于国家汉办派往美国的中国教师如何适应当地的特殊情况，与美国本土实际教学情况融合的问题，实现教学的本土化。基于调查结果，提出对于派往美国的汉语教师应加强以下几方面的培训：一是目标国家教学环境的仿真式培训；二是目标国本土汉语教材使用能力的训练；三是教学方法本土化能力的培训；四是跨课型教学能力的培训；五是教学语言本土化能力的提升（吕明，2014）。这些新的课题无疑会对对外汉语教师已经形成的教学理念产生一定的影响和冲击。

Haley和Ferro（2012）通过美国政府资助的“星谈”（STARTALK）关键语言教师培训项目，调查了在美国教中文的华裔教师对美国外语教师协会所制定的5C课程标准的理解，即文化（culture）、交际（communication）、比较（comparison）、衔接（connection）和社区（community），及如何在课堂上贯彻这5个标准。她们发现这些中文教师在与其他学科的衔接和联系社区学以致用方面普遍存在困难。她们还指出在美国的华裔教师由于受到传统中国文化的影响在适应美国的课堂文化方面面临着以下几个挑战：（1）课堂管理，包括应对多层次的课堂教学；（2）如何推动和培养学生的学习动力；（3）目的语在课堂上的使用问题；（4）师生关系的处理。她们的研究对象是在美国的华裔移民中文教师而非中国派到美国的国际汉语教师，但两组教师之间也许会有一些相似的理念和做法。Orton（2011）对在澳大利亚的中文教师展开研究，得出的结论是“当今澳大利亚汉语语言教育中的主要问题是（中文教师）在教学法的价值理念方面的冲突以及在适应海外教学语境的过程中的困难”。她还指出“针对英语国家中文学习的有效教学方法还有待于进一步研究”。

另外，Wang，Moloney 和 Li（2013）对比北京、香港和悉尼三地的对外汉语教师培养课程体系，她们发现中国内地的培养体系侧重于汉语语言学和汉语知识的课程，而疏于教学法方面的课程，导致教学实践不足。因此，在海外从事汉语教学的中国教师擅长讲授较复杂的汉语结构，但在教学法和适应与创新方面却很薄弱。这也在某种程度上解释了 Schrier（1994）的观察。Schrier（1994）认为“汉语本族语教师拥有很强的语言能力，也有对目的语语用知识的优势，然而，这些可取的优势并未能自动转化为优质的课堂教学，更多的情况是，由于不了解美国当地教学法，这些特点反而导致了课堂上的灾难”。

国外研究学者似乎有两个先入为主的认识误区。

（1）他们普遍认为来自中国的汉语教师由于文化和传统的原因，他们抱守着教师为中心的课堂理念，因而在美国倡导的以学生为中心的课堂语境下，他们的教学势必不会成功。

（2）来自中国的汉语教师如果了解美国的语言教学理念和语言教学标准及课堂实践，他们已有的汉语教学理念会发生改变，从而增强他们职业发展的自觉和职业身份的建构。

然而，很多关于教学理念方面的研究都表明教师的教学理念有一定的顽固性（Almarza，1996；Joram 和 Gabriele，1998；Pickering，2005），关于教师对职业发展方面培训项目的接受程度也没有一致的研究结果，教师培养和培训项目往往改变不了教师的教学理念（Kagan，1992；Richardson，1996），而且，虽然普遍认为教师的教学理念对教育教学实践有强大的影响力，但在教师的理念与教学实践之间的一致性也是具有争议的（Borg，2003，2006；Freeman，2002；Johnson，1994）。

三 研究方法

本章研究的是孔院国际汉语教师的教学理念，考虑到“理念”的特性，本研究采用质化的研究框架，主要包括四个方面：课堂观察、深入访谈、教学反思、职业发展培训（学术会议、教学工作坊、教师行动研究等）。参与本研究的 12 名教师均来自国内同一所大学，这所大学的学科优势就是对外汉语教学专业，所有教师都是中文或对外汉语科班出身，职称分别为讲师（7 人）、副教授（4 人）和教授（1 人），年龄在 29—51 岁，他们的教龄短则 3 年长则 27 年。他们在来孔子学院（以下简称“孔院”）任教以前不仅都参加了国家汉办岗前培训，且其中一些人本身还是培训师，有着丰富的对外汉语教学经验，但来海外（英语国家）教书却是第一次，他们在孔院任期为 2—3 年，承担的汉语教学既有面向美国大学生的中文学分课，也有面向社区不同人群的非学分课程，并且也承担孔院在校园和社区开展的文化活动的组织和策划。

本章研究集中在以下 4 个方面。

（1）孔院国际汉语教师关于汉语语言有效教学的核心理念。

（2）孔院国际汉语教师的语言教学理念与他们的实际课堂教学是否一致？如果不一致，由什么原因造成的？

（3）海外学校提供的职业发展机会对这些中国教师的教学理念有哪些影响？

（4）对跨文化语境下的孔院国际汉语教师培养的启示。

四 研究发现

（一）孔院国际汉语教师关于汉语语言有效教学的核心理念

孔院国际汉语教师能够清晰明确地表述自己持有的教学理念，这些理念在他们的表达中，往往以精练的“四字格”短语加以呈现，足以看出这些理念不仅带有普遍性，而且有其牢固性，可以成为其教学核心理念，具体体现在以下方面。

1. “先准后快”

这一理念强调学生在学习汉语的过程中语言使用的准确性重于语言使

用的流利性。这一理念体现在语音、语法和词汇教学的各个层面，强调“好的开始”和“打下坚实的基础”。如：

T4：他们（美国学生）不会走就想跑。我跟他们说我不反对你们说课堂以外的事，但是首先你得把课本上的句子都说对了。

T7：要想学好汉语，一定要有一个好的开始，每个音、每个词都读准了，打下一个坚实的基础；否则，学下来也一塌糊涂。你看××（学生名字），就没打下好底，说得好像挺溜，没几句（让人）听得懂。

显然，这些教师是赞同“开始准确”的教法（Lightbown 和 Spada，2006），尤其在语音语调方面，课堂观察也证实了这些教师在课堂上不厌其烦地纠正学生的发音和声调。“一塌糊涂”的结果不仅是别人听不懂，造成交际障碍，也可能因为错误没能得到及时纠正而造成“石化”（fossilization）现象。在定期教学讨论中，就是否、何时以及如何在课堂操练上纠正学生的语言错误，教师们普遍认为教师的基本职责之一就是示范正确的用法，纠正学生的错误或不当的语言运用，而且他们相信这也是学生们所期望的。

T1：我相信学生是希望在他们犯错的时候老师能及时提醒他们并告诉他们正确的用法，要不还要老师干什么？

这种强调语言使用准确性的教学方式可能让人联想到早期行为主义教学理念和方法，这与当代所提倡的建构主义教学理念背道而驰，但是这些语言教师似乎认为语言的学习不同于其他学科的学习，（行为主义）习惯的养成很重要。因此，这些教师也不认为这种过度强调准确或“先准后快”的理念和做法是“文化现象”或“中国的教学方法”。相反，他们认为决定教学方法的因素是“正规语言学习的过程本身”及“学生学习汉语的目的和目标”。值得一提的是，一部分教师对他们“错误零容忍”所给出的原因却多少体现了一些中国文化特点。例如：

> T6：我可不姑息他们的错误，出了洋相不是丢他自己的脸，我的脸也没处放了。我可不想让别人认为这是我教的。

"要面子"的概念经常在东西方的文化交际中被认定为是中国人比较显著的文化心理和行为表现，不容否认这个概念在西方社会文化中也是存在的，只是表现形式不如在中国文化中那么彰显罢了。但是把学生犯的错误与自己的脸面联系在一起，的确有些儒家文化的思想烙印，显示了在中国文化中师生之间较强的相互（interdependent）关系以及教师对学生学习成果负有的责任。在实际课堂观察中，教师普遍及时纠正学生的错误，尤其是在关键的语法操练或当堂的语言点上，但这些教师在态度和方法上很顾及学生的情感和面子，对错误较多的学生并不是每错必纠——"错太多了，纠不过来啊"（T4），对纠正两三遍也没说对的也暂且放过——"不能在他一个人身上浪费课堂时间"。

2. "先死后活/死去活来"

这一教学理念强调语法结构的掌握，"死"即"死板的、固定的语言结构和语言表达"，"活"指的是"灵活地运用"，也就是说，要先掌握了固定的语法规则之后再进行创造性的语言运用。

这个理念体现了教师对待语法形式和意义表达之间关系的认识。教师们并不把形式和意义处于对立的两面，而是似乎认为二者有一个先后顺序：形式先于意义。先要掌握"死"的语法结构，再去随心所欲地生成不同意义的句子。教师们普遍对讲授语法结构非常重视，认为是对外汉语教学最基本也是最重要的技能：

"学习语法是掌握一门语言的捷径"；

"语法体系能让学生真正明白表达的意思和结构"；

"语法不仅是关于这门语言的知识，也是语言的实际使用"；

"尤其是对成人和大学生，语法就是套路，有助于他们以后自学"；

"不讲语法讲什么？"

"不考语法考什么？"

可见，课堂上显性地（explicitly）讲授语法在教师的教学理念上占有核心地位，一位教师进一步解释为：

> T2：你（教师）如果不明确地把他（学生）的注意力指向比较

> 特殊的语言结构，他们就不能有意识地去习得这个结构，他们自然也就不会有意识地去使用这个新的结构，只能依靠简单的表达方式，没进步。

这些教师普遍相信语法规则需要分析式的讲解，这样学生能够建立一个语言生成框架，将语言要素重新创造出新的句子表达。尽管这一过程看起来有些死板，但从长远效果上来看是非常可取的。

值得一提的是，对于语法的强调并不意味着他们不重视交际实践。相反，他们在课堂坚持“精讲多练”的原则，尽量创造更多的语境来操练某个或某几个语言点，这种交际训练更有针对性，或者说目标性更强。他们认为这种有针对性的“精讲多练”的任务型教学，即把语法学习纳入功能语境中的教学方法要比单纯的交际教学法更能有效提高学生的语言能力。所以，在他们的教学理念系统中，发展学生复杂的句法结构和进行有意义的交际相辅相成、同等重要。而且，在他们看来，复杂的或汉语独特的句法结构必须在课堂里有意识地教，学生才能有意识地学并通过反复操练才能真正掌握。这也是为什么这些教师称这套方法为“学院派”，用以区别那些非正规的、缺乏严谨性的汉语教学。

与他们一丝不苟的教学目标相一致的是他们对传统操练的重视，为了学生能够巩固语言技能，达到相应语言水平，操练的环节必不可少。在一次研讨会上，一位资深本土教师在报告中批评课堂“操练”（drills），认为操练损伤学生学习汉语的积极性：

> T6：操练没什么不对的，它也是学习过程中不可缺少的部分。当然，你不能故意弄得乏味枯燥，你可以有多种方式活跃课堂，使学生精力集中反复操练。

对于这些汉语教师来说，操练不仅是正当的课堂活动，而且是不可或缺的，其关键是如何实施得多产有效。这一教学理念也很容易归结于中国社会文化和教育环境，但是，在教师本人看来，他们更倾向于把这一理念归结于他们以往在中国大学里成功的教学经历和实践以及汉语语言独特的特质，这些不同于其他语系的特点需要学生付出更多的努力和反复练习才得以掌握。从这一点上来看，在他们的教学理念系统中，行为主义与建构主义并存，各具表现，只是在不同的学习阶段某一思想和方法占据主导地位。

3. “有语无文，行之不远”

顾名思义，一个学汉语的人不学汉字是走不了多远的。这些教师普遍认为汉字要早教，即 Ye（2013）所提出的 ICI 模式（Immediate Character Instruction），尽管在实际的课堂教学中他们遵循的还是“先语后文”，其目的是减轻学生的负荷，保持学生学习汉语的兴趣，但在他们的理念系统里，汉字的重要性不容置疑：

> 最好从一开始就让学生接触汉字。
>
> 让学生写汉字可以让他们感受汉语语言的精髓。
>
> 我简直不敢相信我们班有的学生都学了一个学期的汉语了，还只能读拼音，没学识字。

他们认为如果学生没有早些接触汉字，很可能就会过度地依赖拼音，不仅使今后汉字的学习更困难，而且除了能简单会话外，他的汉语将很难达到较高的水平。一个老师直言不讳地说“我从来没有见过一个汉语说得特别好的人是不认识汉字的文盲”。所以，他们对于当地的汉语教学推迟（一学期）教授汉字的做法很不以为然。说到学生的学习兴趣，他们更相信学习汉字会增加学习者学习汉语的兴趣，并能更加欣赏汉语语言的博大精深。

总体来说，这些科班出身的学院派汉语教师重视语言本体和语言要素的教学，认为一个好的汉语教师应该是一个“本分的语言教师”，那就是能够在单位教学时间内让学生的听、说、读、写各项语言技能都能全面提高，如语音语调准确、词汇不断积累、系统掌握语法等。他们常夸奖某位学生的汉语表达非常“地道”“没有洋腔洋调”，换句话讲，他们的教学目标还是培养出具有近乎汉语本族语水平的汉语人才。

（二）教学理念与实际课堂操作不一致

对照访谈语料与课堂观察可以看出在这些教师的教学理念和实际课堂操作上并不总是一致的。例如，T8 明确不赞成美国教育理念中所提倡的“快乐教学”（learning is fun），他经常说在他的课堂上实行的是“狠练”：

学习怎么能跟玩儿一样？要让他们（学生）记住学过的东西不狠练不行，喜不喜欢都得练得脱层皮，才可能学出个名堂。

尽管这位教师不相信“寓教于乐”，但他的课堂还是非常生动有趣，这一点从学生的评价中也可以得到证明。在课堂上，他采用“教师展示”(presentation)、课堂操练（practice）和“学生产出”（production）的方法，给学生设计多种课堂活动，进行充分的交际训练。

另一位老师相信听写是一项有效的课堂学习活动，在他的中国课堂上，每次在课前几分钟他都进行听写训练，让学生写下当堂所要用到的词汇和短语，但是到了美国课堂便实行不下去了。

T7：没几个能写像样的，简直就是浪费时间。

同样，背诵也是很多汉语教师喜欢的教学策略，但他们发现美国学生不习惯，甚至是抵触这种学习方法。在一次课堂观察中，讲授中国诗歌的孔院老师给学生留的作业是背诵一首八句的律诗，一个学生马上就发起挑战：

学生：为什么还要（背）？我不可以。
T5：你要是能背诗，你的中国朋友会非常佩服你的。

老师的回答并没有让学生感到信服，结果，通过讨价还价，老师和学生达成的妥协是只背诵八句中的最后两句。课后，这位老师苦笑着说，“你看，还得跟他们讨价还价，像哄小孩子似的”（2012 年 3 月）。显然，教师的教学期望和学生的学习目标不一致时，教师能够与学生协商，采用适当妥协策略以适应新的教学环境，从而维持与学生良好的师生关系。

在汉字教学上，孔院的老师都明确表示“手写汉字是学习汉语最基本的一项”，但是大多数教师在实际课堂上没能贯彻这一教学理念，允许学生使用电脑打字输入，这在他们看来既是一种妥协措施也是一种“与时俱进的教学创新”（T8）。

孔院教师的中方派遣大学是国内对外汉语教学方面的领军学校，已经发展出一套成熟的教学模式，然而，在美国课堂上，往往无法实施既定的教学计划，在教学节奏和教学方法上都要有相应的调整。在他们的访谈里，他们谈到如何让学生掌握语言点时，经常用的词就是“扎实”，表示学生要全面彻底地掌握某个语法或词法。

> T4：在××××（国内大学），如果我们教了，那它的三个用法就一起教，把它用在各种句子语境里，再不断巩固，让学生掌握它的不同用法。可是在这儿（美国），你（教师）就只讲它在当前句子和课文里的用法，不能系统地讲。

在他们的教学理念里，他们似乎更认为全面系统地讲授字词功能的教学方法更有效，但在美国的实际课堂上，他们还是选择遵循当地的教法以满足当地的课程大纲和教学目标。

在解释他们的理念与教学实践之间不吻合时，教师们给出的环境因素主要有以下几个方面。

1. 教学对象不同

美国学生在学习动机和学习目标上与国内他们教过的学生有很大不同。大部分中方教师认为美国学生学习不够刻苦，不像中国的学生学习动机那么强，而且更让他们诧异的是“美国学生还更在意分数”（T8）。

可以说，能够选择到目的语国家留学的学生的学习动机一定比只拿够主修甚至辅修学分的学习者动机要强得多。而且，教师们也承认，大部分来××××（国内大学名称）学习汉语的学生中多数是亚洲国家的学生，英语国家的学生人数不多，比较而言，亚洲国家的学生似乎大多数比较愿意在学汉语上用功努力。

2. 教学学时少，课后语言输入不足

> T4：在××××（国内大学），学生每天都有课，充分的课外练习。在这儿（美国大学），学生一周上两次，总共只有三小时，而课下他们能联系的机会很少。

可见，影响教师的教学方法的因素很多，他们需要不断地适应新的教学环境和教学对象。一位老师总结在中国和在美国教书的不同之处，她说：

> T9：在中国，我（教师）怎么教你（学生）就怎么学；在美国，你（教师）得跟着他们（美国学生）。

总体上，孔院教师清楚地意识到环境的不同和教学对象的改变并适当调整课堂教学方法，尽管这些教师没有用“以学生中心”的字眼，而是坚持“教师主导”的理念：

> T4：无论你怎么说，不管是“学生中心”还是“教师主导”，课堂都是一样的。如果老师不控制课堂，那就不叫课堂了。

教师们普遍认为在学生的学习过程中教师应发挥主导作用，教师应该是语言知识方面的权威并具有控制课堂的能力。但是，应该指出，中方教师们所强调的教师的权威地位并不一定与“以学生为中心”的教学思想和建构主义所提倡的教师辅助作用（facilitator）相违背。而且，在西方的外语教学理论中，常把语法翻译和交际教学、分析式教学与体验式教学、行为主义与建构主义等教学方法看作对立的、不相容的。然而，在本研究中，教师们并不是二者择其一的教学方法，而是运用 Larsen-Freeman（2000）和 Mellow（2000）所说的“有原则的折中主义”（principled eclecticism）的方法，兼容并用，增强教学效果。

总之，无论从访谈语料还是课堂观察来看，孔院中方教师积极适应美国的课堂，根据学生的需要和目标在课堂教学方法上有所调整，尽管他们的核心汉语语言教学理念并没有发生根本性的改变，而是暂时搁置起来，体现出教师跨文化的灵活应变能力。在所谓“后方法”（Kumaravadivelu，1994）时代，孔院教师也接受“教无定法”的理念。研究显示环境因素对教师理念的贯彻有一定的制约，影响教师教学方法的选择，这与 Borg（2003）、Kissau，Algozzine 和 Yon（2012）对教师理念的研究相呼应，即教师的理念受课程设置规定、教学资源的丰富程度，以及教学环境等因素的影响，并不一定总是直接反映在他们的教学实践中。

（三）海外学校提供的职业发展机会对中国教师教学理念的影响

美方大学为这些孔院中方教师提供的职业发展项目主要集中在以下几个方面：美国的外语教学标准、多元智能理论在语言教学中的运用，以及教师反思教学和行动研究。从访谈、教学反思交流会议及学年教学总结和年度考评的材料上都有证据显现海外教学大大地扩展了中方教师的职业视野，主要集中在以下 3 个方面。

1. 中方教师对教学对象的认识加深

通过美方教育学院教授为中方教师提供的教学工作坊，中方教师了解到美国学生的多样性，这种多样性不仅体现在学生的社会文化背景上，而且还体现在学习风格和学习动机方面，这些交流帮助中方教师理解学生，并对他们的行为能够作出正确的解释。例如，一位老师对学生在课堂吃东西很不高兴，认为是学生不尊重他的课堂。类似这样在课堂管理方面体现的差异还有很多，中方教师经常从以往国内的经验中得出不正确的判断。通过与美方同事的交流，这位教师才意识到课堂上的学生不一定是全职在校生，他们平时有工作，工作之余赶来上课，因而，大部分美国老师在他们的课堂上都允许学生吃东西，但会规定所吃食物不能发出声响或散发味道，避免影响周边的学生。另外，美方大学里学习汉语的人数基本上是呈倒金字塔形，一年级两三个班，二年级减少一半，到三四年级就所剩无几了。美方大学的中文项目负责人提醒中方教师，尤其是教低年级中文语言课的教师要对评分适当宽松些，这样才能有更多的学生可以或者愿意继续升入高年级汉语班。但孔院中方教师普遍相信“严师出高徒”，所以开始时他们都不愿意以降低标准来提高学生成绩。通过与美方同行的交流和学生的接触，他们渐渐接受了美国的教育思想，对学生的鼓励夸赞明显增多，对于分数等级在公平的原则下更宽松一些，也多采用形成性评价和在作业上偏重于鼓励的反馈，以保持学生学习汉语的热情。

> T3：我以前想既然学生已经进了课堂，我的工作就是教好他们，提高他们的语言水平和语言技能。看到这里这么多人 drop out（放弃），我开始觉得保持他们的学习热情最重要……我们老师总谈如何教，很少想学生是怎么学的。

2. 中方教师对语言教师职业的再认识

T6在结束美国任期即将回国时，让她用一句话来总结在美国的教学感受，她说："我从来没有想过我的课堂可以这么灵活。"她所说的"灵活"是指灵活采用多种教学方法以适应不同层次不同背景学习者的需要。多数老师都有类似的感慨，觉得美国课堂呈现出的多样性也丰富了他们的教学方法和教学技能。比如，在美国的班上学生的程度和水平有时相差很多，这对经验丰富的教师也是前所未有的挑战，这需要教师运用"区别教学"（differentiated teaching），在同一课堂上给学生不同的任务和指导，实现真正意义上的因材施教。

对于学生学期末的评价，孔院教师都很重视，仔细对照自己的分数与系里、院里以至学校的平均值。总体上，学生对孔院教师的评价都非常好，大部分考核项目的分数远远高于学校和学院的平均值，说明学生对中方教师的教学还是非常认可的。当然，也有不足之处。比如，孔院的教师在其中关于"课堂在启迪智力发展"（intellectually stimulating）一项上，分值普遍低于院系的平均值。一位老师坦率地说：

> T8：我一直以为对外汉语教学就是个体力活儿，不断地说啊重复啊，花力气但不用动多少脑子，现在才知道语言课堂也得培养学生的批判思维能力。

虽然，这些教师意识到培养学生思考能力的重要性，但在课堂教学上还不能自觉实践，还没有掌握基本的技能和方法，因而对如何通过第二语言课堂培养学生的智力与认知水平和批判思考往往感觉力不从心。

> T11：我们就是教基础汉语的，他们的语言水平都应付不了日常话题，怎么能做到深层次的交流和思考？基本的都说不出来，别说组织课堂讨论和辩论了。

在参加"教师行动研究"为主题的培训后，每个教师都被要求有自己的行动研究计划，教师们对"教师是研究者"这一新的职业身份也有了一定的认识和认同。在他们的教学反思会上和学年教学总结中，教师们普遍认识到科研对教学的促进作用和对教师职业发展的重要性。

T9：以前总觉得做研究是专家学者们做的，我们当教师的只要把专家的成果应用在教学上就行了，我现在开始觉得其实做科研没什么神秘的，我们一线教师最了解我们的学生，我们自己的成果对我们教学更有实际意义。

3. 中方教师在（跨）文化教学方面获得了新的启示

在孔院中方教师的语言教学理念上，语言本体教学一直占主导地位，这与国内的对外汉语课程培养体系不无关系，虽然学科的名称已从“对外汉语”变换为“国际汉语教育”，但考查中国国内培养师的课程体系，语言和语言学方面的知识课程明显占有绝对高的比重（Wang，Moloney 和 Li，2013）。通过参加教师培训（如 STARTALK）、全美中文大会和全美外语大会等学术交流活动，了解美国中小学（K—12）外语教学所倡导的 5C 原则和评价体系，孔院教师从教育理念上普遍给予积极正面的评价，并认识到自己日常教学中讲授文化内容时，往往只单向介绍中国文化，而对学生的文化关注较少。

T5：其实我们在课堂上还是侧重语言教学，当然也经常介绍中国文化，但的确很少主动引入其他文化的内容，我们的教科书上也很少有多种文化比较的视角……可能学生也愿意谈论自己的文化吧，以后真的可以多利用学生自己的文化背景和文化资源……

总之，通过各种职业发展培训项目，孔院汉语教师的职业视野大大扩展，对语言教师身份有了新的认识和领悟，他们既是课堂的主导者，也是学生学习的辅助者；既是一线教学人员，也是科研人员；既是中国文化的传播者，也是培养跨文化世界公民的教育者。

五　讨论

本篇对孔院国际汉语教师的研究显示，在海外教学的经历并不自动引发教师教学理念的改变。一些研究学者认为由于文化因素根深蒂固并深深根植于教师的教学理念中，因而大多数的教师培训和培养项目的干预作用都比较弱，很难改变教师对待教学和管理学生与课堂方面的观点和认识（Tatto，1996：5）。然而，本研究证明一个国家的教育传统和文化模式不是决定教师教学理念的根本因素；孔院汉语语言教师倾向于把他们的对外汉语或国际汉语教学理念归于汉语语言的特点或汉语的特殊性以及他们以往在其国内大学的成功的教学经验。他们关于对外汉语教学的核心理念并不容易改变，但是这并不阻止他们采用符合当地教学文化的教学方法，适应学习者的认知、情感和行为取向。换句话说，他们在这种跨文化教学语境下，能够暂时搁置他们的理念，在理念和实践之间做一个协商者或斡旋者（mediator），在教学方法上转型适应新的教学文化。可见，以前学者们，如 Dwyer，Ringstff 和 Sandholtz（1991），提出的教师只有改变其教学理念，才能在教法上发生改变的论断并不完全正确。教学理念、教学经历和经验和教师自身知识体系都是相互影响、相辅相成的。正如 Nespor（1987）所言，教学上的改变不是完全放弃原有的理念，而是逐渐用更为相关的理念来替代实践证明已没有效力的理念。而且，本研究认为孔院教师在教学理念和教学方法上存在的不一致现象是一种积极的适应策略，尤其在跨文化语境下开展教学，这种不一致更是表明处于转型期的教师对新的教学环境作出了反应，而且愿意为满足学生的期望和要求而作出相应的调整。

在教师职业发展的生涯中，挑战现有的教学理念的主题源源不断、反复出现。此研究呼应了 Pajares（1992）的论据，即教师的理念很难被取代，除非这些理念受到挑战，被证明不再有效地指导教学，也同意 Richardson（1996）的提议，号召教师培养项目要帮助教师阐明自己的教学理念并反思自己的教学。还要强调的是，了解新的另一种教学思想的确帮助和促进孔院教师不断反思教学，只有他们意识到自己潜在持有的理念和并不成功或不满意的课堂效果，他们才有可能实践新的教学手段和方法，重新审视他们的教学理念。

六　结语

此项研究探讨了孔院教师的汉语教学理念、实际课堂教学方法以及通过在新的跨文化语境下接触新的教学概念和方法后对其教师职业视野之间的相互联系和相互作用。这一研究集中在对美国的一所孔院的中方教师的考查上，因此研究发现并不企图适用于全球所有的孔子学院的中方教师，但是研究所展现出来的教师理念系统的复杂性以及理念与实际教学之间的不一致现象，即不同理念指导下的多种教学方法并存，值得进一步研究和认识，尤其在跨文化语境下，“有原则的折中式”教学方法值得借鉴和推广。虽然对外汉语教学在我国已经有一段相对较长的历史，但输出型的国际汉语教学才刚刚起步，缺乏实证性的研究，因而也没有完善的模式，这就要求从事汉语教学的教师不仅要具备过硬的语言教学功底，还要具备高度的跨文化教学的适应性和灵活性；既要对自己的教学理念有信心，也要能开阔胸襟汲取不同教学文化的价值和理念系统，并自觉运用到教学实践中，不断进行教学反思，在动态中调整，以取得教学的成功。

第八章

跨文化教学语境下孔院国际汉语教师的身份建构

一 研究背景

与其他行业相比，教师职业在中国一直被认为是一个稳定的职业，传统的对外汉语教师也不例外，大部分职业经历都是在中国国内教留学生汉语。而随着孔子学院在海外的飞速发展，国际社会对学习汉语的需求越来越大，需要大量的汉语教师走出去。在这样的背景下，2007 年教育部正式设立汉语国际教育专业硕士，以满足日益增长的海外师资需求，“国际汉语教师”这一名称也应运而生。从“对外汉语教师”到“国际汉语教师”，对于教师来说，一个最直接的认识就是不仅在国内教，还要走出去到海外教汉语。自 2012 年以来，大部分教师任期 2—3 年，这样的流动性和教学环境不确定性需要教师不断为教学目标和方法重新定位，并在跨文化教学的视角和语境下重新审视和建构其国际汉语教师的身份。

Pratt（1992）提出了“文化接触地带”（contact zone）的概念，强调在文化接触区中的人员因有着不同的文化身份和文化背景而相互适应、揣摩切磋、协商合作，这样的接触带可以是有形的也可以是无形的，由于大的政治、经济、文化背景的影响，在接触地带的互动和沟通往往在力量和影响上是不对称的（Pratt，1992：4）。“文化接触地带”这一概念被引入国际教育领域（Scotland，2014），因为国际教育本身就是这样的文化接触地带（global educational contact zones），来自不同文化背景的师生通过教学互动，协商期望、调和理念，每天都在制造和维护着这样一个个文化接触地带。文化接触地带产生的直接结果就是文化的杂糅（hybridization）（Bhabha，1994）以及新型关系的建立和新身份的形成。

孔子学院的全球推广和分布已在不同地域形成这样的文化接触地带。

随着国际社会对学习汉语的需求越来越大，建设和拥有一支高素质、高水平、高质量的汉语国际教育师资队伍将是持续的热点问题和重点问题（许嘉璐，2006；许琳，2007；陆俭明，2005）。汉语国际教育本质上是在跨文化交际基础上进行的语言教学活动，因而，实现有效教学的关键不仅取决于教师自身的交际能力与技巧，还要有较强的跨文化教学能力。因此，作为学术机构立足于国外大学中的孔子学院在加强其学术内涵建设的同时，还要更新和完善师资培养建设体系，尤其在教学教法和教师的职业身份方面需要新的方法和新的理念，要使孔院教师重新认识“国际汉语教师”职业身份及其内涵，因为教师职业身份与教学实践密不可分（Fraser，2011），教师对自身的认识和对职业的认同直接影响他们的教学方法和课堂行为。

二　文献研究和理论框架

身份是一个复杂的集合体，有其稳定性的一面，也有其随着时间、地点、情境的改变而表现出的临时性和动态性，从本质上它是一个关系现象，就是人们如何理解它们与外部世界的关系，有很强的社会建构性。Wenger（1998：149）指出在界定我们身份时，我们需要考虑五个核心方面：与其他人接触的经历（negotiated experience），成为熟悉和不熟悉的集体中的一员（community membership），学习的历程（learning trajectory），即我们从哪里来要到哪里去，多重成员资格和身份之间的关联和调和（nexus of multi-membership），以及当地与全球关系的协商（a relation between the local and the global）。这 5 个方面使人充分认识到身份的形成与社会、文化、政治以及职业之间的关系，以及如何随着时间和空间的变化而进行关系的重构，甚至包含对未来的可能性的认识（Norton，2000）。

在谈到教师职业时，常常列举的核心要素有：专业知识、教学实践，师生关系、敬业精神、道德原则和师德建设，以及较强的职业身份的认同感，而对职业身份的认同感往往是在教师专业素质中处于最核心的地位，因为教师对其职业身份的认识是指导教师从事所有教学活动的基本指导思想，决定了教师“教什么”“如何教”。一名教师如果对其教师职业身份有清楚的理解，就会在自身知识体系、能力和素质方面不断充实、建构，也能在实践中与周围的外部世界建立正确的关系，通过教学实践完成教学目的。因此，毫不夸张地说，学习教学的过程本身也是教师身份构建的过程（Nguyen，2008）。

西方主流教育体系对教师身份建构的研究非常重视，尤其是对从教最初几年的教师的职业身份塑造和发展有很多研究，教师的职业身份与教师的专业/职业知识构成之间的关联在以往的研究中都得到了充分的证实。Beijaard，Meijer 和 Verloop（2004）在他们关于教师职业身份文献调查的研究中注意到很多关于教师身份的研究实质上是关于教师个人实际知识体系的研究，而教师们在回答有关专业知识的问题时也总涉及他们的身份认同（Beijaard，Meijer & Verloop，2004：123）。Clandinin 和 Connelly（1995）的研究得出的结论是教师的知识体系与身份认知是相互交织在一起的。这里的知识构成是一个相对广义的知识格局，不仅指教师的专业知识体系，更是与周边的人、地点和事物之间形成的关系。

近年来，随着第二语言教育在世界各地的普及，学者们也渐渐关注在异文化背景下教学的第二语言教师的身份建构问题，这些主要是从跨文化角度研究教师和学生文化身份的发展和转变。Sun（2012）研究在澳大利亚中学教学的中国移民教师特点时，解剖中国移民教师的个人知识格局，指出教师的文化身份直接影响教师的课堂教学。孔子学院在海外的发展已有 10 年的历史，国内学术界开始重视对孔院汉语教师群体的研究，如孙德坤（2008）关于教师认知和教师发展方面的研究，以及对外汉语教师知识结构（陈绂，2005；李凌艳，2006）的相关研究也有涉及，但专门探究在跨文化背景下国际汉语教师身份的转变和发展方面历时的实证研究还未见到。在文化接触地带工作的海外汉语教师经常身处不同的文化环境中，接触不同的教育理念和话语体系，既要在教学方法和教学实践上作出相应的调整，也应在教师认知，包括职业身份认知方面有所发展。因为海外教学无疑有着“鲜明的时空感和建立新型关系的可能性”（Clandinin & Connelly，1995：4－5）。Trend（2010）认为“跨界的经历（border-crossing）对身份的改变有直接的影响，因为在这样的跨界过程中总是有一种新生的感觉”（Trend，2010：2）。在这个动态发展过程中，需个体和外部社会文化之间寻求新的意义并不断地进行意义协商。我们要研究的问题就是孔子学院的汉语教师在跨文化教学语境中是如何认识并进行国际汉语教师身份建构的。

三　研究方法和主要发现

孔子学院国际汉语教师最显著的特点就是其流动性，从两年任期到目前的三年任期，在过去的3—4年，笔者先后深入调查12名在孔子学院任教的汉语教师，这些教师年龄在29—51岁，来自国内一所以对外汉语教学为学科强项的高校，所有教师均有三年以上的对外汉语教学经验，并参加了总部岗前集中培训。在他们到了美国后，也会参加所在大学的教育学院的教授提供的关于美国外语教育标准和教师职业发展方面的培训、座谈。在他们任职期间，所在孔院也积极创造条件让中方教师参加在美国当地的其他职业发展项目，如参加美国联邦政府关键语言STARTTALK“星谈”师资培训项目、大华府地区和弗吉尼亚教师中文学会的研讨会、弗吉尼亚外语教学会议等。通过课堂观察、访谈、座谈、培训、教学反思和年度工作总结等各种形式和渠道进行语料搜集。

此研究主要针对以下几个问题展开。

（1）在海外工作的国际汉语教师职业身份具有哪些特点？

（2）有哪些证据显示孔院国际汉语教师在新的工作环境中重新协商和建构其国际汉语教师的身份？

（3）文化接触地带中的哪些因素促进国际汉语教师职业身份发展？

（4）跨文化语境下国际汉语教师身份建构的研究发现对国内岗前和国外岗中汉语教师培训提出哪些课题和启示？

尽管每个教师的经历不尽相同，但通过对语料进行主题分析（thematic analysis）表明，在跨文化的教学语境下孔子学院的汉语教师面临相同的挑战，有着相似的感悟，显示出他们对国际汉语教师这一职业身份的体认过程。

（一）孔子学院国际汉语教师职业身份的特点

对比在国内大学从事正规对外汉语教学与在异国他乡开展国际汉语教育，孔院教师发出最多的感叹是“大不一样”。与传统对外汉语教师身份相对照，可以借用跨文化理论术语“学术旅居者”（academic sojourner）与“文化中间人”（cultural mediator）来概括在海外从事汉语教学工作的国际汉语教师的职业最凸显的两个身份特征。

1. “学术旅居者”（academic sojourner）

跨文化研究文献里有一个“旅居者”（“sojourner”，Siu，1952；Furnham，1988）的概念，似乎能与孔子学院教师在海外教学和工作的身份相对应，因为孔子学院的中方教师的任期通常 2—4 年，既长于一般的访学人员，其目的和归属感又不同于长期移民美国的华侨。Furnham（1988）在用到这个概念的时候强调个体自愿移居到一个陌生的环境和文化里，时间从数月到 5 年不等，而且有意在某一个时间点回到他自己的文化国度。这样的旅居者不同于观光旅游者，他们往往有一定的目标和工作要完成；他们与当地文化的互动与交际的程度是为了满足工作和目标的实现（Siu，1952）。

概而言之，派到孔院的汉语教师都是自愿而来，对海外教学有一定的认识和思想准备，但往往还是估计不足，借用跨文化交际学上的“文化休克”（cultural shock）的概念，这些教师多少都经历过一些“教学休克”（teaching shock），由此而产生一种离开甜蜜家园的不适感（unhomeliness，Bhabha，1994）。例如：

> T1：美国学生真是不好教，自己不努力还不听你（教师）的，跟在（国内的学校名字）的学生很不一样，至少他还听你的。
>
> T7：孩子不做作业，你跟学生家长说要督促孩子学习，家长非但不配合，孩子成绩不好还都怪老师，学生在课上不遵守纪律，我写信给他家长，得到的回复是“我怀疑我的孩子在学校受到了歧视，简直让我沮丧透了”。
>
> T11：虽然我们都是科班出身，但你（我）总是怕比不上其他老师，因为英语不是我们的第一语言，我们也不了解美国孩子。我老是担心，我的课堂要求是不是太严格，我的话说得对不对。时间长了多少感觉比较准了，但还是有顾虑，这个度总是把握不好。

在新的陌生环境下开展教学，总会有一些事件和状况超出教师以往的经验，失去以往熟悉的参照，让他们不知所措，造成对以往经验和自身能力和身份的怀疑。这些超出经验和预料的事件不一定都是负面的、令人沮丧的，也包括令人欣喜但也不知如何应对的尴尬。

> T4：××××（非学分课的学员）真是太逗了，总带东西来，还给我们 Starbucks（星巴克）的 gift card（礼物卡），不知怎么办好……

在遇到令他们沮丧的事件，如被迫采用某些不符合他们教学理念的课堂操作时，“旅居者”的身份多少会在心理上给他们减少“被迫同化”（forced assimilation）的压力，因为他们知道这份工作只是暂时的，熬过两年又可以回到熟悉和舒服的环境中去了，不至于真正威胁到他们作为第二语言教师的职业身份。这一点可能同移民类的语言教师有很大的不同。

2. “文化中间人”（cultural mediator）

身处文化接触地带，孔院汉语教师时刻处于两种或多种文化语境中，工作环境中同事们除了美国人还有来自其他国家教授不同语种的老师，在课堂上学生的族裔背景更是非常多元化。

> T10：我们班十几个学生来自各个国家，我们在讲中国文化的时候可能只跟美国文化比较，那他们可能就会觉得“left out”（参与不进来），我觉得如果对比文化那就让学生介绍他们自己的文化，这样他们才会更愿意参与。

教师们在海外授课明显意识到多元文化背景下美国课堂气氛不同于国内的对外汉语课堂，教师在对待文化的观点和态度上似乎也相应有所不同。

> T9：在课堂上我让学生就某个现象发表看法，他们看问题的角度常常跟我们不一样，作为老师我想不能轻易说谁对谁错，即使他们的观点很怪，在这里我们尽量呈现事实，允许多种文化观点和声音，而且对自己的文化也要更客观地看。

从这个意义上来说，国际汉语教师不仅是中国文化的传播者和代言人，还要成为文化间的“斡旋者”和“跨文化语者”（“intercultural speaker", Byram，1997)，具有超越文化的批判意识（critical cultural awareness)。这一点正是我们国际汉语教师培养和培训方面需要大力加强的。

（二）国际汉语教师身份的发展和建构

在移民教师身份和理念的研究中一个普遍存在的、较早以前形成的认知假设就是：观念和身份认同在移民教师适应新的教育环境的过程中会遇到挑战，但同时也往往在教师职业身份的认识上带来巨大的转变。Scotland（2014）指出当新的经历与以往经历不一致时，往往引起新的身份的协商和建立。这种协商和重构可以是短暂的，也可以是长期的。此项调查中，可以看到教师们在适应新的机构（孔院和美国大学）的文化过程中，需要在不同的话语语境中不断地进行调和选择，突出了汉语国际教师这一身份的空间动态性和时间维度上的暂时性的特点，在个人职业发展和建构上有着很大的可塑空间。

1. 重新建构师生关系

师生关系在教师的职业身份建构中占有很大比重。在海外任教的教师非常重视师生关系，他们学习和采用当地教师所使用的学生喜欢的课堂教学方法的一个重要原因是维护良好的师生关系。

> T9：在我们中国文化里，对于学生来说在课堂上老师就是权威。我是一名老师，我当然也想成为权威，我也不想我的课堂失控。但是同时我也不想让他们（学生）怕我，那样也会影响他们参与课堂活动。我希望能跟学生保持良好的关系，在课堂上有很多互动。我想这是我面对的最大的挑战。

在这里明显看出教师处于一种张力中，一方面希望作为权威控制课堂，而另一方面希望维护与学生的良好关系，让学生积极参与到课堂的教学活动中，克服这一张力或者说习惯于在这样的张力下工作也成为国际汉语教师职业的一个特征。

教师们认为一个纪律性强的班级一定是有利于教学的，但如何形成一个有组织纪律性的班级东西方似乎有不同的措施，如：

> T6：我觉得中美文化最大的不同在于如何应对个体的需求。我们倾向于一致和服从，至少在表面上，为了达到步调一致我们就采取简单的做法，包括严厉批评，重点在保持集体纪律，不在（个体）人。但是，在这（美国），你要尊重所有的学生，每个学生的个体需要，重点在个体，和谐的师生关系也自然形成了，也能维持得长久。达到这个效果挺不容易，但对学生肯定是好的。

孔院的教师们经常被美方的同事明确地告知美国学生需要多表扬、多鼓励、多采取奖励的办法，甚至希望中方教师在给学生打成绩的时候不要太苛刻，而这些可能并不符合中方教师们的理念和判断，如“这些学生就希望你表扬他，可他们实在没什么值得表扬的，还不够好嘛”（T2）。但同时，他们也意识到中国教师在表扬学生方面的确不如美国教师那么慷慨，并表示一定告诉和提醒自己多表扬和鼓励学生，保持学生学习的动力。

孔院的教学针对的对象既有大学中文专业的本科学生，也有面向社区的非学分课，以及特殊一对一的课程。教学对象的不确定性要求教师在授课方法上要灵活多样、因材施教，满足学生个体的需要。需要指出的是，教师在教学方法上的适应和改变往往并不代表汉语教师核心教学理念的变化。从教师的访谈内容中可以看出，采纳适应当地教学文化的课堂教学手段和方法，如在课堂上使用高科技手段、设计生动有趣的课堂活动、做游戏等，很大程度上教师似乎并不相信这样的教学方法最有效，因为在解释采用这些方法的时候教师们很少联系教学理论或者认为这些能够提升学生的学习成绩，而是经常说，这样的方法学生比较喜欢和习惯，有助于建立良好的师生关系。

另外，与在国内教成人汉语不同，在美国很多孔院的教师深入中小学孔子课堂上中文课，不仅要与学生建立良好的师生关系，还要协商与家长的关系，甚至要重新界定教师职责范围。

> T8：在中国一般的家长都很欢迎老师给家长提建议，是吧？我发现美国家长好像不喜欢你给他建议，好像干涉了他们的孩子的自由似的。有一次，我们班上一个孩子在课上打瞌

> 睡，我问他怎么那么累，他说周末学乐器、打棒球，说了一大堆活动，我就向他的家长建议给孩子少安排点课外的活动，孩子太累了，精力有限，如果学习时间不能保证，那成绩怎么能上来？中文成绩不好也影响他的GPA，就影响上好大学的机会。我看到家长的表情好像很不以为然，好像我多管闲事似的。

在中国，教师无疑对孩子在课外业余生活的安排是有发言权的，而且作为负责任的教师，出于对学生的关心，向家长提建议和要求也是非常正当的，中国的家长也会很在意教师的意见。但美国家长似乎并不欣赏教师的建议，反而觉得干涉了孩子或者家长的自由和职责，让这位教师感到非常委屈，但也帮助他了解了美国的社会家庭文化对教师角色的期待和界定。

2. 重新协商和发展教师角色和身份

国际汉语教师的教学理念如同他们关于教师角色和师生关系的认识一样，的确与他们过去的经验、经历和文化背景有关系，但他们所处的新的社会文化环境和新的教学文化对他们发展其教学理念和重新认识教师角色都起到极大的促进作用。

（1）做课堂教学的辅助者（being a facilitator）。美国的教学思想倡导以学习者为中心的课堂教学，认为教师的角色是学生学习的辅助者，这与中国教师理念系统中的教师的地位和身份很不一致。通过参与当地的教师职业发展项目和参加各种学术研讨会，孔院教师在理念上也渐渐接受了在学生的学习中扮演一个辅助者的角色。

> T12：教师的天职就是传道、授业、解惑，说学生是知识的构建者，老师是学生学习的辅助者，说真的我挺不理解，也接受不了这个观念。但是，我真的让学生自己做rubrics（考核量表）考查他们自己的学习，我发现他们真的什么都可以做，作为老师组织设计好教学，在课堂上做个facilitator（辅助者）也很好，反正你（教师）不能代替他（学生）学。

中国教师普遍认为教师的一个重要的职责就是建立一个良好的课堂秩

序和气氛，这是开展有效教学的前提，所以在课堂管理和教学内容上坚持教师的主导地位，但也认识到教师的权威地位不是理所应当的，应该给学生协商空间和一定选择的自由以赢得学生的认可。

> T11：课堂管理在中国就很容易。我的课堂管理就很受中国文化的影响，我也想当一个有威严的老师，可美国学生不一样啊。我注意到美国的教育有两大特点：一个是课堂文化多元，一个是自由民主的价值根基。学生来自世界各地，语言文化背景各异。他们可能不欣赏我的课堂管理，也不理解我的计划。最重要的是他们自己想做主，所以，我尽量使我的课堂以学生为中心，创造民主气氛，给他们一些选择。就像您说的，你（教师）得 earn（挣得）尊重和权威，（教师的权威地位）不是理所应当的。

孔子学院提供的教学有正规学分课教学，但大部分是面向社区的非学分课和非学历教育。孔院在社区非学分课教学上是有教无类（accessible），不设门槛，学生的程度和需求各异，孔院教师都主动积极地动态调整教学计划以适应学生的接受水平，尽量满足学生的不同层次的需要，采用学生能接受的教学方法，用教师他们自己的话就是“教无定法”，不管是交际法、功能法、听说法还是语法翻译法，视学生的具体情况和学习目标而定。

> T5：我们（教师）要教什么不重要，一定要满足学生切身的利益和需求，我们不能理想化，还得看具体的实际情况。

这里的实际情况既包括学生的水平和目标，也包括教学机构的要求和客观教学条件。做到因材施教，要求教师要有较高的职业素质，如 T11 所讲：

> T11：好的教学绝不是用一套标准来衡量的。我相信能要为学生提供最好的学习经历，教师个人的素质至关重要。

不仅在课堂教学方法上灵活多样，在课堂管理方面国际汉语教师作为文化间的斡旋者也利用自己“中间人”的文化身份来灵活处理和协商学习任务。

> T10：有一个例子就是，美国学生不喜欢周末做作业，美国老师周末留的作业很少，而你知道中国老师最愿意在周末多留作业，因为我们总想平时你们都很忙，周末有时间多花点时间嘛。我们的学习经历都是这样吧？所以我开始总是在周末的时候多给他们留作业，学生就总跟我抱怨。……我有时用我的中国教师的一套，有时用美国教师的一套，都要看具体的情形吧。我们当老师的跟学生打交道不就是要灵活机动嘛。

总之，在新的文化接触地带需要孔子学院教师重新审视教师的角色、建构新的师生关系以适应新的教学标准和话语体系，同时也在积极利用自己的文化身份创造新的教学文化（new culture of teaching and learning）。

（2）做善于反思的教育者（a reflective practitioner）。孔院所在大学的教育学院每年都为孔院新来的教师作培训，使孔院的教师能够了解美国的教育思想和教学文化，其中一个模块就是作为教师一定要善于反思教学，今天课堂学生表现如何？采用的教学方法是否有效？哪些没有产生预期的效果？什么原因？如何改进？孔院定期召开这样的教学反思会，每位教师都用心总结自己的教学经验并与大家分享，他们也认为这样的反思对他们职业发展非常有帮助。

> T12：我觉得我们的教学反思会非常有用。我们习惯了一些教法但是很少去思考这些教法有效吗？为什么有效？怎么还能再改进？作为教师我们就要不断地反思、调整，这样才能取得好的教学效果，尤其在国外教书，不能想当然地认为某种教法就肯定管用。

上文讲到来孔院的汉语教师在对外汉语教学方面都比较有经验，而且习惯和掌握了国内大学一套成功的教学模式，然而，在国内运用娴熟的课堂操作方法在新的文化语境下却难以贯彻，促使在海外任教的教师不断寻找原因，从而也认识到国际汉语教师不能靠一套办法吃老本，而是要不断反思、不断调整、不断充实自己的教学理念和教学技能。例如，一位教师在观察其他语种教师的课堂后，体会到很多时候教师在课堂上不是用口头语言而是用丰富的肢体语言来进行课堂管理，尤其在年龄小的班级里很有效，并慨叹中国教师的课堂肢体语言似乎不丰富，应该多开发一些学生即刻就能明白的肢体语言来管理课堂，提高课堂教学效率。她说：

> T10：美国的课堂非常强调目的语的使用，有的甚至要求达到90%，我们很多教师都感觉学生的语言水平有限和掌握的内容不足以听懂我们复杂的课堂用语，我看过别的语种的课堂，我发现他们的老师课堂上特别活泼，手势、姿势都用来帮助学生理解，我们中国老师的身体语言好像就没有那么丰富，光凭说学生也不明白，我认为开发一套行之有效的身体语言对课堂教学和管理能起到事半功倍的效果。

已经来海外教了一年甚至两年的中方教师也不觉得自己在教学上可以发挥自如、得心应手，还是在摸索和适应中。他们认为以往教师留下的教学反思的内容对他们的教学非常有参考价值，也意识到自己作为国际汉语教师应该把海外教学经历随时总结反思，以便给将来的国际汉语教师们提供一些指导。

（3）做一个（行动）研究者（an action researcher）。孔院所在大学为孔院中方教师提供的培训内容中包含“教师行动研究”（teacher action research）。在反思教学的基础上，教师应具备行动研究能力，不断探索新的教学模式、实施教学实验，每学年要求孔院教师制订自己的行动研究题目和计划，教师们普遍认为教师应该有意识从事科研活动，掌握一些研究方法来服务于教学。

> T12：对我来说，这个workshop（培训工作坊）对我最有启发的是我们教师要有意识做研究。过去我们总觉得搞科研是那些专家们的工作，我们做教师的就把大师的经验和科研成果用于我们的教学中就可以了。×××教授说得对，没有

人比我们更了解我们自己的学生，听了这个讲座之后我的感受就是教师做科研是很自然的事，不像我们想象得那么神秘，只要掌握了方法。

教师也认识到既然孔子学院设立于大学，那么作为大学学术机构的教学人员在教好课的同时也应该有一定的科研成果，而且，他们似乎感觉国外教师的研究更实际、更可行。

T11：我觉得他们（美国当地教师）的研究都特别实际，你看×××（美国大学中文教师）的研究，那么具体，一切就是为了怎么能让学生习得这个语法点。我觉得我们中国的学者习惯做理论研究，只有一线教师才能做这么具体的研究。

总体而言，派到孔院的汉语教师都非常珍惜在国外的工作机会，也希望在海外的教学经验能够有助于他们职业生涯的进一步发展。但由于在国内主要从事课堂教学，教师们主动作科研的意识不强，也没有掌握比较扎实的实证研究方法。今后国际汉语教师的课程体系和培训模块上应该加入教师行动研究的理论和方法，并培养教师具备人种志学研究能力和研究方法，勤于观察，善于观察、比较和总结，并将发现所得积极应用于教学实践。

（三）影响跨文化语境下职业身份建构的关键因素

毋庸置疑，专业知识和教学法对塑造教师身份具有重要意义。学科知识、教学法和教育思想是教师职业身份最重要的三个方面（Beijaard，Verloop，和 Vermunt，2000）。很多研究也证实教学方法的改变影响教师对教师职业身份的认知。除此之外，机构对教师职业身份建构有着重要影响，因为身份的建构是在共同体中的认同和意义协商过程中形成的（Wenger，1998：149），机构承载的文化价值和运作规则都会影响教师的教学实践的侧重。

孔子学院是一个中外方合作机构，有的直属于国外学校的外事管理部门，有的下设在某一个学院，每一个新来的中方教师都很有意识地学习和了解新的教学工作环境，在新的共同体里建立和谐关系。从职业身份方面来讲，新来的教师都希望得到同事、学生以及家长的认可。

1. “得到认可”（getting recognized）

对于外派教师来说，得到当地学生、同事和机构的认可是在海外的国际汉语教师构建职业身份的重要因素。新来的教师总是有种“外来者”的情结，希望能够尽快得到所在机构、共同体的接纳，不仅要得到学生的认可，也要积极赢得同事们的认可。

> T2：他们国家的外语教育传统跟我们不一样，我觉得来到一个新的环境下，一定要让人家了解你、认可你，一定要利用机会多向他们讲讲中国语言的特点和不同的教法，否则，人家就会觉得你的做法很死板，觉得你不胜任。

在中小学里教学还要赢得校长和家长的认可。对于在海外中小学工作的汉语教师来说，一个相当大的挑战是如何与家长沟通，赢得家长的支持和信任。这些教师一个最强烈的感受是美国孩子的家长和中国孩子的家长不同，“他们（美国家长）总是跟他们的孩子站在一边”（T14）。那么作为国际汉语教师，一方面要学习其他美国教师与家长打交道的办法；另一方面他们也认为有必要向家长灌输一些中国的“教学文化”（“culture of learning”，Cortazzi & Jin，1996），让家长能够了解在中国文化里学生的角色以及学好中文的学习方法，这些方法可能不同于学习其他语言，如花大量的时间练习生词、写汉字，这并不是教师教学方法的死板，而是汉语语言习得的必经过程。在国外任教的教师普遍认为赢得家长的认可和支持至关重要，因为家长的权力比校长的还要大。

2. 机构话语（institutional discourse）

机构话语对教师的职业身份的塑造有很大的影响。在美国，无论在中小学还是大学在课程体系上都强调培养学生的批判思维能力，需要教师创造以学生为中心的、能够启发学生智力和思考的课堂。在世界语言（即外语）课堂上要求教师贯彻5C标准，即文化理解和体验（culture）、语言文化之间的比较（comparison）、沟通与交际能力（communication）、与其他学科关联性（connection）及在多元文化社区学以致用的能力（community）。虽然在汉语作为第二语言的教学理念和课堂教学操作上孔院教师并没有刻意去满足这些教学标准，但他们普遍承认国际汉语教师应该尽量适应和满足当地的教学标准。

> T7：我们的课堂还是语言教学为主了，当然也有文化要素，有一定的比较，但总的来说还是语言操练比较多了，考虑到教学时间有限，如果面面俱到地满足这些标准恐怕很难，我们班上的学生学什么的都有，要能联系到他们的专业，估计他们会更有兴趣吧。反正，教师应该了解这些教学标准，尽量实现吧。

美国外语教学协会（ACTEFL）与21世纪技能合作机构（Partnership for 21st Century Skills）联合制定的外语教学与21世纪所需要的技能的培养规划图，明确如何将21世纪学习者所应具备的技能纳入具体的学科教学之中，这些技能包括：交流（communication）、合作（collaboration）、批判思考与解决问题（critical thinking and problem solving）、创造与革新（creativity and innovation）、对信息、媒体和技术的认识和使用（information literacy，media literacy and technology literacy）、灵活性与适应性（flexibility and adaptability）、能动性和自我管理（initiative and self-direction）、社会和跨文化技能（social and cross-cultural skills）、行动力和勇于承担责任（productivity and accountability）、领导能力和使命感（leadership and responsibility）。这些新的理念和教学目标无论是对本国教师还是外来教师都提出了新的挑战，也大大拓展了国际语言教师对职业身份的认识。在文化接触地带工作的国际汉语教师面对多元文化与全球化，更要充分认识到外语教育的最终目标是把学生培养成跨文化公民（intercultural citizen）（Byram，2008）或掌握21世纪公民所应具备的技能和能力的国际人才，而不只是以中文母语为参照标准的汉语精英人才。中方教师认为参加当地各种职业发展项目扩大了他们的专业视野。

> T2：来这里两年了，参加很多当地的教学研讨会和workshop（培训工作坊）的确对我们的教学和专业发展很有帮助，接触到很新的教育理念，作为国际汉语教师扩大了视野和眼界，今后无论走到哪也都会有份自信。

研究表明，如果赋予教师额外的职责也会使其对自己的职业身份有新的界定。孔院开展的多层次的社区教学和对文化活动的侧重使在孔院的汉语教师对其职业身份有了新的认识。孔院教师都得是“多面手”，不仅要胜任中文语言的教学，还要在知识层面上了解中国文化习俗，并身体力行地参与和展示中华文化，如 T4 所言“剪纸、书法、太极拳样样都能比画两下才行”。

在美国学校，有残疾的学生不仅与其他学生享受同样的权利，而且还要受到额外的照顾，比如在考试的形式和时间上都要特殊对待，如对于视力不好的学生，教师要出特殊字体的卷子；对于听力不好的学生，允许手语翻译在课堂上来辅助学生学习；对于多动的孩子更不能歧视，要为每个学生创造安全舒服的学习环境。这样无形中给教师增加了很多额外的工作，这些机构话语和特殊工作职责都会让教师重新认识其职业身份，并与新的环境不断进行协商，从而构建国际汉语教师的身份。

3. 教师的能动性和个人投入（agency and personal investment）

教师职业身份的建构离不开教师个人的能动性和“投入”（“personal investment”，Wenger，1998）。在调查的孔院教师中，有一定资历的教师往往对传统“对外汉语教师”身份认同感较强，认为汉语教师的首要职责就是要“做一个本分的语言教师”，教好语言，年轻的新一代在“国际汉语教师”身份建构中表现出更多的能动性，也愿意在身份协商和建构中投入更多的时间和精力。如积极参加各种培训和会议，也容易接受新知识、新思想、新方法。孙德坤（2008：82—83）在其教师认知研究与教师发展的文章里也呼吁在教师职业发展中“必须调动教师的积极性，必须在观念和体制上珍视而不是轻视教师的经验，必须倡导教师从自己的教学经验中形成自己的教学理念”。

C. Day 及其同事们（2006）的研究显示，身份的建构与个体能动性密不可分。个体的主动性和能动性对身份塑造、保持和释放身份建构中的矛盾张力都起着重要作用。该项研究也显示出新来的教师都有一种强烈的被所在机构认可的动机，作为文化异类在充满未知的新的环境里有很强的不安全感，但愿意主动去适应甚至采用一些危及教师职业身份的核心要素，如教师在课堂上的权威形象。新的责任和义务也往往是教师重新审视教师职业身份的时刻，能否发展和重构教师的职业身份很大程度上取决于教师本人是否愿意发挥个人的主观能动性，并投入必要的时间和精力来满足新的教学环境对教师的期望和要求。

四　对国际汉语教师培训的启示

Abednia（2012）的研究证明，即使是短期的教师培训课程也能对第二语言教师在职业身份方面产生至关重要的效果。对比这一结果，我们会发现本研究里的中国教师虽然普遍接受当地职业发展培训所倡导的外语教学理念，但并不足以危及他们作为国际汉语教师的身份，而真正促使他们客观审视这一职业身份的动力来自他们的实际教学实践和对学生需求的深入了解。国际汉语教师的职业充分显示出具有动态和不断变化的特点，国际汉语教师身份的发展和建构也受制于教师所处的文化背景、教学情境，以及在这样的情境下所受到来自机构和个体的影响。

国际汉语教师的首要职责是进行有效的汉语教学，在文化接触地带的有效教学意味着跨文化甚至是“超文化”的教学能力。无论是对资深的对外汉语教师还是新一代的国际汉语教师，都需要增强跨文化教学能力，既要以开放的心态迎接变化和挑战，同时也要坚持专业学科精神，不被强大的机构话语体系同化。

国际汉语教师在当地接受的岗前和岗中培训是非常有必要的，但是也要避免过分地依赖当地教师的指导和意见，急于被接纳和被认可。这里面一个潜在的危险就是“过分认同”（over-identity）在新的教学环境下获得的新职业身份。在访谈的中方教师中，尤其是年轻的教师和志愿者教师，他们很快就能了解新的教学环境对他们的期待，上手很快，也很容易否定自己以往在国内或其他教学环境中取得的成功的教学经验，而在认知上过分认同美式语言教育，这种全盘接受可能对他们胜任当下的工作有所帮助，但从国际汉语教师长远发展来看，不利于其职业身份发展。由于工作性质的流动性，国际汉语教师不能只接受和适应某一种文化的教学理念和实践，而是要在不同的文化语境下都能够胜任工作，因此，培养一种跨文化批判意识是国际汉语教师培养环节中的一个重要组成部分。

作为个体教师，进入一个机构中总要面临适应和融入新的“实践共和体”（“community of practice”，Wenger，1998）的期望和压力。当地的教学机构创造和提供职业发展的培训机会非常重要，以便教师能够尽快进入角色，开展有效的教学。但在提供培训的过程中一定要尊重教师以往的经验和已经建立的知识体系，让新来的教师感到在这个实践共同体里他们是有价值的成员，并积极鼓励他们进行课堂文化建设。

> T6：我很喜欢这个workshop，你（我）能感觉到人家（美国的同事）真心真意对你的教学感兴趣，而不是说“我们美国的方式如何，你得按我们的方法来”，所以你对他们的做法也会好奇，不会反感，也愿意去尝试。

可见，如果教师不给予自主和能动而是被强迫地去采用基于某一教育思想和教育理念的教学方法，很难想象这样的课堂教学效果会是积极有效的，因为机构对教师教学方法采取强制性的规定，往往会导致教师消极适应当地的要求，甚至有抵触的情绪，而不会积极主动地在新的文化环境中发展和建构国际汉语教师的身份。

无论移民类语言教师还是国际汉语教师都面临着语言文化方面的挑战，但国际汉语教师还有其特殊性。国际汉语教师一个显著的标志就是其流动性，因此在心理情感归属方面他们不同于移民类的语言教师，因为国际汉语教师不只在一个文化语境中教学，作为“学术旅居者”他们要根据不同国家和机构的教育思想和教学传统来不断调整自己的教法使之符合当地的教学标准。所以在接受当地岗中培训时，一方面要虚心学习，以开放的心态和姿态接受不同的理念和做法；另一方面也要避免过分认同某一教学思想和教学文化的情况，彻底否定和摒弃过去在其他文化语境下取得的成功教学经验，而是要以“文化斡旋者”的身份积极进行跨文化或者是“小文化”（“small culture”，Holliday，1999）课堂文化的建设。例如，有调查显示在美国学校的中文课堂的秩序和纪律明显比其他课堂要好（陈绂，2006），也许中文教师完全可以在美国学校创建一个儒家教育范式的课堂，扩大学生的文化学习体验，这未尝不是一个很好的尝试。因而，任何世界语言或外语教师都需要强化跨文化教学意识，这需要在文化接触地带的教师们以文化对话的方式和心态互相学习，携手合作。欧盟白皮书对“文化对话”方式的定义是“来自不同种族、文化、宗教和语言背景的个体和团体愿意以开放的、相互尊重的态度表达、交换和倾听各自的观点”（white paper of EU），这也可用于文化接触地带中外教师的相互学习、切磋和“互相培训”。如本文中的孔院教师一方面接受所在大学的职业发展培训，同时也为当地的中文教师做中文教学技能方面的培训。随着专业人士的全球流动，从事国际教育和跨文化教育的人士都在呼吁接受国要重视外来人员的价值，在平等尊重的基础上真正开展国际对话与合作。

职业身份的认知和发展都是相对隐形的，当地大学为中国教师提供职业发展机会对职业身份重新建构非常重要。无论是岗前还是岗中的教师培训都应该明确将教师职业身份发展纳入教师教学反思活动中，以便他们在职业身份转型，甚至在受到威胁时能从容面对，不断提升国际汉语教师的跨文化职业意识。因此，国际汉语教师在其身份建构过程中，一定要有意识地学习和思考，在努力适应环境的同时，也要增强跨文化批判意识，以积极自信的姿态解决并调和影响身份建构的矛盾和冲突。

五　结语

“我们来自哪里，我们要到哪里去决定了我们现在的身份”（Wenger，1998：149）。此项研究显示了在文化接触地带的孔院的中方教师不断适应当地教学文化的同时也在思考、建构、发展他们国际汉语教师的职业身份。国际汉语教师的身份是一个多元身份的集合，他们既是课堂组织者和主导者，也是学生学习的辅助者；既是一线教学人员，也是科研人员；既是中国文化的传播者，也是培养跨文化世界公民的教育者。未来国际汉语教师职业身份研究应考虑和关注各个孔子学院为教师发展创造不同的环境和机会，进一步探讨教学方法的采纳和改变在多大程度上能够真正引起教师职业身份的发展和转变，而且今后的研究应更侧重于在不同的文化接触地带机构给教师的特殊任务以及机构的话语体系在教师职业身份发展中所起到的独特作用。跨文化语境下的国际汉语教师身份处于不断的建构中“formed，informed，and transformed”（Scotland，2014：42），只有进行时，没有完成时。

第九章

孔子学院:开创多元世界跨文化教育新范式

在全球化的背景下，国与国之间的联系日益密切，文化交往不断增多。世界各国尤其是欧洲的发达国家一直高度重视文化的力量，无论是从民间层面还是国家政策，设立专门语言文化推广机构，如德国的歌德学院、法国的法语联盟、西班牙的塞万提斯学院、英国的文化委员会、日本的文化交流中心等都有着较长的发展历史，而语言推广与文化传播已成为国家实力和其国际地位的重要标志。随着中国经济的快速发展和国际地位的上升，我国的语言文化推广逐渐受到重视，开始了从自发到自觉的发展过程。2004 年，孔子学院在全球化的大背景下应运而生，并以令世界瞠目的速度发展和壮大起来，截至 2014 年底，在全球 126 个国家建立了 475 所孔院和 851 个孔子课堂，仅用 10 年时间，就在数量上超越了英、法、德、西等国语言推广机构几十年甚至上百年的成果，堪称世界奇迹。这种跨越式发展态势不仅适应我国经济社会快速发展和国际地位大幅提升的需要，也主动顺应世界多元文化交流交融的时代大势，其积极意义得到了国际主流舆论的充分肯定。

一　孔子学院的优势与特色

与其他国家语言文化推广机构相比，孔子学院有其独特优势和特色。

首先，孔子学院在组织结构上不是单一所属某国或某个机构，而是国外大学、国家汉办/孔子学院总部和中国大学三方合作的办学实体，由中外方共同选举产生的理事会管理。借用欧盟轮值主席的模式轮流主持工作，所有事项由理事会共同研究决定，坚持“共建、共管、共享、共赢”的方针。孔子学院的教师通常来自中方院校，如果工作需要，也会聘任当地教师，所以工作人员也由中外方构成。孔子学院的日常工作从教学到管理都要在协商和合作中完成，是实实在在的国际合作组织，处处体现跨文化的合作精神。因此，从这一点上来看，孔子学院更具有时代性和国际性，可以说孔子学院不是中国的，而是真正属于世界的，这是孔子学院的创新和先进之处。

其次，孔子学院总部既有统一的章程，又鼓励各地孔院因地制宜、灵活自主地开展适合所在国家和区域的文化活动。除常规的以语言教学和文化活动为主的孔子学院，还建立了一些特色孔子学院，如中医孔子学院，以及即将建设的以推广茶文化为特色的孔子学院，以满足当地的特殊需求，提供深层次的文化传播和交流。

另外，美国学者 Zaharna，R. S.（2014）从公共文化外交的角度，分析了孔子学院的关系结构。根据她的研究和观察，孔子学院有别于其他语言文化推广机构的地方在于孔子学院形成了一个多层次的合作关系网络。在北京的总部发挥着强有力的纽带作用，每年不仅召开区域的会议，而且召集世界孔子学院齐聚一堂，共商孔院大计。这些机制有力地创造了多层次的合作机会，如中外方院校通过孔院平台开展多学科的学术交流和互访，促进中外高等教育合作及大学国际化的进程，很多较成熟的孔子学院都在向综合文化交流平台的方向发展，探索多元世界跨文化教育的新模式。

孔子学院的最大优势和发展源泉还是来自博大精深的中华文化。中华文化强调“和为贵”“和而不同”的理念，一贯倡导文化对话而不是对抗，包含着人类普世价值。Hutington，S. P.（2010）在其《文明冲突与世界秩序的重建》中预见到文明的冲突是世界和平的最大威胁，人类和平与文明的未来都取决于世界各大文明的政治、精神和知识领袖之间的理解与合作。当今世界并不太平，文明间的摩擦和冲突从未停止，如《查理周刊》这样激化成流血冲突的事件也时有发生，难以消弭。只有在相互承认彼此差异的基础上，愿意去了解和接纳对方，实现最大程度上的理解和合作才是人类和平发展的方向和保障。孔子学院从建立伊始，就把“促进世界多元文化发展、构建和谐世界”作为宗旨和发展目标，以开放的心态对待差异，相互尊重、平等协商，求同存异、互利共赢，展现出一个大国的心胸和中华文明的智慧。

二 孔子学院建设与未来发展定位

孔子学院走过了一个辉煌的10年，其未来的发展更需要领导者的创新和智慧。要想使汉语和中华文化不仅走向世界还要深入人心，赢得国际上的话语权和文化认同感，就必须有超越国家概念的新表述。自Nye, J. S. 20世纪90年代提出了“软实力”的概念后，这一名词在国际关系话语体系中频频出现，其定义为“一国文化与意识形态的吸引力”，是一个国家在国际社会上构筑一种向心情势的能力。直白地讲，就是“让别人也想要你所想要的”。其实，这个理论也是西方后冷战或后对抗（post-adversarial）时代的产物，与政治、经济、军事等硬实力相对应，体现非常强的民族国家利益倾向。近几年无论在报纸媒体还是关于孔子学院的学术文章都把孔子学院的海外发展看作提升中国国家“软实力”的手段和目标，笔者认为这种过度强调国家利益的表述也是孔子学院在某些国家受到猜忌和诟病的一个原因。孔子学院的遍地开花无疑在客观上提升了中国文化软实力，但孔子学院的办学宗旨还是应着眼于人类教育的最终目的，用当今倡导文化多元时代的话语来说，应该就是培养具有国际视野的世界公民。当我们超越狭隘的国家利益，真正致力于国际教育和跨文化世界公民教育，孔子学院的发展前景也将无限广阔，更具魅力。

孔子学院的建立标志着我国对外汉语教学进入汉语国际推广时代。在孔子学院的带动和影响下，全球学习汉语的人数快速攀升至1亿。汉语在国际政治、经济、文化交流过程中的作用空前凸显，文化价值和实用价值不断提升，成为极具上升空间的国际性语言。国际社会对学习汉语的需求越来越大，形成了前所未有的“汉语热”。我们不敢奢望汉语像英语一样取得世界通用语的地位，但在全球化和国际化的背景下，汉语国际教育应在世界语言教育框架内吸收当今跨文化外语教育的前沿思想、概念和理念，以培养具有文化沟通和交际能力的世界公民为目标，将国际汉语教育提升到一个新的高度和阶段。

随着汉语国际教育与推广事业的不断发展和逐步深入，建设和拥有一支高素质、高水平、高质量的汉语国际教育师资队伍将是持续的热点问题和重点问题。汉语国际教育本质上是在跨文化交际基础上进行的语言教学活动，因而在绝大多数情况下，跨文化交际者实现有效交际的关键取决于交际者自身的交际能力与技巧。这就需要我们的师资培养体系中一定要注重跨文化外语教学方面的内容，需要教师具有较强的跨文化教学和工作的能力。因此，作为学术机构立足于国外大学中的孔子学院必须不断加强其学术内涵建设，更新和完善师资培养体系，尤其在教学教法和教师的职业身份方面需要新的方法和新的理念，要重新认识“国际汉语教师”的角色和内涵。

在推广策略上，孔子学院应坚持需求为导向，走“合作交流、融合发展”之路。既然孔子学院是一个跨文化的组织和机构，就要倡导文化间的相互学习和相互借鉴。孔子学院的健康发展一定要遵循文化交流和创新的原则，绝非单向文化输出，而要同时欣赏、吸收借鉴国外一切优秀文化成果，充分利用国外资源，不断加强自身的内涵建设，真正实现多文化的交流、理解和交融。刘延东副总理在第九届孔子学院大会上对孔子学院未来发展提出的四点希望中，强调孔子学院的本土化进程和融合发展，明确指出，只有更好地适应各国社会和文化环境，让开放包容的种子生根发芽，孔子学院才能枝繁叶茂，保持旺盛的生命力；要求孔子学院要与所在学校的定位契合；要与社区大众的实际需求相适应；要与所在国家的文化环境相交融。

10 年成就充分显示了孔子学院是中国文化“走出去”的成功范例和有效模式。“孔子学院”一词写进了国家发展规划和战略里，彰显其作为开展汉语教学、传播中国文化的全球品牌在扩大对外文化交流和加强对外汉语体系建设方面的特殊作用。经济发展和军事强大都不能保证世界的繁荣与和平，人类需要真正普世的道德伦理规范。外语教育的核心除了外语本身的工具属性外，应该着眼于外语教育的本质和最终目标。学习一门语言不仅是满足信息交流的需要，而是获得一种不同的看待世界的视角。孔子学院走出国门在海外教授汉语，将中国人的世界观、宇宙观和文化心理传播到外部世界。中华文明的博大宽容的精神是世界文明的重要财富，值得发扬、传播、光大。而孔子学院在推动中华文化走向世界的过程中也欣赏和感知其他文化的魅力，有意识地兼容并蓄其他文化的优秀成果，“各美其美、美人之美”，在文化的交融与碰撞中不断完善、推陈出新，激发中华文化的创造力，展现其鲜活的生命力。

三　结语

中国致力于世界的和平与发展，积极开展多边合作与和平对话，需要赢得国际社会的支持和尊重。中国经济的腾飞有助于缩减世界经济差距，孔子学院的发展也有利于消减文化上的隔阂，扭转东西方的"文化逆差"。文明的冲突来自不信任、不理解，作为大国就要有大国的风范，主动走向对方，以尊重、和谐、贡献、共赢方针为指导，以博大的胸怀来容纳来自各方不同的反应。俗话说，路遥知马力，日久见人心。中国的"亲、诚、惠、容"一定能让世界不仅看到一个经济强大引领世界繁荣的中国，更应了解中国是一股倡导和平、创建和谐世界的重要力量。中国需要一个和平发展的环境，实现"美美与共，天下大同"的理想，这不仅是中国梦，也应该是世界各国的共同追求。而现在遍布世界的孔子学院将继续承载人类这一共同理想，传播和谐价值观，建设世界文明间的对话机制。所以，孔子学院的未来发展绝不仅限于提升中国的国家软实力，也必将在维护世界文明的多样性和世界和平方面做出贡献。

参考文献：

Abednia, A. (2012), "Teachers' professional identity: contributions of a critical EFL teacher education course in Iran", *Teaching and Teacher Education*, 28, 706 - 717. http://dx.doi.org/10.1016/j.tate, 2012.02.05.

Almarza, G. (1996), "Student foreign language teachers' knowledge growth. In D. Freeman & J. Richards (Eds.)", *Teacher Learning in Language Teaching* (pp. 50 - 78). Cambridge: Cambridge University Press.

Beijaard, D., Meijer, P. C., & Verloop, N. (2004), "Reconsidering research on teachers' professional identity", *Teaching and Teacher Education*, *20*, 107 - 128.

Bhabha, H. K. (1994), *The Location of Culture*, London: Routledge.

Borg, S. (2003), "Teacher cognition in language teaching: a review of research on what language teachers think, know, believe and do", *Language Teaching*, *39*, 81 - 109.

Borg, S. (2006), *Teacher cognition and language education*, London, Continuum.

Byram, M. (1997), *Teaching and Assessing Intercultural Communicative Competence*, Clevedon: Multilingual Matters Ltd.

Byram, M. (2008), *From Foreign Language to Education for Intercultural Citizenship Education.: Essays and Reflections*, NY: Multilingual Matters Ltd.

Clandinin, D. J., & Connelly, F. M. (1995), *Teachers' professional knowledge landscapes*, New York: Teachers College Press.

Cohen, J. L. (2010), "Getting recognised: teachers negotiating professional identities as learners through talk", *Teaching and Teacher Education*, *26* (3), 473-481.

Cortazzi, M., & Jin, L. (1996), "Cultures of learning: Language classroom in China", In H. Coleman (Ed.), *Society and the language classroom* (pp. 169-206), New York: Cambridge University Press.

Day, C. (1999), *Developing teachers*, NY: Routledge Falmer.

Day, C., Stobart, G., Sammons, P., Kington, A., Gu, Q., Smees, R., & Mujtaba, T. (2006), *Variations in teachers' work, lives and effectiveness*, DfES Research Report RR 743, University of Nottingham.

Dwyer, D., Ringstaff, C., & Sandholtz, J. (1991), "Changes in teachers' beliefs and practices in technology-rich classroom", *Educational Leadership*, *48* (8), 45-54.

Fraser, M. (2011), *Exploring the Nature and Process of Professional Identity of Teachers of English in Japanese Higher Education*, PhD Dissertation. Wollongong: Wollongong University. Freeman, D. (2002), "The hidden side of the work: Teacher knowledge and learning to teach", *Language Teaching*, *35*, 1-13.

Furnham, A. (1988), "The adjustment of sojourners", In Y. Y. Kim & W. B. Gudykunst (Eds.), *Cross-cultural Adaptation: Current Approaches* (pp. 42-61), California: Sage Publications.

Haley, M. H. & Ferro, M. S. (2011), "Understanding the perceptions of Arabic and Chinese teachers toward transitioning into U. S. schools", *Foreign Language Annals*, *44* (2), 289-307.

Holliday, A. R. (1999), Small cultures, *Applied Linguistics*, *20* (2), 237 - 264.

Johnson, K. E. (1994), "The emerging beliefs and instructional practices of preservice English as second language teachers", *Teaching and Teacher Education*, 10 (41): 439 - 452. Joram, E. & Gabriele, A. (1998), "Preservice teacher's prior beliefs, transforming obstacles into opportunities", *Teaching and Teacher Education*, *14* (2), 175 - 191.

Kagan, D. (1992), "Implications of research on teacher beliefs", *Educational Psychologist*, *27*, 65 - 90.

Kissau, S. P., Algozzine, B., & Yon, M. (2012), "Similar but different: beliefs of foreign language teachers", *Foreign Language Annals*, *45* (4), 580 - 598.

Kumaravadivelu, B. (1994), "The post method condition: emerging strategies for second/foreign language teaching", *TESOL Quarterly*, *28* (1), 27 - 48.

Larsen-Freeman, D. (2000), *Techniques and principles in language teaching* (2nd ed.), Oxford: Oxford University Press.

Leung, C. (2009), "Second language teacher professionalism", In A. Burns, & J. Richards (Eds.), *The Cambridge guide to second language teacher education* (pp. 49 - 58), Cambridge: Cambridge University Press.

Lightbown, P. M. & Spada, N. (2006), *How Languages are Learned*, Oxford: Oxford University Press.

Mellow, J. D. (2000), "Western influences on indigenous language teaching", In J. Reyhner, J. Martin, L. Lockard, & W. Sakiestewa Gilbert (Eds.), *Learn in beauty: Indigenous education for a new century* (pp. 102 - 113), Flagstaff, AZ: Northern Arizona University.

Nguyen, H. T. (2008), "Conceptions of teaching by five Vietnamese American preservice teachers", *Journal of Language, Identity & Education*, *7* (2), 113 - 136.

Norton, B. (2000), *Language and Identity in Language Learning*, London: Longman.

Nespor, J. (1987), "The role of beliefs in the practice of teaching", *Jour-*

nal of Curriculum Studies, *19*, 317 -328.

Nye, J. S. (2004), "Soft power: the means to success in world politics", *Public Affairs.*

Orton, J. (2011), "Educating Chinese language teachers-some fundamentals", In L. Tsung & K. Cruickshank (Eds), *Teaching and learning Chinese in global contexts* (pp. 151 - 164). London: Continuum.

Pajares, F. (1992), "Teachers' beliefs and educational research: clearing up a messy construct", *Review of Educational Research*, *62* (2), 307 - 332.

Phipps, S., & Borg, S. (2007), "Exploring the relationship between teachers' beliefs and their classroom practice", *The Teacher Trainer*, *21* (3), 17 -19.

Phipps, S., & Borg, S. (2009), "Exploring tensions between teachers' grammar teaching beliefs and practices", *System*, *37*, 380 -390.

Pickering, A. (2005), "Harnessing influences for change: some implications from research for teacher educators", In L. Clandfield (Ed.), *Affect and Self-esteem in Teacher Education* (pp. 17 - 26). Whitstable, Kent: IATE-FL.

Pratt, M. L. (1992), *Imperial eyes: Travel writing and transculturation*, London: Routledge.

Redden, E. (2012), *Confucius says*, Retrieved on May 15th of 2013 from http://www.insidehighered.com/news/2012/01/04/debate-over-chinese-funded-institutes-american-universities.

Richardson, V. (1996), "The role of attitudes and beliefs in learning to teach", In J. Sikula, T. Buttery, & E. Guyton (Eds.), *Handbook of Research on Teacher Education* (2nd ed.) (pp. 102 -119). New York: MacMillan.

Schrier, L. L. (1994), "Preparing teachers of critical languages for the precollegiate environment", *Theory into Practice*, *33*, 53 -59.

Scotland, J. (2014), "Operating in global educational contact zones: How pedagogical adaptation to local contexts may result in the renegotiation of the professional identities of English language teachers", *Teaching and Teacher*

Education, *37*, 33 - 43.

Siu, P. C. P. (1952), "The sojourner", *American Journal of Sociology*, *58* (1), 34 - 44.

Sun, D. (2012); " 'Everything goes smoothly': A case study of an immigrant Chinese language teacher's personal practical knowledge", *Teaching and Teacher Education*, *28* (5), 760 - 767.

Tatto, M. T. (1996), "Examining values and beliefs about teaching diverse students: Understanding the challenge for teacher education", *Educational Evaluation and Policy Analysis*, *18* (2), 155 - 180.

Trend, J. (2010), "From rigid dichotomy to measured contingency: Hong Kong preservice teachers' discursive construction of identity", *Teaching and Teacher Education*, *26*, 903 - 913.

Wang, D., Moloney, R., & Li, Z. (2013), "Towards internationalizing the curriculum: a case study of Chinese language teacher education programs in China and Australia", *Australian Journal of Teacher Education*, *38* (9), 116 - 135.

Wenger, E. (1998), *Communities of practice: Learning, meaning and identity*, Cambridge: Cambridge University Press.

Ye, L. (2013), "Shall we delay teaching characters in teaching Chinese as a foreign language?" *Foreign Language Annals*, *46* (4), 610 - 627.

Zaharna, R. S., Hubbert, J., & Hartig, F. (2014), Confucius Institutes and the Globalization of China's Soft Power, Los Angeles: Figueroa Press.

陈绂:《谈对外汉语教学硕士研究生的知识结构》,《语言文字应用》2005 年第 S1 期,第 2—5 页。

陈绂:《赴美考察总结》,《语言文字应用增刊》2006 年第 S1 期,第 124—128 页。

江新、张海威:《汉语教师教学观念与教学行为关系初探》,"国际汉语教学理念与模式创新"国际学术研讨会(第七届对外汉语教学国际研讨会)论文摘要集,2010 年,第 1 页。

柯传仁、陆原、潘小斐:《汉语教师教学技能及二语习得理论知识的评估模式》,《世界汉语教学》2015 年第 1 期,第 111—129 页。

李凌:《汉语国际推广背景下海外汉语教学师资问题的分析与思考》,《语言文字应用》2006 年第 S1 期，第 75—81 页。
李凌艳：《汉语国际推广背景下海外汉语教学师资问题的分析与思考》，《语言文字应用》2006 年第 S1 期，第 75—81 页。
吕明:《美国孔子学院教师教学本土化的调查及培训策略》，《延边大学学报》（社会科学版）2014 年第 5 期，第 108—111 页。
陆俭明:《汉语教员应有的意识》，《世界汉语教学》2005 年第 1 期，第 60—63 页。
孙德坤:《教师认知研究与教师发展》，《世界汉语教学》2008 年第 3 期，第 74—86 页。
塞缪尔·亨廷顿：《文明的冲突与世界秩序的重建》，周琪等译，新华出版社 2011 年版。
吴静:《汉语教师志愿者的教师认知调查与分析》，硕士学位论文，上海外国语大学，2013 年。
吴勇毅、凌雯怡：《教师认知构建与汉语教师的职业发展》，第十一届国际汉语教学研讨会论文集，世界汉语教学学会、国家汉办/孔子学院总部，2012 年。
许嘉璐:《放开眼界，更新观念，让汉语走——在北京师范大学纪念开展对外汉语教学 40 周年大会上的讲话》，《语言文字应用》2006 年第 S1 期，第 2—7 页。
许琳:《汉语国际推广的形势和任务》，《世界汉语教学》2007 年第 2 期，第 106—110 页。
祖晓梅、陆平舟：《国际汉语教师跨文化交际培训的模式》，第十一届国际汉语教学研讨会论文集，2012 年，第 9 页。

第四篇

组织管理视角——中方院长视域下的跨文化沟通与孔子学院可持续发展研究

中国目前已经成为世界第二大经济体，以经济总量为代表的硬实力的提升为世界提供了诸多利好。相应地，全球性的汉语学习热也随着中国国际地位的提升日渐成为一种时尚。孔子学院生逢其时，作为以教授汉语和传播中华文化为主要工作内容的教育机构，它的迅速发展已经成为中国软实力活跃海外的一个标志性符号。成立十多年来，孔子学院在推介中华优秀文化、展示和谐的中国软实力等方面扮演了积极的角色，向全世界证明了汉语的魅力，展示了中国文化的风采。通过这扇窗口，世界不难看到中国文化软实力在不断增强，并正在向全世界辐射。据国家汉办统计资料显示，截至2014年底，全球126个国家（地区）建立了475所孔子学院，其中，亚洲32国（地区）103所，非洲29国42所，欧洲39国159所，美洲17国154所，大洋洲3国17所。与世界其他地区相比，欧洲孔子学院的数量最多，占总数的33.47%，而英国的孔子学院数量在欧洲又居首位。然而，孔子学院的发展并非一帆风顺，国际环境中各种错综复杂的因素使得肩负着汉语文化国际推广使命的孔子学院的可持续发展面临极大的挑战，其中以中方院长与外方院长的冲突最为显著。然而，国内对孔子学院中方院长的专门研究几乎是空白，偶有零星的论述也不成体系，涵盖面不足、深度不够。

鉴于此，本篇的笔者（曾担任英国兰卡斯特大学孔子学院中方院长）借助工作之利选取了在英国的9所孔子学院为分析和研究对象，分三章对中方院长视域下的跨文化沟通与孔子学院可持续发展进行研究。首先，探析了英国孔子学院目前比较通行的组织架构，提出了孔子学院最优化、最高效的基本组织架构和人员组成。其次，笔者通过借用Geert Hofstede的跨文化管理分析维度，揭示了孔子学院存在的跨文化冲突问题并提出了解决这些问题的策略，通过对在英孔子学院中方院长的访谈研究发现了孔子学院合作模式的一些成功经验。最后，通过运用访谈法和对前期研究的总结，从宏观和微观两个方面提出了孔子学院可持续发展的外部条件与路径。

引　言

一　研究综述

随着全球孔子学院数量的快速增长，海内外相关研究也越来越多，本篇综述主要对两个方面内容进行阐述，即关于孔子学院中方院长的专门研究和孔子学院可持续发展的研究。首先，在对孔子学院中方院长的专门研究方面。截至2014年5月初，笔者在中国学术期刊网出版总库中全文搜索“孔子学院”并含“中方院长或中方负责人或中方副院长”（以下统称为“中方院长”），共获174条记录。但细致梳理下来，其中绝大部分论文只是在正文中提到“中方院长”字眼，而并非专门论述该论题。在正文中提到“中方院长”且对之稍有阐释的论文仅6篇。涉及的主要问题及其主要观点如下：（1）扩大中方院长的选拔范围，选拔各领域的专家，而不局限于语言学（许嘉璐，2012），甚至应当考虑向企业人才开放（陈海芳，2013）。（2）中方院长职责不明、角色不清。中方院长没有机会参与项目的策划及决策，致其工作被动。希望明确其工作职责，在更好地配合外方工作的同时，发挥汉办代表的作用（张晓光，2013）。许嘉璐（2012）则认为：“中方院长应该是一个活动组织家、公关专家。”萧映（2010）对中方院长的角色进行定位，认为中方院长是国家对外文化政策的严格执行者、优秀的沟通者、汉语国际推广活动的积极组织者。（3）中方院长无财务权。建议实行孔子学院财务公开制度，以便孔子学院内部了解和监督（张晓光，2013）。（4）建立中方院长评价制度。沿用“高薪养廉”的理念，建立一套中方院长经营孔子学院优劣奖赏制度，重奖不重罚（陈海芳，2013）。胡仁友、赵俊峰（2013）也认为，应该“实施海外孔子学院中方院长评估，设计海外孔子学院中方院长评估指标体系”。

综上可见，国内对孔子学院中方院长的专门研究几乎空白，偶有零星的论述也不成体系，涵盖面不足、深度不够。在研究方法上，一般为中方院长的经验总结、工作体会甚或考察见闻，有的研究明显对孔子学院没有了解，站在门外说话。仅有奚刘琴、李期铿的《中国文化海外传播的困境与对策——访夏威夷大学孔子学院中方院长李期铿》一文通篇采取了采访的形式，但这也与访谈法有一定的距离。因此，研究中方院长视域下的跨文化沟通与孔子学院可持续发展既是一种尝试和突破，又是对目前学界研究的有益补充，具有重要的意义和价值。

二 研究背景介绍

笔者作为英国兰卡斯特大学孔子学院的首任中方院长，亲历了孔子学院近几年的迅速发展的过程。

孔子学院这项事业不但对于汉语国际教育和中国文化对外传播意义重大，对于建立并密切两校联系也不可或缺。孔子学院的未来向何处去？孔子学院如何能够更好地实现可持续发展？中方人员尤其是中方院长面临着哪些问题？他们又是如何解决的？没解决的原因是什么？他们的成功经验有哪些？是否还有不足之处？等等。这一系列问题，成为我们思考和研究的重点，最终汇聚升华成一个大的问题，即“中方院长视域下的跨文化沟通与孔子学院可持续发展”。

为什么会选取英国的孔子学院作为研究对象呢？笔者主要基于两方面的考虑。一方面，英国有20多所孔子学院，在全球排名第二，仅次于美国，有很好的代表性；另一方面，笔者担任兰卡斯特大学孔子学院的首任中方院长，有研究的便利条件，在孔子学院所从事的工作，在较多方面和很大程度上较好地回答了很多中方院长曾经、正在或将要面临的问题，笔者研究的问题也正是从此出发而进行设计的。

设定上述问题后，我们原计划选取英国孔子学院的12名中方院长（占总量的50%）进行访谈，并力图从南到北进行全覆盖，根据研究方法之访谈法的自愿原则，最后我们访谈到9名中方院长。采集的数据已经足以支撑我们的研究。访谈形式以电话访谈为主，属于半开放半结构式电话访谈。被访谈的中方院长的基本信息如下所示。

表 1　　被访谈的中方院长年龄分布

年龄	31—40 岁	41—50 岁	51 岁及以上
人数	1	6	2

表 2　　被访谈的中方院长职称/职务分布

职称/职务	讲师	副教授	教授/处长
人数	1	4	4

表 3　　被访谈的中方院长专业背景分布

专业背景	对外汉语	英语	法律	心理学	政治学	生物学
人数	2	2	2	1	1	1

总体来看，访谈过程非常顺利，访谈取得了预期效果。在某些层面来看，甚至超出了笔者的预期。

按照研究程序和研究工作安排，我们进入录音转写阶段。根据总体的录音数量情况，我们进行转写工作。具体步骤如下：（1）进一步完善访谈记录表。访谈记录表的信息包括项目名称、访谈时间、访谈地点、访谈方式、访谈者、被访谈者、访谈时长和备注。此举的目的之一是保留所有访谈数据，同时，有利于制订访谈转写计划，而不至于出现混乱。（2）制订转写计划。正式转写之前，我们进行了小规模转写实验，了解转写的难度、速度及问题所在。根据转写实验，制订了转写工作计划、人员分工安排、每日转写时间、转写内容和转写工作量，以保证转写顺利地按时保质保量完成。（3）正式转写。笔者基于“忠实于录音”“完全转写”的原则，即录音中的所有信息包括停顿、语气加强、声调突然升高或降低、沉默、笑声、中途被来电打断等全部转写出来，真实反映访谈现场情景。有某些实在听不清楚或无法辨认的地方如人名、地名、项目名称、机构名称等，则用括号标注为“听不清楚”。（4）转写后的检查。转写之后，笔者对转写内容进行通读，根据上下文对文字、标点符号、中英文名称等进行检查修正。转写总体结果如下。

表4　　访谈录音转写总体结果

被访谈者	被访谈人数	访谈时长	转写字数
A	1	1h49′58″	36497
B	1	1h31′20″	22525
C	1	1h01′59″	17565
D	1	2h01′24″	35562
E	1	1h28′23″	25010
F	1	2h01′30″	38371
G	1	1h23′04″	31712
H	1	1h28′33″	19298
I	1	1h26′21″	22325
合计	被访谈总人数：9人；访谈总时长：14小时12分32秒；转写总字数：248865字		

转写完成之后，需要对文本数据进行标注归类。这是定性研究中非常关键的一步。标注归类遵循下述原则和步骤。首先，熟知孔子学院和中方院长的工作，包括孔子学院的基本构架、运作模式、中方合作院校、教学与文化活动开展情况、中方院长背景和工作职责，等等，否则所转写出来的文本数据将“不知所云”。其次，熟悉跨文化沟通、跨文化管理、跨文化传播等理论，以便将文本中的现象与这些理论结合起来，做到理论联系实际。再次，清除心理预设，通读文本。然后再进行阅读并标注。尤其注意标注重点词句或重复率高的词句。最后，对标注的文本内容进行再一次的分类。归类的标准为被访谈的中方院长提及该话题的重现率及占据总体访谈的分量。这包括两个方面，一是厘清横向上的关系，看看彼此是否存在逻辑联系，如果有，是什么样的联系；二是厘清纵向上的关系，看看一个大类之下，又包括哪些小类，这些小类是现象陈述、原因剖析，还是可能的对策。总之，标注归类是一个由表及里、由浅入深的逐步推进的过程，旨在发现问题、问题的原因及可能的对策。

根据笔者的研究，通过对访谈的文本数据进行分析，得出了研究结论，最终形成了10万余字的研究报告，该报告曾提交给国家汉办/孔子学院总部，得到汉办领导的肯定。本书中接下来的三章即是该研究报告的部分内容。

需要指出的是，本篇所依据的研究材料仅限于英国孔子学院的中方院长，其中的观点或结论难免有失偏颇，笔者在文中始终强调的是“有的”“个别”中方院长或英方院长，文中的观点或结论不一定适用于世界其他地区的任何一所孔子学院，因此，对本研究冠之以“放之四海而皆准”的做法很有可能产生误读。笔者认为，发现问题、直面问题、分析问题，才能真正地解决问题，这也是本研究的出发点。而这一切，都是为了全球范围内近500所孔子学院更快更好地可持续发展。如此，才不枉我们良苦用心之久之深。

第十章

孔子学院组织架构探析

英国各地各高校对孔子学院的定位、期许和重视程度不一，各孔子学院的发展时间、发展路径、发展模式各异，孔子学院的组织架构和人员组成也不尽相同。英国孔子学院目前比较通行的组织架构是，英方院长统领孔子学院所有事务，包括财务、教学、市场、行政、人事等；下设英方副院长和中方副院长，是具体事务的统筹者和负责人；孔子学院的汉语教师和汉语教师志愿者划归中方副院长管理；英方经理、项目官员划归英方副院长管理。具体如图 10—1 所示。

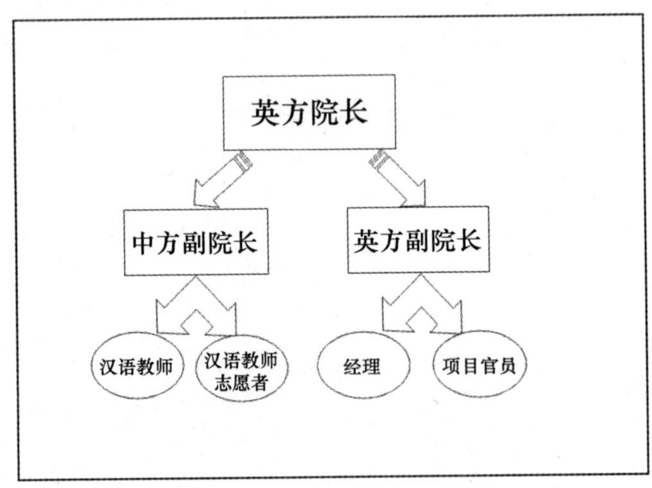

图 10—1　英国孔子学院组织架构图

根据访谈，借用 Hofstede 的文化维度和丁允珠的面子协商冲突理论进行分析，并依据我们的工作经验，我们认为，孔子学院最高效最优化的组织架构应包括如下几个方面。

一　英方副校长兼任孔子学院英方院长

中方院长一致认为，如果英方副校长能够兼任孔子学院英方院长则最佳，是“理想模式”。英方副校长只指导掌控孔子学院发展的大方向，调动全校及其他可能的资源，协调各方面的关系，可不介入孔子学院具体事务。中方院长 C 说，“（英方副校长甚至校长兼任孔子学院院长——访谈者注）对学校有好处，对学院有好处。就是他又重视，又有时间管，那当然不一样的，对孔子学院资源整合啊什么的都有好处”。中方院长 E 也说，“他只是把握一些大方向，具体的事情肯定做不了，因为他本身是副校长，所以他不可能做非常具体的事情”。

一般而言，孔子学院的理事会由中英双方合作院校的校领导及各有关院系领导组成，人数对等，校领导多为双方主管外事的副校长。鉴于专业、时间、了解程度、兴趣、工作重心等因素，多数的理事会成员并不能对孔子学院提出非常具体的、有针对性的意见建议，“只是挂名而已”。孔子学院设立在英方大学中，因此，更多的重担落在中英方院长和英方副校长身上。孔子学院能否为所在大学贡献自己的力量、为所在大学的发展出力，成为所在大学发展战略的一部分，在很大程度上取决于中英方院长尤其是英方副校长的引领。而且，如果英方副校长能够较多地介入孔子学院工作，则能够更好地掌控其发展，协调校内关系，以利于调动学校及可能的社会资源，为孔子学院服务。中方院长 F 是这么看的：

> F：如果他是个主管副校长，他正好又主管财务处，他调配起资源来是不是就会好很多？他其实可以不用实际干活，实际干活还是英方院长、中方院长。他只出面负责协调关系、调动资源。

另外，英方副校长兼任孔子学院英方院长，在地位上自然比中方院长高出一筹，天然地避免了中英方副院长之间可能的摩擦和矛盾，即有意拉大英方院长与中方副院长之间的“权力距离”。而且，英方副校长兼任孔子学院英方院长，能够更深入了解孔子学院的运行情况和发展走势，能够更细致入微地知晓中英方副院长的跨文化沟通情况，也就能够更及时准确地化解中方副院长与英方副院长之间的问题。Hofstede 认为，权力不平等是组织的实质，“老板—下属”的关系是生活中最为基本的人类关系。英国可能会被跨文化研究学者归为小权力距离文化，实际上，在喜欢水平的面子行为互动的表象下，其地位差异和社会等级并未最小化，相反，更像是大权力距离文化，“个体通常更喜欢根据头衔、级别或等级角色进行垂直面子行为互动”（丁允珠，2009：305），“在英国，人的社会地位已内化到人们的脑子里，社会地位有它的表现和标记，上层阶级的英格兰口音就是一个佐证”（Hall，2010：57），因此，英方副校长兼任孔子学院英方院长应该是最好的选择。但是，并非所有英方大学的校方都对孔子学院抱有同样大的兴趣和同样高的重视程度，因此，让所有大学的副校长都兼任孔子学院英方院长也不现实。但是，这应该是孔子学院未来发展的一个趋势。

二　须设立中方院长，若英方副校长不兼任孔子学院英方院长，则其职务名称不能为“中方副院长”

中方院长统摄中方事务，包括与国家汉办、中方合作院校、中国驻外使领馆等的沟通联系，管理汉语教师和汉语教师志愿者，负责汉语教学，等等。中方院长以自身所熟知的工作方式、工作习惯与中方打交道，是英方院长所不具备的便利条件。因此，“设中方院长是必须的，中方院长是个干事的”。如果英方副校长不兼任孔子学院英方院长，那么，中方院长、英方院长需处于一个平等的地位，即都称为“院长”（Director or Co-director），而不能被称为“中方副院长”、对方被称为“英方院长”。中方院长 C 以自身及其同学的经验告诉我们，“外方是孔子学院院长，中方是副院长，后来我们发现这样不好”。正如丁允珠（2009：302）所言，“人们的文化群体身份因素在自觉不自觉的层面上影响冲突过程的时候，出现跨文化冲突”。

C：其实双方如果合作得好，这个没问题。但是中间在执行的过程中，就可能存在一个决策的问题吧。

访谈者：决策是指什么？

C：外方就觉得我是院长我说了算，你是副院长你就得听我的。结果就会出现这种情况，明白不？

访谈者：哦，指挥，一个是受指挥。

C：唉，对！后来我们发现，中方院长和外方院长都叫 co-director，把他放在同一个位置上面应该是比较合适、比较好的。

根据我们的体会，在以平等、自由著称的英国，其等级观念比中国国内尤甚，“级别的高低很难是人们会掉以轻心的问题”（Hall，2010：56）。如果英方为院长、中方为副院长，则中方必受制于英方，英方为决策者、号令者，中方为实施者、服从者，无法达到分工协作、互相监督的效果。英方往往以地位的优势对中方进行非工作性的强压，实现游离于孔子学院事务的某些目的。“所有文化的人们在任何交际情境中都设法维护和‘协商’面子”（丁允珠，2009：303），而中方副院长处于英方院长之下，则使得中方副院长的“面子”无从谈起，“冲突方之间的文化距离越大，面子威胁过程积累的猜疑和误解就越多”（丁允珠，2009：313）。如此看来，国家汉办一直以来所倡导的中方院长应“协助”“辅助”外方院长工作的政策导向和工作思路就需要进行调整。第一，如果中方负责人定位为“中方副院长”，不利于其在外工作的开展，也不利于其与国内各有关方面的沟通联络。第二，无法有效执行国家汉办政策、实现国家汉办意图、监督总部资金使用等。第三，人为地在中外方院长之间制造地位不平等局面，埋下矛盾的火种。比如下述中方院长 F 的情况，中方副院长没有机会和英方学校层面接触，很难准确、及时、完整地将国家汉办的信息和精神传递到英方大学，对于调动英方校领导介入孔子学院工作造成影响、形成障碍。因此，可以说，“所有重复出现的冲突问题其实质总在于尚未解决的身份冲突问题”（丁允珠，2009：311）。中英方院长之间的跨文化冲突，在很大程度上就是中方院长的“身份”问题。

F：我们这边的总体感觉是，往英方大学去汇报的事情都是由英方院长来做，中方院长很少直接去汇报，因为是 deputy 嘛（副院长——访谈者注）。等于是中方副院长对外方院长负责，外方院长对英方大学负责。

“认可水平自我建构的个体对于非正式—对称的交际（也就是平等相待）感到自在，这种交际可以不在乎人们职位、地位、级别或年龄上的差异。相反，强调垂直自我建构的沟通更喜欢正式的—不对称的交际（也就是区别对待），对人们的职位、头衔、资历或年龄表示应有的尊重”（丁允珠，2009：308）。目前来看，多数英方院长正试图在中英方院长之间建立“垂直”的关系，“中方副院长”对“英方院长”负责，英方院长对英方校方负责，这就人为地造成中方副院长与英方校方之间的一道鸿沟，意味着造成中方副院长所代表的国家汉办与英方校方之间的一道鸿沟，极不利于孔子学院工作的开展。

三　英方院长需满足的基本条件

孔子学院英方院长的人选应为本地人即英国人，也可使用当地华人；在该大学地位较高、有一定的声望，有利于调动该大学资源；对孔子学院有真正的兴趣，有较强的工作能力，对当地情况比较熟悉，并有足够的时间投入孔子学院工作；主要负责市场开拓。

作为英方大学的代表，英方院长实际上应发挥重要作用，如与英方校方的沟通交流，与英方大学各院系部处的协调互动，与当地社区、中小学、媒体、政府的联系往来，等等。根据笔者的经验经历及对诸多中方院长的访谈，当地华人担任英方院长有其优势：第一，因为语言因素（汉语），可以与国家汉办、中方院长、汉语教师及汉语教师志愿者更顺畅地沟通，实现跨文化管理。第二，也是因为语言因素（英语），能更好地与孔子学院所在大学学校层面及英国当地各方面进行沟通。第三，更加了解中国文化，熟知中国人为人处世、待人接物的方式方法，或能更好地处理跨文化沟通和中英文化可能的冲突。第四，对中国文化有着天然的兴趣和爱好，乐于也善于从事汉语与中国文化推广工作。而这些因素可能也是英方大学在选拔英方院长时所着重考量的，因此，当地华人出任孔子学院英方院长就比较普遍常见。但实际工作情况和效果却并不一定如此。访谈中，有的中方院长就表示出了担忧。

> E：当地有的华人，我觉得其实他们特别受制于外国人，他们拿到 Lecturer，Senior Lecturer 甚至是教授的时候，到外国人跟

前说话还是特别客气、看人家脸色，实际上他们没有多少影响力。华人在当地的开拓能力有限、影响力有限，他们为了自己的职业生涯，做什么事情都战战兢兢，老是甩不开膀子施展不开手脚，这就比较有缺陷。再一个他跟校方的沟通也非常有限。

中方院长 E 的说法虽然是个人之见，但也不是全然没有道理。当地华人作为英方院长，在与英方校方沟通时，也并非完全毫无语言的藩篱或文化的障碍。相反，英国本土人士来担任英方院长，倒可能更为纯粹，不存在非中非英的尴尬与不安。所以，英方大学在选拔孔子学院英方院长时，思路可以更开阔一些，首选不应该局限于当地华人。

此外，非常重要的一点是，英方院长需对孔子学院有真正的兴趣，有较强的工作能力，对当地比较熟悉，并有足够的时间投入孔子学院工作。投入孔子学院工作的时间足够与否与英方院长是专职或兼职有关，但对孔子学院是否有真正的工作兴趣则是天然的、不可见的、无法量化衡量的，而这往往是决定英方院长在孔子学院的工作成效及其与中方院长关系的重要因素。如果英方院长对孔子学院有兴趣，那么，与中方院长的矛盾冲突则不是不可调和的，是可协商解决的，因为二者的分歧只是目标不同，或者方法不同。这与有的英方院长对孔子学院毫无兴趣而只觊觎其发展成果不可同日而语。

有的中方院长认为，如果英方院长不得力、不干活或能力有限，则需再设置一个执行院长，以统领英方事务。

A：市场真不应该由中方院长来做，市场开拓的事都应该由外方院长来做，要不然要外方院长干吗呢?!

中方院长 E 也说道：

E：中方院长来了都是新手啊，好多都不熟悉，在这个摸索的过程中你还必须有外方院长，没有外方院长，你要开拓市场、稳住市场、找这些外国人谈判，等等，都不是那么简单的事情。

中方院长普遍认为，英方院长的主要工作职责是市场开拓。孔子学院的发展、规模的扩大、学员人数的上升在很大程度上取决于市场开拓，这包括孔子学院所在大学这个市场，包括孔子学院周边中小学这个市场，也包括社区市场。对中方院长而言，初来乍到的一两年，首先需要完成的是自身的跨文化适应，然后是与英方校方、英方院长的跨文化沟通，进而才能谈到跨文化管理与传播。如果使用当地英国人作为英方院长，其在本土有较长的工作经历和生活体会，有较好的人脉和资源，和当地人说着同样的“语言”。“用当地人说服当地人更有说服力”，这正是我们一直强调由英国当地人担任英方院长为更佳选择的一个重要原因。而且，当地英国人担任英方院长，可更具备“文化移情”，体谅中方院长跨文化适应、沟通的难处，“文化移情是一种习得的能力，是参与者能够准确地理解来自不同文化的他者的自我体验，同时能够反应迅速而有效地表达他们的理解，在冲突场景中成为不同文化的他者的‘文化之耳’”（丁允珠，2009：328）。与之相比，当地华人明显处于劣势。

四　需厘清经理（manager）一职，以开拓市场、管理日常事务

当英方院长或执行院长的地位过高而无法在孔子学院投入足够的精力时，就需要设立一个英方副院长或者经理（manager），行使开拓市场和管理日常办公事务（可能包括财务）的职能。否则，市场开拓的工作都压在中方院长身上，同时又需代替英方院长去协调英方大学的关系，费力而不讨好。

目前绝大多数的英方院长都是兼职，要么承担着比较重的学术研究任务，比如中方院长I就说，“那外方院长人家忙着自己的学术啊，哈哈，人家忙得很!”要么在其他院系担任领导岗位，有着其他行政事务，这就是我们所说的英方院长地位太高，无法将时间投入到孔子学院。比如中方院长A所面临的情况，他说：“他（英方执行院长——访谈者注）应该负责市场，但是我现在这执行院长位置太高了，我看他市场不出去。……他做不了，我得往学校再找去。”所以，在执行院长的选择上，中方院长A力主“一定要是本地人，因为你需要一些干具体事的当地人。执行院长有一些作用”。

在这种情况下，就必须设立经理（manager）这一职位，弥补英方院长或英方执行院长的职能空白，即管理孔子学院日常事务、实施中英方院长所决定的事项、开拓市场。多数中方院长都认同这一看法。

> C：这 manager 是做事的，从这个角度讲，是我们理解的经理，负责市场开拓，也负责日常事务。
>
> D：Manager 做所有我们决定下来的、决策过的东西，他负责实施。我们负责就是所谓的决策吧。

中方院长 F 也认为，孔子学院不管是从公益的角度还是从商业运作的角度，都需要比较有能力的、比较有开拓市场能力的这么一个人。英方院长或英方执行院长下面都应该设置一个负责具体落实、切实实施的工作人员，需要其处理的事务包括办公室日常事务、项目的实施、市场的开拓甚至可能包括财务的管理，等等。如果孔子学院的规模足够大，其职能还需要进一步细分，即办公室经理（Office Manager）、项目经理或项目官员（Project Manager，Project Officer）、市场经理（Market Manager）、会计（Accountant）等。孔子学院职能细化的过程即是孔子学院不断发展壮大、职责更加明晰、管理日趋规范的过程。

从目前的情况来看，有的英方院长"人浮于事"，没有真正沉下心来深入孔子学院工作中去，导致其本应有的职能被迫"移位"到经理（manager）身上，英方院长成为"空中楼阁"。而英方院长的这种不作为不做事的状态和做法一方面增加了英方经理（manager）的工作量，另一方面埋下了中英方院长矛盾的祸根。这也反映出全球孔子学院面临的一个重要问题，即其进一步发展壮大主要取决于市场开发、稳定的能力和水平。同时，也反映出孔子学院内部各角色各人员的工作职责须进一步厘清，真正做到"各司其职"，杜绝"在其位"而不"谋其政"的现象和人物。

总之，孔子学院最优化最高效的基本组织架构和人员组成应如图10—2 所示。

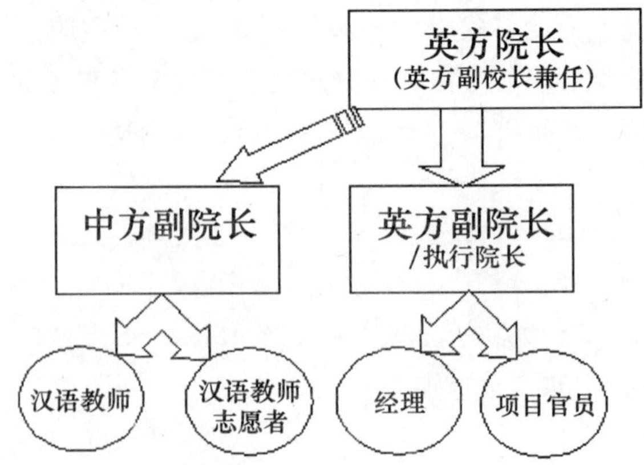

图 10—2　孔子学院最优化最高效的基本组织架构和人员组成

图中，英方副校长兼任孔子学院英方院长，为孔子学院的实际最高领导者，占据最高位置；统领英方副院长（或英方执行院长）和中方副院长，主要管理英方副院长（或英方执行院长），对中方副院长起协管作用；对孔子学院理事会和英方校方负责。中方副院长和英方副院长（或英方执行院长）名号一致、地位平等、权力均衡，都称为副院长（Deputy Director）。中方副院长负责汉语教师、汉语教师志愿者等的管理，对国家汉办和中方合作院校负责。英方副院长（或英方执行院长）负责经理（Manager）、项目官员等的管理，对英方院长负责。

五　结语

本章以 Hofstede 的文化维度理论和丁允珠的面子协商冲突理论为基础，结合笔者多年的工作经验和学术积累，提出了 4 个关于孔子学院最高效最优化的组织架构建议，并建构了新的组织架构图。第一，笔者认为，孔子学院未来发展的一个趋势是英方副校长兼任孔子学院英方院长，这是最佳的“理想模式”。第二，由于目前中方院长的“身份”问题，即多数英方院长正试图在中英方院长之间建立“垂直”的关系，这种关系在很大程度上导致了中英方院长之间的跨文化冲突，因此笔者建议必须设立中方院长，若英方副校长不兼任孔子学院英方院长，则其职务名称不能为“中方副院长”。第三，在选拔孔子学院英方院长的时候思路可以更开阔一些，最好的选择应为本地人即英国人，但也可使用当地华人。第四，需进一步厘清经理（manager）一职，弥补英方院长或英方执行院长的职能空白，促进孔子学院不断发展壮大、职责更加明晰、管理更加规范。

第十一章

孔子学院跨文化冲突管理研究

随着全球化和经济一体化日益加深，跨文化实践和理论也不断更新发展。在跨文化的发展中，荷兰学者 Geert Hofstede 于 1980 年面世的《文化之重：价值、行为、体制和组织的跨国比较》（*Culture's Consequences*：*Comparing Values*，*Behaviors*，*Institutions and Organizations across Nations*）是跨文化管理研究的经典著作。在书中，作者提出跨文化管理的四个维度：权力距离（Power Distance）、不确定性规避（Uncertainty Avoidance）、个人主义与集体主义（Individualism and Collectivism）、男性气质与女性气质（Masculinity and Femininity）。2001 年，该书第二版出版，Geert Hofstede 吸取跨文化研究学者 Michael Harris Bond 的研究成果，增补跨文化管理的第五个维度，即长期导向与短期导向（Long-and Short-Term Orientation）。

Geert Hofstede 的调查研究以西方的 IBM 公司为对象，研究视角也基本局限于西方，研究人员也是白种人，即使如此，它对身处中西方文化之中的孔子学院的跨文化冲突管理而言，仍有较强的借鉴意义。那么，作为中外合作办学的典型机构，孔子学院是否存在跨文化冲突问题？中英方院长合作存在哪些问题？其合作模式的成功经验有哪些？该如何实现跨文化管理？这都是本章借用 Geert Hofstede 的理论框架尝试解决的问题。

一　孔子学院存在的跨文化冲突问题

孔子学院作为中外合作办学的典型机构，势必处在一个跨文化的情境之中，而不同文化的相遇，必然会因为彼此的相异产生一定的冲突。孔子学院在走向世界的过程中，因为种种原因存在不少跨文化冲突问题。笔者根据对在英国工作的孔子学院中方院长的访谈研究结果，将孔子学院存在的跨文化冲突问题分为两大类。

（一）不确定性规避较高

孔子学院的跨文化冲突包括中方人员与英方人员之间的跨文化冲突，也包括中方人员内部的跨文化冲突和英方人员内部的跨文化冲突。在所有的跨文化冲突中，比较典型突出的，应该是中方院长与英方院长之间的跨文化冲突。中英方院长之间的跨文化冲突在很大程度上是由较高的不确定性导致的。“未来的不确定性是人类生活的一个基本事实，我们通过技术、法律、宗教等不同的方法来应对”（Hofstede，2001：145）。Hofstede（2001）认为，不确定性产生焦虑，极度的不确定性产生极度的焦虑。用于应对不确定性的技术包括人类所有制品，法律包括引导社会行为的各种正式和非正式规则，宗教则包括关于未知的所有知识。Hofstede 所说的技术、法律、宗教都是广义上的。

我们来看看孔子学院中英方院长因为不确定性而导致的一些跨文化冲突，即法律（广义上的）、规则的缺乏致使孔子学院中英方院长产生跨文化冲突，影响孔子学院的跨文化管理。

1. 孔子学院中英方定位不准确

即孔子学院是完全意义上的合作办学，还是以某一方为主导、另一方为协助。需要更加明确其中的合作关系，减少矛盾纠纷。

> B：发展中国家、发达国家不一样，发展中国家它没有能力，它就崇拜你，当然是你主导。发达国家绝对不是我们能够很好地主导的，人家强调大学的独立性和自主性。

中方院长 B 所提出的孔子学院的定位问题，是指哪一方在孔子学院占据主导的问题。即孔子学院是完全意义上的中英方平等对等，还是英方主导、中方协助，或是中方主导、英方协助？目前看来，仅就英国的情况而言，以英方主导、中方协助为多。中方院长 B 区分了发展中国家与发达国家，在发展中国家，中方院长可以很好地主导孔子学院，而在发达国家，英方大学强调办学的独立性和自主性，而且英方长期驻守孔子学院，中方院长较难占据主导地位。在这种情况下，中方院长如果不能“适应”或者“妥协”，就只能“少数服从多数”，劣势显而易见。强势的中方院长“不平则鸣”“奋起反击”，因为中方院长的境况连“打工都不是，打工人家给你发工资，他不发工资”。国家汉办曾经不止一次说过，中方院长“协助”外方院长工作。但是，中方院长必须而且也不得不在孔子学院发挥更大的作用，其职能远远不是“协助”二字所能解决的。

2. 孔子学院工作职责不清晰

孔子学院工作职责不清晰，从而导致相关工作人员工作任务混乱、工作较难正常运作，具体体现在以下两个方面。

第一，相关工作人员被卷入与孔子学院无关的事务之中，这是事后引发中英方院长之间矛盾的主要原因之一。国家汉办明确规定孔子学院的主要职能包括：（1）支持各国各级各类教育机构开展汉语教学和中华文化传播；（2）制定、完善和推广国际汉语教师标准、国际汉语能力标准、国际汉语教学通用课程大纲；（3）选派和培训出国汉语教师和志愿者；（4）开发和实施汉语水平考试；（5）实施“孔子新汉学计划”，支持开展中国研究；（6）组织管理孔子学院奖学金，开展“汉语桥”系列比赛等重要活动；（7）建设国际汉语教学网络、电视、广播立体化平台并提供数字化资源。但是，这只是一个总括性的描述，并没有对相关工作人员的工作职责、职能进行细化，从而使汉语教师、汉语教师志愿者很容易被卷入到与孔子学院无关的事务中去。例如，英方院长使用汉语教师翻译一些与孔子学院毫无关联的文件或英方执行院长到中国参加学术会议的论文，进而导致中英方院长矛盾升级恶化。

> A：他的什么什么产业化项目，为什么让我们汉语老师免费给你翻？我安排他们去弄视听课，英方院长让他们弄翻译。资源啊！汉语教师是汉办给付的工资，对吧。……闲着也不是意味着我要给一公司免费做翻译。

从访谈可知，中方院长 A 安排汉语教师去准备视听课，但是汉语教师却听从英方院长的安排，转而去翻译与孔子学院无关的一篇论文。同样，英方执行院长安排汉语教师帮助其翻译一篇他到中国参加学术会议的论文，中方院长认为，“他天天在我这干的有一大半的都不是咱们（孔子学院——访谈者注）的事，我亲眼看见”。英方一所中小学的副校长提议与中方院长一道去为孔子学院的夏令营筹集资金，但英方院长和执行院长却想方设法免费使用孔子学院的资源，两相对照，让中方院长“心里不舒服”。

第二，非全职的英方院长或英方工作人员及其工作方式影响孔子学院正常工作。由于种种因素，英方院长和英方工作人员多为兼职，且习惯性地认为其分内工作他人不应插手。当国家汉办或孔子学院发生紧急情况时，工作往往无法正常地按程序推进。中方院长I的事例很好地说明了兼职的英方工作人员及其工作方式对孔子学院工作的影响。国家汉办突发通知，要求进行某一项活动。中方院长接到通知后，即刻展开工作，转发通知，组织内容。但由于英方工作人员不在岗位，无法联系设计师设计活动海报，中方院长遂直接到达该大学的美术设计室，将工作完成。但当英方工作人员得知此事后，他并不领情，“他知道后特别不高兴，就是没经过他手，你凭什么直接找那美工?!”这在国内是不可思议的，而这正是英方的工作方式和工作态度。中方院长I称之为“窘境”，“你可以把这些窘境都写在文章里头，我觉得这是再真实不过的情况，中方院长不好做这个工作”。

实际上，上述矛盾冲突解决的根源在于Hofstede所说的不确定性规避。在孔子学院这个跨文化组织内部，时间成本是有限的，在面向可持续发展的这个“未来”时，面临着诸多不确定性，包括孔子学院自身定位不准确、工作职责（包括孔子学院自身的工作职责、中英方院长工作职责、汉语教师与汉语教师志愿者工作职责）不清晰，这些不确定性导致工作混乱，引发各方的焦虑。定位越不准确、工作职责越不清晰，其产生的焦虑就越强，影响就越严重。Hofstede说，就法律而言，它通过防止他人行为的不确定性来实现规避。“组织使用技术（technology）、规则（rules）、仪式（rituals）”来规避不确定性。“规则是组织减少内部不确定性的方法，这些不确定性由其成员和股东的行为的不可预测性引发”（Hofstede，2001：147）。规则使组织凝聚在一起，使得人们的行为变得可以预测，组织成员对规则的遵从产生预期的好的结果，并影响其他尚未遵从规则的人，使其逐步认同组织的好的价值观念。好的规则能够使组织成员从矛盾、冲突和“焦虑”中解放出来，将更多的时间精力投入到其他事务中去。

（二）权力距离较大

“权力距离指的是一个社会中的人群对权力分配不平等这一事实的接受程度。接受程度高的国家，社会层级分明，权力距离大；接受程度低的国家和民族，人和人之间比较平等，权力距离就小（陈晓萍，2009：35）。”Hofstede（2001）认为，权力距离较大的一个基本事实是人类不平等（human inequality）。这种不平等可体现在声望（prestige）、财富（wealth）、权力（power）等领域，不同的社会轻重程度不一。“在组织内部，权力不平等是必然的，也是起作用的。这种不平等常常体现在老板与下属（boss-subordinate）的关系上。”“权力距离在很大程度上由社会决定。”（Hofstede，2001：79）权力不平等是组织的实质（Hofstede，2001：82）。

我们以孔子学院的财务权为例，对中英方院长的权力距离进行分析，阐述出现的跨文化冲突问题，即孔子学院中英方院长财务权责不对等的现象，并从其跨文化冲突的案例透视如何缩小权力距离，以实现孔子学院良性的可持续发展。每年初，各孔子学院会制订其年度工作计划，年度工作计划通过国家汉办研发推行的预算管理系统上报至国家汉办。年度工作计划中包括孔子学院一年的项目情况和经费预算明细。根据此年度工作计划，国家汉办批复各孔子学院每年多少不等的运作经费，用于开展汉语教学和文化推广活动等。按照国家汉办与外方大学签订的协议，外方大学按照1∶1的比例进行投入。根据实际情况，外方的投入主要为提供办公场所、教室等，有的孔子学院所在的外方大学可能提供水、电、气。孔子学院正常运行后，外方合作大学实质上已不做投入。可以说，孔子学院实际可供支配的经费非常有限，而孔子学院每年开展的活动多达20—30项，这就要求每一笔经费都用到实处。

对其提供的经费，国家汉办制定了《孔子学院总部资金管理办法》，而有的孔子学院也制定了相应的《孔子学院财务管理暂行规定》等文件，以指导经费使用。但是，国家汉办和各孔子学院均对中方院长在财务方面的权力与责任界定矛盾。一方面，国家汉办要求中方院长对总部资金的使用进行把控和监督，向国家汉办汇报，中方院长对此负主要责任。如每年的年度预算和决算，中方院长都需要参与并负责主要工作，承担主要责任；另一方面，绝大部分中方院长却没有财务知情权，更谈不上财务签字权，对总部资金的把控和监督成了一句空话。在《孔子学院总部资金管理办法》《孔子学院中方院长工作指南》及国家汉办领导的讲话中，都强调中方院长“协助”外方院长管理财务事务，这实际从根本上剥夺了中方院长的财务权。就我们所知，绝大多数的孔子学院并未制定孔子学院内部的《财务管理制度》，已经制定此类制度的孔子学院，也多沿袭国家汉办的导向和精神，没有体现出中方院长的权力。

中方院长 A 谈及 3 个事件：一是英方院长请中方院长用餐，英方院长称由于英方大学的财务制度规定“同事之间不能报销”，但随后英方院长将餐费票据拿来报销，中方院长认为英方院长欺骗了自己。二是在日常工作中，英方院长称英方大学的财务制度很严格，餐费是不能报账的，而结果发现，英方院长总是报销餐费，而中方院长在市场开发中却只能自掏腰包，中方院长认为英方院长自相矛盾。三是该孔子学院成立不久，学员汉语水平非常有限，但为了响应汉办 UK 的号召，鼓励孔子学院学员参加其组织的“汉语桥”大赛，中方院长和汉语教师们千辛万苦做了很多工作，在此事件的准备过程中，英方院长从未现身，然而在最后比赛时刻，英方院长“他最后往那一坐”，后来发现英方院长报账的金额比中方院长一行人的多得多。中方院长作为中国文化的代表，理论上应该是集体主义者，但在英国的工作环境中，在此方面却更多地表现为个人主义，“从个人主义文化视角来看，冲突情境中感知的面子威胁过程越严重，交际者就越容易采取直率、坦白和公开的面子行为策略还击直接的面子攻击”（丁允珠，2009）。

中方院长 B 和 F 也都谈到，他们所在的孔子学院的英方院长拥有很大的权力，但凡孔子学院的大事务包括财务，都需要经过英方院长，由其决策、由其决定。中方院长的工作受到很大限制，“行动能力还是比较弱的”。“院长（英方院长——访谈者注）比较强势，什么事情他都要定夺，什么事情都要经过他。”“还有一些大的决策，孔子学院一些大的方向呀、决策呀，包括财务什么的，财务这些都是由外方院长来决定。”

> I：我来之前真的是把他们的文件认真研究了一遍。那个×××大学（孔子学院所在大学——访谈者注；下同）理事会，英方的院长、执行院长，他手头上的 responsibility，我都每条每条地看过了。中方院长，写得很清楚，就是搞业务，人事权、

> 财务权没有一条写到。比如说要有对财务报表的审核权啊，有终审权修改权啊，没有！就没有提到一个字。不是我不想过问，是人家根本不让你插手介入。我花每一分钱都是，开个会都要去求人。关键是人家把着啊，人家那个 Deputy Director 就是做这个工作的啊，别的事情不管，人家就管这个事情，管钱啊！

从访谈中可见，中方院长 I“花每一分钱都是，开个会都要去求人”。中方院长一致认为，国家汉办应该在导向上为中方院长设置财务权力，从制度上设定中方院长的签字权、复签权、审核权。“要不然中方的钱中方没人管，实际上外国人花到哪去了我们没有资格问，我们的钱我们没有资格问，那我们院长其实就跟干苦力一样。”

有的英方院长挪用孔子学院的经费，用于搞私人关系，浪费孔子学院资金，让中方院长痛心、愤慨。

> A：在表演（孔子学院揭牌时的文艺表演——访谈者注）的时候，他跟我说去伦敦玩一趟也没要表演费，咱们给他们（国内的非合作院校的人员——访谈者注）出来回的票，来回的票一个人 80 多镑，11 个人，这一下上千镑就出去了，玩了几天。（孔子学院——访谈者注）怎么可能出这种钱？

中英方院长在财务权上的矛盾，实际上就是“权力距离”的问题，是 Hofstede 所说的社会不平等中所蕴含的“法律（laws）、权力（rights）和规则（rules）”“不平等”在孔子学院的现实体现，也是“地位一致性”（status consistency）与“完全的平等”（overall equality）的斗争（Hofstede，2001：80）。因为权力总是少数，总是掌握在少数人手中，在组织中的最常见的表现形式是“等级”（hierarchies）。权力距离被老板和下属接受，由社会环境提供支持，在很大程度上由国家文化决定。因此，Hofstede 对权力距离的定义是，“在等级秩序中，作为老板（boss）的 B 与作为下属（subordinate）的 S 之间的权力距离是 B 在多大程度上能够决定 S 的行为和 S 在多大程度上能够决定 B 的行为的差距”（Hofstede，2001：83）。实际上，国家汉办在处理中英方院长财务权的问题上导向错误。即有意地将中方院长设定为“下属”，将英方院长设定为“老板”，在英方院长和中方院长之间制造“不平等”和“等级”，让中方院长的行为受英方院长决定，有意拉大“权力距离”。而这种“权力距离”却又并未能在实际工作中真正体现，即权力越大的英方院长并未真正做更多的工作、发挥更大的作用、承担更多的责任。权力、责任、地位本应“平等”的中英方院长在撕裂、扭曲的责权利对应关系上越走越远，跨文化冲突越来越严重。

二　孔子学院跨文化冲突问题的应对策略

1．解决不确定性冲突的建议

从不确定性规避的角度来看，孔子学院上述问题的根本出路在于“法律”“规则”。针对不确定性规避和孔子学院工作职责等问题，我们提出如下工作建议。

（1）细化英方院校与国家汉办签订的框架协议、中英两校签订的孔子学院执行协议，明确该孔子学院的定位、发展方向、特色、中英方院长的工作职责、人员配备、管理模式，等等，赋予该协议以法律效应，中外方院长可以在较大程度上、较广范围内按部就班地执行此协议，使得诸多问题和不愉快的合作提前预防和化解，“防患于未然”。由于面对全球几百所孔子学院，国家汉办可将此工作交由合作双方的院校，使该工作更有针对性、时效性、准确性。

（2）各孔子学院应在国家汉办有关孔子学院职能的总括性描述的基础之上，尽快制定自己的工作职责和范围，而不至于使中方人员陷入与孔子学院无关的事务中。更为重要的是，明确中英方院长的工作职责，从源头上厘清界限、杜绝矛盾。中英方院长的工作职责划分应以“中外有别”“权力对等”为原则，即“中方管中方，英方管英方”、中英方院长权力基本平衡，同时发挥特长、优势互补。中英方院长工作职责提交孔子学院理事会讨论通过，作为孔子学院的制度、规则确立下来，凡事做到“有法可依、有法必依、违法可究”。

2．解决财务权责不对等问题的建议

针对孔子学院的财务权责不对等问题，我们提出如下工作建议。

（1）缩小“权力距离”。顺应国家汉办在财务管理和监督上对中方院长的工作要求，打破其责与权相矛盾的现状，弥补中方院长在财务管理的缺位，赋予中方院长财务知情权和签字权，使其在财务上的责任与权力均衡起来、对等起来，真正实现对孔子学院总部资金的把控和监督。这就需要国家汉办重新调整思路和政策导向，重新对中方院长的职责和角色进行定位，在相关文件尤其是《中外方院长工作职责》中明确下来，从根本上解决这个问题。在此基础上，才可能实现理解并尊重对方的文化习俗、工作习惯、工作建议，彼此信任、平等对待。

（2）建立中英方院长“退出机制”。“退出机制”的制定与实行需要国家汉办与外方大学、中方合作院校共谋合力，共同制定工作要求、责任目标和考核标准，组成考核小组，形成一套完整的执行程序和体系。

三　孔子学院合作模式的成功经验

通过对在英孔子学院中方院长的访谈研究我们发现了孔子学院运作中出现的一些跨文化冲突问题，一些值得吸取的经验教训。同时，我们也发现了一些孔子学院合作模式的成功经验，主要归纳为以长期导向为主，兼顾短期导向。

在吸取跨文化研究学者 Michael Harris Bond 研究成果的基础之上，Geert Hofstede 的《文化之重：价值、行为、体制和组织的跨国比较》第二版出版。在书中，Hofstede 增补了跨文化管理的第五个维度，即长期导向与短期导向（Long-and Short-Term Orientation）。跨文化冲突管理首次出现东方角度和意识，在一定程度上弥补了该书第一版的重大缺憾。

在中国学者提供的建议基础之上，在香港工作的 Bond 于 1985 年对 23 个国家的学生进行了调查，其所使用的量表为 Chinese Value Survey（CVS）。Bond 对 CVS 量表的分析发现，有一些答案与针对西方人的问题毫无关系，他称之为“儒家工作动力论（Confucian work dynamism）——之所以称为儒家是因为从这个维度的两极来看，这个术语都让他想起一些孔子的教育理念，称为动力论是因为其积极的一极将未来导向归为一类、消极的一极将过去导向和现在导向归为一类”（Hofstede，2001：354）。如 Hofstede（2001）认为，东亚国家的人更注重传统、面子、孝道、节俭、持久力，强调长期性的承诺，但不重视法律。具体到孔子学院，下面的两个方面很好地体现了这种“工作动力论”。

（一）目标一致，各司其职

中方院长普遍认为，中英方院长应该有一个共同的目标，“如果说大家都是为孔子学院的发展去想去做事，中间因为文化的差异啊有些分歧，我觉得这都可以解决的。大家通过交谈啊、讨论啊，这些问题不是太大。”中方院长 C 如是说。中方院长 B 同样认为，“理想模式就是大家就是有一个共同的目标”。比如，中英方院长通力协作，成功举办一个大型研讨会。工作中，中英方院长一起策划，分工合作，安排工作。孔子学院所挂靠的学院也比较重视该活动，将其作为一个大活动来运行。中方院长负责国内的协调联络，找出合适的专家；英方院长负责寻找英方相关的专家、企业人士。准备过程中，不断地磨合、协商，商讨和什么样的人合作、组织什么样的观众，等等，结果证明“还是比较成功”。

工作中，中英方院长发挥各自所长、互相补台而不是拆台非常重要。这首先以有一个共同目标为前提，工作中“不存私心”，彼此从孔子学院工作出发。在制度体制上划分清楚工作职责、明确责任，“我们首先在体制上，项目分工比较明确，谁做什么谁做什么都分工好了”。发现对方的漏洞或失误，善意地给对方指出来，及时弥补漏洞，挽回工作损失。在互相协商的基础之上，彼此协助，中方院长 G 所在孔子学院的做法是“我们有一个合作机制是，我们每个月会开一次例会”。在这方面，中方院长 H 也有着成功的案例和经验。工作中，中方院长 H 并“不是负总责，我是什么事情都会跟他商量着来”，即使有些事情应该是外方院长的职责范围内，如果到期英方院长没有做或没有做完，中方院长会帮助英方院长把事情做完。中英方院长从各自的角度，对工作提出建议，不断进行完善改进，互相协商讨论，然后共同来解决，“就是从各个方面都是要从两个人的角度去考虑，做完以后有什么事情就商量着来”。

H：有一个就是我们做 20 学分的 model，我觉得这是我特别满意的。……外方院长他自己本身是做语言的，他是管理语言学院欧洲语言中心那边的，我跟他说我比较想向×××大学（孔子学院所在大学——访谈者注）学生提供汉语教学，我就说我们共同努力把它作为一个核心工作来做吧。……新校长上任以后，校长要求孔院能不能为×××大学的学生老师

> 做些什么事情，那我说我们能不能给×××大学的学生推广一个汉语课。根据×××大学他们要求的东西，我就做了一个很短，做出来以后，我就让我们专门负责语言教语法的看一下，他觉得没问题，我说你看下符不符合×××大学的要求，他说没问题。11月份刚好委员会评估的时候就把这个20学分给通过了。外方院长因为他比我们了解×××大学的教学管理系统，我们是没法深入到它里面，他自己又是有这个优势。我把这个model拿出来之后他又很给力，他跟学校各个方面来推荐跟校长什么的联系，我们也是跟副校长管理我们孔院的管理语言中心的副校长讨论了之后，都觉得可行，把这个model通过了。我觉得这个就非常给力，我特别开心的一件事。

在上述长篇访谈中，中方院长H详细描述了他和英方院长合作在孔子学院所在大学成功开设汉语学分课程的事件。首先，中方院长对当地汉语教学和中国文化推广市场有一个较为准确的判断，同时抓住该大学校长新上任的契机，提出合理化和可行性的工作建议。以协商的口吻告知英方院长，获得其赞同和支持。其次，中方院长草拟好相关文件后，利用英方院长熟知该大学办事流程、教学管理体系及要求的优势，设计修改好工作方案。英方院长积极与英方校方及各院系联系沟通，中英方院长与主管孔子学院的英方副校长讨论，获得支持。最后，在其他人员的帮助下，该工作方案通过英方大学的审核。与短期导向只关注眼前利益和近在咫尺的目标不同，这就是典型的长期导向行为习惯，倾向于做长期规划和投入，愿意承担风险，但相信最终会带来丰厚的回报。

（二）积极沟通，团队合作

中英方有着不同的文化背景、不同的工作习惯和方式、不同的处事模式，工作中发生矛盾不可避免，“一家人那么熟悉了，恐怕有的时候还不是那么完全能够领会对方的意思”。因此，工作中及时沟通就显得更加重要。否则一个个小事件累积起来，一次次不愉快累积起来，就会成为矛盾爆发的导火索。

D：就是说就怕不沟通。再说得直白一点，什么事儿应该往宽处想、往好处想。首先你相信这个人的人格，这是最起码的。如果你连这个都不相信，那他做的一切可能都是针对你的，可能都是有害于你的。如果你要是这么想的话，那事事别扭。不管是有意的无意的，你都会别扭。

因此，中方院长需要有较强的跨文化沟通能力，这或许是所有所需能力中最重要的一个。跨文化沟通首先要求有沟通的意愿，这与个人性格有关。然后才是沟通的策略、方式、能力。“认真反省之外，我们还需对新奇或陌生的行为保持开放态度。要留意跨文化差异，我们必须学会从客观的视角看待不熟悉的行为。……而思维灵活性要求我们重新考虑对自身和这个世界的设想。”“在理解文化差异和相似点的同时，增强自我意识、重构认知、处理情绪反应和挑战，提高行为技能并增强他者意识。”（丁允珠，2009）

F：最主要的我觉得就是语言打交道的能力。语言打交道的能力最重要的就是沟通能力。……我觉得沟通能力是所有能力中最最重要最强的一个能力。因为你沟通好了，一切问题都相对容易解决。

跨文化沟通能力与团队合作能力密切相关。中方院长 F 认为：“我说的沟通能力，其实很大一块就是团队合作能力。”“像敬业的精神，我觉得可能很多人都有，吃苦耐劳也都有。但是他吃苦，他肯敬业，未必在这个团队合作得好。所以就是我觉得最重要的还是沟通，是这个沟通能力，给人感觉很亲和，有亲和力，很谦虚，然后很会交流，能够让团队跟你在一起感觉工作比较舒服。”这正是丁允珠所认为的多向时间的人们的行事方式，“多向时间的人们则会关注构成冲突事件的相关氛围和前后关系背景”（丁允珠，2009：322）。

上述两个方面的例子都关涉“与其他人的关系”。“在个人主义社会中，与其他人的关系并不是不言自明的、提前预设好的，而是自发的（voluntary）、必须认真培养的（carefully fostered）。在集体主义社会中没有必要去建立特定的友谊：一个人的朋友由其所属团体的成员身份提前决定”（Hofstede，2001：353），也就是说，一个人是不是我的朋友，要看他是不是我组织中和圈子里的人。在处理“与其他人的关系”时，中方院长 H 采取“什么事情都商量着来”的态度，从维护人际和谐与孔子学院的长远发展出发。中方院长 D 则更进一步：“一家人那么熟悉了，恐怕有的时候还不是那么完全能够领会对方的意思。”“什么事儿应该往宽处想、往好处想。首先你相信这个人的人格，这是最起码的。”这是长期导向的人的典型行为方式，注重人际和谐而不只是事业成功，追求长期目标而不是眼前利益，重视从传统看到未来而不太关注当下。这也是集体主义者的典型表现，“集体主义者在讨论‘客观的’内容目标问题之前，优先考虑关系中的信任建立和信任违背问题，认为它们更重要”（丁允珠，2009）。陈晓萍认为，“长期导向的人的行为习惯，他们从边缘切入，全部情况了解清楚之后，再进入中星点，谈‘正事’。……短期导向的人喜欢从中星点‘正事’谈起，如果成功，再拓展关系，了解其他方面的情况”（陈晓萍，2009：41）。从大局来判断小事、从长远来决策现在、从人格来把控事务、从集体来观察个人，这都与短期导向的行为方式大异其趣。

四 结语

本章主要借用 Geert Hofstede 的理论框架，对处于中西方文化中的孔子学院的跨文化冲突管理进行研究。通过对英国 9 所孔子学院中方院长的深度访谈，将孔子学院的跨文化冲突问题主要归结为两个方面：不确定规避较高、权力距离较大。针对孔子学院存在的跨文化冲突问题，我们分别提出了相应的策略。最后，我们总结了在英国的孔子学院成功的合作经验，主要包括两点：一方面中英方院长应该目标一致、各司其职；另一方面积极的沟通与团队合作也很重要。不管是存在的问题，还是成功的经验，我们希望通过这一研究能够为孔子学院的发展提供一定的借鉴与启示。

第十二章

孔子学院可持续发展的外部条件与路径

作为汉语与中国文化“走出去”、实现公共外交、塑造国家形象、提升我国文化软实力的孔子学院，中方院长普遍看好其发展前景。同时，笔者认为孔子学院实现可持续发展是必由之路，而其可持续发展包括恰当的外部条件及其路径。

一　孔子学院可持续发展的外部条件

目前，孔子学院已成为各国民众学习汉语言文化、了解当代中国的重要场所，受到社会各界的热烈欢迎。选择孔子作为汉语教学的品牌正是中国传统文化复兴的标志。笔者将从宏观角度，着眼于整体，阐述孔子学院可持续发展的外部条件，推动拓展孔子学院在海外的可持续发展空间。

（一）中国经济的持续发展

当今时代，一个国家进行语言与文化的国际推广，已然不能照搬殖民时期英国文化委员会（British Council）的做法。海外民众对一国语言与文化的靠近、接纳乃至期待，或出于对该国政治模式的默认与赞许，或出于经济贸易上的不可回避性和强大吸引力，或出于对该国文化及其价值的欣赏，或出于外交上的趋利避害。“为什么海外的很多大学或机构乐于承办孔子学院？其背后的动因在于中国经济的发展”（刘程、安然，2012）。中方院长E对此持有相同观点，她认为，语言与文化的推广，受到多种因素的制约，总体而言，中方的财力物力投入、人员的配备基本上都没有问题，除殖民时期的英国外，世界上没有哪个国家像中国一样如此大力气地推广本国语言文化。宏观地说，孔子学院要实现可持续发展，“要让中国的经济持续地发展，在世界上的影响越来越大，孔子学院它的发展生存也是没有问题的。它是与国家的经济与国家的强大有很大的关系的”，“如果中国经济越来越强大、影响力越来越大，（孔子学院——访谈者注）发展肯定是没问题的，因为他要跟中国打交道嘛，肯定是要学的”。因此，中国经济始终保持高速持续发展，必然从根本上支撑孔子学院的发展，也为孔子学院的可持续发展提供了物质基础。这是孔子学院可持续发展的国内大环境，也是目前为止最为根本的基础影响因素。

（二）需妥善处理海内外反对孔子学院的声音

毋庸讳言，海内外质疑批判反对否定孔子学院的声音的确一直存在。处理此类问题可能包括以下几个方面。

第一，要摆正心态。任何新生事物的出现、发展都会招致不解、误解、曲解、非议、质疑甚至反对，是转化矛盾，是“冷处理”，还是更好地实现发展以超越这些问题，考量着顶层设计者、决策者的胸怀和智慧。如中方院长 D 所言，孔子学院是“整个世界文化发展格局里的一步棋”，受到各方面因素的制约。

> D：任何一个东西恐怕都有不顺的地方，但关键就是你怎么去面对它，怎么去超越它。所谓的超越就是暂时跳过去，就是我现在先不理你，先放一边，我先解决更重要的问题。还有一个就是说最后怎么去解决，还是说去把它空在那儿，让它自己消失，有没有可能性？有的是这样的，你把其他问题解决了，这个问题自然就不存在了。

第二，针对海外合作机构的不同声音和态度，需要谨慎从事、区别对待、耐心处理。比如中方院长 F 在开发市场时所遇到的对孔子学院完全不同的态度，有的积极，有的排斥。一方面，要求孔子学院工作人员要有这方面的意识，进行识别，分类工作；另一方面，要对此类现象保持耐心，寻求文化上的解释理解。“我觉得这就是英国人的保守、排斥、排外，就是不像美国人那么 open，那么敞开胸怀，接纳多元、接纳世界。比如说我在推广课程的过程中，会跟老师啊或者是学生家长聊起来，我说中国现在是世界第二大经济体，你的孩子以后长大了，很有可能要去跨国公司工作，要跟中国的客户打交道，开拓中国市场。他们就认为‘我为什么要开拓中国市场’。”

第三，针对有的海外媒体和研究者的不同声音，必要时，我国英文对外媒体应该积极发声，向外界传递正确的信息，作出解释和说明。而我国学术界应加强对海外孔子学院认知的研究，掌握孔子学院舆情和动向，在学理层面作出回应。目前来看，这方面的工作显得更加必需而重要。

（三）跨越跨文化障碍

根据跨文化理论，进行跨文化适应，需对异文化有一定的了解，有开放的心态，对新事物新文化有一定的敏感性，并愿意接受新事物新文化。中方院长 F 谈道：“老师或者院长也好，他们对异域文化的了解和适应能力、愿意接受新事物的能力，都可能形成文化上很大的障碍。”中方人员自身能够较好地进行跨文化适应，方能顺畅地进行跨文化沟通，跨文化传播汉语与中国文化。在这方面，国家汉办需要发挥作用，由上而下地推动中英双方，彼此用力，实现双向的跨文化沟通，而不仅仅由中方院长一方发功用力。跨文化沟通、跨文化传播绝不是单向的，而是双向的，互相影响、彼此制约的。

> C：中方院长要对他这个文化比较了解，比较适应能力也强。另一方面，外方院长对中国文化确实也要比较了解，达成一种互谅互让。
>
> F：我觉得应该是这样的，让他们（英方院长——访谈者注）了解一些（中国文化——访谈者注），光靠中方院长来沟通，太难了。汉办总领全球的孔院，从汉办的角度从上往下推比咱们从下往上推要容易得多。

2010 年，国家汉办举办外方院长高级研修班，来自 37 个国家 84 所孔子学院的 89 名外方院长进行了为期一周的研修，这是孔子学院外方院长第一次在中国境内接受培训。2013 年，高级研修班继续举办，来自 73 个国家（地区）、188 个孔子学院的 200 多名孔子学院外方院长参加。2014 年也陆续举办了外方院长研修班。从多年的研修内容来看，国家汉办可加强跨文化沟通、跨文化管理与跨文化传播方面的内容。

（四）在英国设立一个管理全英孔子学院尤其是汉语教师的总部分支机构

此机构的主要职能是使分散的、各孔子学院的项目统一起来，全面管理外派出去的汉语教师。

从师资的角度看，目前孔子学院的师资由国家汉办统一选拔、统一培训、统一派出、统一管理，派出后的汉语教师在孔子学院工作，与其原来的中方合作院校打交道，没有一个统一的机构进行管理。从国内而言，国家汉办发挥着巨大的行政职能，达到了很好效果。但是，外派出去的汉语教师却分散在各个城市、社区、孔子学院，在教学上得不到统一的指导，在管理上没有统一的机构，不能形成合力和优势互补，师资资源不能进行统一调配，可能造成“有人累到死，有人闲得慌”的局面。

虽然国家汉办在伦敦设立了国家汉办驻英国办事处（简称汉办 UK），但是，在中方院长的印象中，“他们就出个教材，就是改改教材啊，组织个‘汉语桥’啊。他们不负责老师的管理”。如何能够在某些层面和某种程度上加强汉办 UK 的职能，将国家汉办的一部分职能和权力下放到汉办 UK，行使统筹协调的功能，确能弥补汉语教师管理和各孔子学院项目衔接上的空白，使英国的孔子学院的步子一致起来，彼此呼应、相互支援，形成一盘棋。同时，也能在一定程度上满足英方大学对办学独立性和自主性的要求。这实际上借鉴德国歌德学院的运作模式，中方院长 B 说：“德国的，人家都是自己独立的。咱们现在不采取它那种方式，其实你将来必然面临这个问题，你的独立性在哪儿?”能否这样实施，可能还需要国家汉办进行深入调研，需要专家学者进行细致研究。

（五）英方大学的重视和支持

英方院校从政策、经费、场地、人员配置、签证协助等方面体现其对孔子学院的支持，以开拓、发展并稳定市场。英方合作院校对孔子学院“第一个起码就是外方要重视和支持”，不但从宏观政策上愿意让孔子学院发展，愿意支持孔子学院的事情，而且，从微观层面上，英方合作院校能够提供办公场地、一定的经费，配备得力的工作人员，而这些得力的工作人员能够得到学校的重视，使其较易开拓市场。中方院长 E 说：“因为我们毕竟是中国人，我们不了解当地的文化。但是他们是当地人，如果能够有一个得力的人的话，这个其实是很容易发展的。因为孔子学院它不是一个像搞科学研究需要有科学家经过多年的积累，它就是推广就是市场，关键就是市场的发展和稳住这个市场。”在孔子学院发展前期，中方就人力、财力、物力等方面进行投入，慢慢帮助外方培植市场。此后，中方应逐渐并最终退出孔子学院，完全交由英方管理，孔子学院才真正意义上实现了可持续发展。“如果全部交给他们去运行了，孔子学院就可以可持续发展了。”

（六）中方合作院校的支持

在孔子学院的建设和可持续发展过程中，中方合作院校的作用不容低估，中方合作院校为孔子学院提供人员保障，包括中方院长、汉语教师、汉语教师志愿者，同时，也为两校之间的合作提供政策指引和多方面的支持。中方合作院校重视与否，对孔子学院影响巨大。在实际操作过程中，孔子学院工作的推动，需要找到那个“推动者”“必须找出两方的甚至是多方的主要负责人”，这也就是中方院长 G 所称的中方合作院校的那个“中层核心人物”。这个“中层核心人物”，或为中方合作院校的孔子学院办公室主任，或为国际合作与交流处处长，或为国际教育学院院长，具体视孔子学院在国内的挂靠管理单位而定。由于中方合作院校校方领导一般提供道义、政策、资金等方面的支持，“孔子学院是他众多事情中的一个小事”，不可能也无必要介入孔子学院的诸多具体事务。此时，这个“中层核心人物”就起着极其重要的作用，“因为他那儿有资源啊，他有他的一套关系网”，即与各院系部处的网络，易于为孔子学院发掘并提供其发展所需要的资源和智慧。

孔子学院不应是国家汉办或中方合作院校设立在海外的一个临时“办事处”，它理应而且也可以发挥更加重要而有意义的作用，成为中外两校、两个城市甚至两个国家合作与交流的平台。中方合作院校如何通过孔子学院实现自身的意图、诉求和发展战略，是非常值得思考和研究的问题。在借鉴其他高校的经验做法的基础之上，我们提出如下建议：其一，将孔子学院提升至高校国际化战略的高度，充分利用孔子学院在第一线的优势，积极寻求与英方大学的全方位、多层次、多类型的交流合作，包括教授教师交流、本硕博学生联合培养、师资培训、合作研究、夏/冬令营、为对方大学学生提供实习机会和场所、联合举办学术会议或研讨会、共建实验室，等等，尤其需要借力对方高校的强势优势学科和专业，发展提升自我，或实现强强联合。其二，为孔子学院中方院长提供一定的工作经费，以便其在海外开展推动两校合作的工作，穿针引线，切实为两校合作深挖信息与资源。其三，充分调动中方合作院校那个“中层核心人物”的积极性和各院系领导的主动性；以“教授联系”“教授互访”为起点，带动院系及校级层面的合作项目。

（七）与其他机构建立互信互利互惠关系

孔子学院立足于当地，必须与当地政府、教育部门、社区、图书馆等打交道，务必从工作出发，找到双方利益的耦合点，积极推动一些有利于双方的合作项目。如此，孔子学院才能真正深入社区、服务社区，与当地实现融合，进而实现自身的可持续发展。也就是中方院长 D 所说的，在实际工作与对方“建立出来一种互信，然后呢他觉得对他也有好处”。此外，比如中方院长 H，其所在孔子学院与当地政府签订一个五年的中小学合作项目，当地政府不但为孔子学院提供政策支持，而且提供一部分资金和最新的信息，“我们借助他们的这些活动推广汉语”。孔子学院利用当地政府的语言教育框架模式，和自身的年度计划结合起来，制定核心汉语教师岗位和孔子学院长期发展规划，“不管是对孔院持续发展还是中小学项目持续发展都有一定的贡献作用”。可以预见，在未来的运行和发展中，孔子学院更加需要走入社区、深入社区，将孔子学院文化活动和汉语教学转变成所在社区的一部分，与之充分融合交汇，使其常规化、常态化，“西方的社区是其文化流转和传播的主要单元，所以需以‘社区’代替‘家’。孔子学院的汉语推广和文化传播活动只有在当地社区立足，才能生根、发芽、开花、结果”（刘程、安然，2012）。

二　孔子学院可持续发展的路径

目前，从总体来看，孔子学院发展势头强劲，但是正如每一样新鲜事物在发展初期都会碰到这样那样的困难与问题一样，孔子学院经过 10 年左右的发展，在基本完成量的扩张之后，在自身可持续发展的道路上遇到了许多问题。笔者基于自身的工作经验和研究积累，在访谈调查的基础上，从微观角度，对孔子学院可持续发展的路径提出具体建议。

（一）制订连贯的长期发展规划

“凡事预则立，不预则废”。一般而言，在国家汉办的要求下，各孔子学院均会制订自身的“年度工作计划”，以指导一个年度的工作；也会制订长期发展规划如“五年发展规划”。孔子学院的工作计划和发展规划由中英方院长共同制订，提交孔子学院理事会讨论通过。这就要求中英方合作院校尤其英方大学对孔子学院有一个清晰的认识和准确的定位，明确孔子学院在该大学中发挥什么样的作用、充当什么样的角色，体现国家汉办和中英方合作院校的意图，为孔子学院制定发展的路线图和时间表。孔子学院工作的开展应在发展规划的指导下进行，该发展规划要有连贯性和长期性，不因人而异、因地而异、因时而异。发展规划的分解和细化即是一个个具体的“年度工作计划”，而“年度工作计划”的分解和细化即是一个个具体的汉语教学、中国文化推广活动、学术研究等项目。因此可以说，孔子学院工作即是在长期发展规划指导下一步步实施完成一个个语言文化项目。中方院长 D 对此深有体会，他说：“这个计划应该是非常非常周密的，一环套一环的。……这就是长期发展必须有连贯性，计划有连贯性，人有连贯性，钱的资助有连贯性，这才能确保这个工作没有停顿地、没有间歇地扎扎实实地走下去。”

（二）加强制度建设

孔子学院要实现可持续发展，一个极其重要的理念和途径是实现“以法治院”，这也是孔子学院自诞生之日起一直面临的一个根本性问题，即“合法性”问题。而 2012 年美国“孔子学院签证风波”更是将这个警钟敲得震天响。如果说“合法性”问题涉及的是孔子学院“在英国”、孔子学院“与英国”的问题，那么，“以制度治院”则关涉孔子学院内部，非常关键，但较易实现。孔子学院的制度建设可以更好地规范内部管理，也能应付人员流动造成的变数，孔子学院的工作不会也不应因某个人或某些人的离开而受到影响、停滞。这其中就包括厘清工作职责、彼此分工协作、沟通汇报渠道、办事程序，也包括中方院长 F 所说的通过制度来管理孔子学院的工作人员和人才，做到“人尽其才”。

F：我觉得最重要的就是孔子学院制度的管理。就是一定要用科

> 学的制度来有针对性地、适用当地特点地管理老师或者工作人员。……再优秀的人才如果没有一个科学的管理、不能人尽其才，或者说不能让他有发展或者进步的空间、有施展才华的空间，优秀人才的利用率就会大打折扣。

从访谈可知，孔子学院的制度建设至少包括中英方院长职责、理事会、工作流程、人员（包括汉语教师、汉语教师志愿者、本土汉语教师、本土志愿者、经理等）管理，此外，还应该包括财务、档案、新闻与网站建设、固定资产等方面的管理。从我们的工作经验来看，如果能在孔子学院设立之初的第一次理事会上就制定并通过上述制度，将对孔子学院产生非常好的推动作用，否则，职责不清极易滋生中英方院长之间的龃龉争斗。但是，多数孔子学院中外方院长都是首次担任此项工作，缺乏经验。这就需要国家汉办提供指导，促使相同地区孔子学院的制度资源共享；或者如果中方合作院校建有不止一所孔子学院，其所管辖的孔子学院之间实现制度资源共享。

有的中方院长还提出，孔子学院可以制定奖惩制度，包括设立该孔子学院的“先进个人”等奖项，国家汉办给予资金支持和认可，以激励先进、鼓励后进。“他得到了奖证书和奖金，回到本单位会有什么样的优惠，中方院校会给他什么样的政策激励，然后汉办会给他什么样的政策激励。”

每年末的全球孔子学院大会上，国家汉办都会从世界范围内评选出数额不等的先进孔子学院、先进孔子课堂、孔子学院先进个人、先进中方合作院校。能够获奖的单位和个人毕竟在少数，如何能够更加直接有效地调动近千所孔子学院和孔子课堂的上万名中方人员的积极性、主动性和创造性，是国家汉办和每所孔子学院需要思考的问题。也就是说，“实实在在的奖惩制度、能够落实到底的奖惩制度，据我了解，大部分孔子学院并没有”。国家汉办可以考虑放权给作为个体的孔子学院，让它们去构思、设计、评选，将激励工作细化、精准化，落实到位。

（三）积极开展学术研究

尽管孔子学院一般都会开展年度演讲、学术讲座与研讨会、实施“孔子新汉学计划”等，但是，尚未形成学术上、知识界的吸引力和感召力，其影响力仍比较有限。中方院长 A 提出，“我觉得这个孔子学院它需要有一些硬件、闪光的东西摆在那”。中方院长 B 也提到，孔子学院的人员包括中英方院长、汉语教师和学生的流动性都非常大，孔子学院的运行主要以项目的形式进行，而这也是到目前为止全球孔子学院的基本定位，即以项目来带动孔子学院。孔子学院要实现可持续发展，“你真正要沉淀下来很多东西”。中方院长 D 则一语点破，孔子学院需要从事基础的汉语教学，需要实现功能性的语言教学，但与合作者的真正交流，在各种各样的会议上的交流，中国文化与其他文化的真正对话，就“要更深入的一些东西，就接触到真正文化层面的东西了”“接触到一些文化底蕴的问题”。如此，中国人与外国人之间、中国文化与外国文化之间才能“真正谈点东西”。

由此推及每年一次的全球孔子学院大会，也需要有一些比较深入的文化讨论，以形成学术上、知识界的吸引力和感召力。而不是简单地互相介绍的发言，用中方院长 D 的话来说，这就“的确需要在科研方面的一个交代”。

一方面，作为以孔子学院为主体的研究活动需要引起重视。如此，则将汉语教学作为基础，将开展相关研究作为提升孔子学院高端影响力、实现可持续发展的一个重要砝码，而这种研究也是英方大学所需要的。中方院长 A 提出，除了进行基础的汉语教学（包括中小学、大学层次）之外，考虑建设一个“信息中心”“除了教书以外，他还学到了点东西”。因为一所孔子学院“没有一个研究，档次就低一点”。中方院长 B 认为，孔子学院的可持续发展，“首先是要有一定的层次”，这与孔子学院的定位有关，即孔子学院专注于“能力培养啊，高端的汉学，就是说研究啊”，这些方面才能沉淀下来，对英方合作大学而言，这也是它们更需要的。

中方院长 D 下述的一番话，颇具代表性。

> D：大学就是做研究的，而不是简单地教一个功能性的语言，如果仅仅是那个东西的话，那么办一个培训班就行了。就是孔院能够做到的，其实应该是当地中文学校做不到的事情，这才能显示出来孔院本身存在的文化价值，甚至是历史价值。

孔子学院要实现自身的文化价值和历史价值，要做一些与海外的中文学校不同的事情，孔子学院不能只从事语言培训。与语言教学相比，应该深入探讨一下以语言为载体的文化内涵，即由语言上升到文化，开展相关研究，而研究正是一所大学所需要的，这样，孔子学院“才能真正成为大学里面的一个部分”。

但是，目前来看，国家汉办“还没有把中方院长、汉语教师等的科研能力考虑进去”。“如果能够考虑得多一些的话，那恐怕就是对孔院工作今后的发展更有好处。”

2007 年，第二届全球孔子学院大会召开，大会主题是“总结经验，密切合作，加强管理，提高质量，促进孔子学院又快又好发展”，而“提高质量”就是大会主题之一。只是当时所说的“质量”主要指孔子学院的办学尤其是教学质量，而并未关注其学术研究。如今，这一领域已经引起中方院长的重视，中方院长 A 说：

> A：我们这可持续发展呢，我觉得一个是要建个信息中心，就是中国信息中心。他这儿，你研究中国问题的连个资料都没有。可持续发展，你要有研究，你需要有专家、有人。

此类研究中心应该是“他这个这边做得强”而且“中国现在需要的”。研究中心“光一个概念是不可能的”，“需要有资料”“需要有软硬件的支持”，从国内合作高校争取校友会基金，“我中国先做成样，再逼迫你这边再出一点”。“那它，我就得以做强了，我就是，我就想建一个海外研究中心”。此类研究中心和国家汉办现在正在实施的“孔子新汉学计划”不同，“那是送人的，我这是送资料的，我现在就是说你那些可能很慢，我要培养出一个人来，尤其是像我们×××这种地方（孔子学院所在城市名——访谈者注）”。从世界或英国范围内来看，大多数孔子学院仍然较多地致力于汉语教学（包括学分课程、非学分课程、中小学课程、afterschool club 等）、中国文化推广活动，较少孔子学院致力于与中国有关的学术研究，这与孔子学院尚且年轻有关，也与国家汉办和外方合作大学对孔子学院的整体定位有关。

国家汉办已经意识到学术研究的重要性。为帮助世界各国青年深入了解中国和中华文化，繁荣汉学研究，促进孔子学院可持续发展，增进中国与各国人民之间的友好关系，2014 年，国家汉办设立“孔子新汉学计划”。该计划包括中外合作培养博士项目、来华攻读博士学位项目、“理解中国”访问学者项目、青年领袖项目、国际会议项目、出版资助项目共计6个项目，专业领域为人文学科和社会科学。从项目来看，“孔子新汉学计划”着重于人才的培养，即中方院长所称的“送人”。人才的培养、项目的实施、合作研究的展开，需要一个依托，需要资金，需要软硬件的支持，需要信息和研究资料的保证，需要中英双方的强强联合并契合中方的需求。设立研究中心非常有必要，“研究中心”着重于平台的建设，即中方院长所称的“送资料”。通过平台吸引专家加入，提升孔子学院的办学层次和水平，逐步扩大孔子学院的学术影响力。

另外，中方人员自身需开展有关研究。孔子学院可持续发展要求项目之间有连续性和可持续性，同时更需要人员的可持续性来保证，这包括现任中方院长与下任中方院长之间的可持续性、中方人员的事业出口。人员的可持续性是孔子学院可持续发展的根本保障，正如中方院长I所言：“核心问题是人的因素。你只有留住了一批想做事的干才，它才能可持续发展，才可能可持续啊。所以我觉得务必要解决人的问题，从公派院长、到教师、到志愿者。一定先要留住人！”就中方人员而言，最重要的一点是，需“给他一个事业的出口”，为其提供学术研究项目，使之在孔子学院时有所依托、有所前瞻，回国后又有所提升、有所发展，而不至于荒废，进而良好地宣传孔子学院。这主要基于如下因素，其一，他们在孔子学院第一线，对该工作有着切身的感受和体会，对孔子学院工作最有发言权。其二，有利于孔子学院工作的经验总结和传承，“可以为这个未来的孔子学院可能会提供一些动力、一些支持的东西”。其三，有利于收集到最前沿最新鲜的研究资料，便于开展研究。其四，可以激发中方院长的工作热情，使之有事业出口。“孔子学院可持续发展，第一就是孔子学院中方人员应该可持续发展，从汉办设一些项目，比如说编写教材或者其他一些研究给他们，保持他们这个人员的稳定。”国家汉办可以从国家的层面、在力所能及的范围内，从教学、管理、文化推广、中外文学比较、中外文化比较等各个层面，设立针对在职或已经离任的中方院长和汉语教师的研究项目，并照顾到不同学科、专业背景。项目运行伊始，国家汉办无须投入太多资金，“就是说国家汉办投入那么一点点，那么他的热情会非常高，它这个回报是非常多的”，这个小的项目在其评职称时可能用处也不大，但是，该项目可以作为一个孵化器，使之逐渐申请国家级科研项目。相反，如果没有类似研究项目，“中方院长毕竟辛辛苦苦做了管理工作，做那么多奉献，如果到头来他什么都没有的话，这个事业能不能有人热衷于它，我不知道”，中方院长 G 如是说。实际上，这也是“以人为本”的一种具体体现。

中方院长 A 说，来到孔子学院的中方人员都是“干活的人，你不给他一个事业的出口，他天天骂你。每个老师他都是一个宣传员，你给他弄好了，他是一个好宣传员；你给他弄坏了，他就砸你的。那绝对不是可持续发展了，那绝对是死路了”。

（四）开设汉语或专业学分课程

其一，开设汉语学分课程。一般来说，孔子学院均开设有汉语课程，但汉语课程更多的是社区性质的非学分课程，即汉语短期培训。汉语课程有效地满足了当地社区民众的学习需求，为其学习汉语、了解中国文化提供了便利。但一个显而易见的问题是，此类汉语培训周期短、学制不一、质量参差、学员流动性很大。为了“影响未来有影响力的人”，即社会精英尤其是在校大学生，孔子学院的可持续发展必须走学分化的道路，将孔子学院的汉语课程纳入所在大学的教育体系中，系统地、较为全面地介绍汉语与中国文化，吸收稳定生源、提升教学与管理质量，为学生进一步学习、研究甚至成为汉学家打下基础。此项工作开展起来费时耗力，其中涉及教育体制衔接、教学理念、教学方法方式等问题，但“一劳”而“永逸”。中方院长 G 就曾在所在大学努力开拓汉语学分课程，但遇到的一个问题是市场开拓“有点难”，但他认为这是孔子学院可持续发展的一个正确方向，“必须就继续往前走”。

而有的孔子学院所在大学已开设有汉语学分课程，孔子学院可用力的地方和范围就受到限制。如果能够与之合作，也需采取一定的策略，将孔子学院“镶嵌”进去，实现合作共赢。比如中方院长 B 所在大学开设汉语学分课程的历史已经很悠久，有了一个相当规模的大学学分课，每年招 80 人，包括本科生、研究生、博士生。由于孔子学院与该学院处于“平齐”的位置，孔子学院另起炉灶设立汉语学分课程也不可能也无必要。中方院长 B 的做法是“我跟他们就是交流，搞好关系，然后我说我们跟你合作。不能抢你饭碗，但是我们帮你，来把这个课程建设好，然后培养质量提高。你还不能那样说，是吧？你也不能说人家教得不好，是吧？那肯定是教得不好。”

中方院长B对这种“特殊情况”的处理确实彰显了其智慧和耐心。当然，也有处于同样境况下的其他孔子学院走的是另外一条路，即放弃所在大学这个市场，转而主攻中小学，如笔者曾工作过的美国堪萨斯大学孔子学院，利用远程交互式教学系统和模式，独创出另一片新天地（刘程，2010；刘程，2011）。

其二，开设专业学分课程。各孔子学院有着不尽相同的中方合作院校，中方合作院校有着不同的学科背景和优势，如舞蹈、中医、科学技术、理工、法律、文学、经济与贸易、体育，等等。各孔子学院应该扬其长避其短，发挥中方合作院校的优势，充分利用其资源，找准英方大学的期许点和突破口，在可能的情况下，开设专业学分课程，丰富办学模式、提升办学水平。

可将孔子学院的教学活动纳入所在大学的教学评估中，通过教学规范化、系统化，实现可持续发展。这就包括使用相对固定的教材，采取相对成体系的教学法，对教学课件、教学内容和试卷进行整理把关，经过孔子学院汉语教师不断的补充完善，从具体措施上保证了孔子学院的教学质量。同时，以孔子学院所在大学的教学评估为标准，对孔子学院的教学进行评估，从制度上保证了孔子学院的教学质量。中方院长H的做法是，孔子学院每年参加所在大学的教学评估，教师集体备课，教学课件包括PPT等留在孔子学院，实现资源共享，为后来的老师提供方便，不断提升教学，考试试卷送出去评审，等等，从教学上保证系统化。“我觉得这个是最根本的，因为老师更换相对来说比较快，最多也就两年，但是如果每个人来都有一套自己的教学方法和教学内容，对于课堂的话没有可持续发展，不会打下可持续发展的基础。”

开设学分课程可以很好地应对海外排华反华势力对孔子学院的影响。毋庸讳言，自孔子学院诞生的第一天起，海外就存在着质疑、反对的声音，这种声音存在于孔子学院所在大学和社区。2012年5月17日，美国国务院发布公告，称持有J—1签证的孔子学院部分汉语教师违反了美国的签证规定，必须于6月30日离境。同时，要求在美国的孔子学院进行资质认证。此次事件被称为“孔子学院签证风波”。尽管后来此次事件由于美国境内孔子学院合作机构的强烈反对而化解，但也提醒人们，孔子学院在海外的路途并非完全平坦。海外排华反华势力对孔子学院的影响依然在不同国家或地区以不同形式不同程度地存在着。据我们所知，海外媒体对孔子学院一直存在质疑、批判甚至否定的声音（刘程、安然，2012）。笔者在英国兰卡斯特工作期间，该大学的一份由学生主办的报纸就以“孔子学院应该关门?”（Confucius Institute should be shut down?）为题，质疑抹黑孔子学院。

中方院长 F 详细描述了孔子学院如何“横向”地与大学、中小学建立联系，将汉语学分课程纳入其教育体系，成为其课程不可分割的一部分，取得孔子学院所在大学校方、院校，中小学学生家长等的信任和支持，这样，孔子学院才不会因为过于“独立自主”而被反华排华势力扳倒。要真正实现可持续发展，而不是作为一个“学院”或者一个“项目”运行，孔子学院就应该“横向地”与所在大学的各院系发生联系，将汉语课程纳入其学分体系，将汉语课程变成当地中小学的常规课程。如果孔子学院发展到在该大学设立汉语专业，该汉语专业也需与各院系建立密切关系，否则，一旦发生舆论、财务、政治甚或反华危机，以市场为导向的海外合作机构很容易首先停止其项目，将孔子学院剔除。

（五）培训培养本土师资

师资问题是孔子学院可持续发展面临的一个迫切而重大的问题。大规模地从国内派遣优秀师资赴外任教只是权宜之计，并非长久之计。第一，成本过高，这指国内师资赴外任教的各种费用，包括生活补贴、办理签证、房租等，也包括汉语教师在外任教 2—4 年就卸任回国造成的资源浪费。第二，国内师资赴外任教存在“一个水土不服的、水土适应的问题”。这包括汉语教师自身需要进行的跨文化适应，也包括其教学理念、教学方法、教学手段等的适应问题。第三，受各种因素影响，国内师资外派任教能够持续多长时间的热情、能够保持多大的规模、能够保证多高的质量，仍是一个疑问。2014 年，国家汉办首次在汉语教师招聘文件中向国内高校的合同制教师和退休教师开放，这在一定程度上拓宽了汉语教师的来源，有利于吸引高校优秀汉语教师加入孔子学院工作。但是，孔子学院汉语教师师资匮乏的现状没有从根本上得到改善。鉴于此，应参照国内英文教学的师资培养模式，需尽快培养本土师资尤其是现有的师资，对其进行强化培训，中方院长 B 说，“我们应该着重于它现有的师资，现有的师资可以培养、可以强化，鼓励他来进修一年半年，或者是短期的培训班”，以满足日益增长的师资需求。或者可以使用当地的中国留学生和华人，或者使用当地的其他语种的教师，将其转化为汉语教师，中方院长 E 是这么认为的：

> E：尽快培训当地的本土教师，那些教德语法语西班牙语的老师也愿意学一点中文嘛，那么把这些教师转化过来，汉办能不能给他们一些待遇给他们一些优惠，吸引他们来教汉语？或者是当地的拿到永居的入英国国籍的他们也有一些不错的老师，他们如果有那个 license 的，我们汉办再推一下，尽快地培养本土的教师，这样才能可持续发展。

在英国永居、已经取得英国教师资格证的那些教师，可以通过优惠政策，将其转化为汉语教师，这就解决了汉语教师流动性大、缺乏任教资格的问题。

对本土教师的“培训”“培养”，需注意以下几个方面的问题。培训地点需“中国培训 + 本土培训”，这和国家汉办一直以来的做法相同，即选拔当地汉语教师到中国参加培训，同时选拔国内专家组赴英国进行培训。培训内容包括“汉语培训 + 教学培训”，有一部分当地华人汉语教师是“半路出家”，缺乏汉语言文字的系统训练，英国本土的汉语教师则更需要加强此方面的培训。针对不同对象，进行不同类型的培训，这包括大学学分课程、社区非学分课程、中学课程、小学课程、商务汉语，等等；培训时间长短因需而异。

在本土汉语教师完全成长起来之前，可以考虑使用中英教师搭配上课的模式，即一方教师为另一方教师做助教。同时对国家汉办派遣的汉语教师从语言教学、教学法、教育心理学等角度进行岗中培训，以更加适切当地的教学情况和要求，以解决“水土不服”、不适应的问题。在外派出国任教之前，汉语教师均会参加国家汉办组织的培训，培训内容包括语言、教学、心理等，培训专家多为国内汉语国际教育领域的学者。从实际情况来看，绝大部分汉语教师都能胜任海外工作，但仍存在一些跨文化适应的问题，比如课堂语言、教学语言、课堂管理、教学组织、学生行为规范、师生接触、当地政府有关中小学的法律条文或大学对教师作出要求的规章制度，等等，很多教师是“心中无数”的，这对汉语教学、师生互动、中国文化推广形成直接的障碍，不利于工作开展。在此方面，本土教师有其优势，因此，国家汉办在进行汉语教师培训时，可考虑将本土教师吸纳进来充当培训师，提前进行培训，化解跨文化交流的障碍。在教学过程中，及时与本土教师沟通，向其学习，或组织经验交流会，使汉语教师培训常态化、常规化，形成国家汉办汉语教师与本土教师的良性互动，形成教学与培训的良性互动。

孔子学院如何才算是实现了可持续发展，从师资的角度来看，中方院长C说："这个汉语教师既有本土教师又有中国来的教师，这种人员搭配，我觉得是个很合理的搭配，当然呢，从最终的这个目的长远发展的目的来看呢，还是要以它的本土的教师为主，然后以中国来的教师为辅。实际上走的是什么呢？是中国的英语教育或者外语教育这条路，才能达到深度推广、大面积推广的一个目的。"目前而言，英国的汉语教学是以中国教师为主、本土教师为辅，可以说，孔子学院可持续发展，就师资而言，仍有很长的一段路要走。

三　结语

孔子学院的建立是中国文明第一次大规模主动"走出去"的创举，它将中国文化教育的精髓推向世界，以促进汉语国际推广和世界文化多样化，为构建和谐、大同世界作出了巨大贡献。孔子学院在飞速发展的过程中，机遇与挑战并存，孔子学院的必由之路是实现可持续发展，笔者认为，这种可持续发展应当包括恰当的外部条件及其路径，加强孔子学院可持续发展的研究具有重要的价值和意义。笔者从宏观角度对孔子学院可持续发展的外部条件进行了界定，这些外部条件共同构成了海外孔子学院可持续发展的重要因素。针对孔子学院目前存在的具体问题，笔者从微观角度对英国孔子学院可持续发展的路径进行了阐述，为孔子学院的可持续发展提出了诸多建议，对世界其他地区孔子学院的可持续发展具有一定的借鉴意义。

参考文献：

Hofstede, G. (2008), *Culture's Consequences: Comparing Values, Behaviors, Institutions and Organizations across Nations*, Shanghai: Shanghai foreign language education press.

Hofstede, G. (2001), *Culture's Consequences-Second Edition: Comparing Values, Behaviors, Institutions and Organizations Across Nations*, London: Sage.

爱德华·霍尔:《超越文化》,何道宽译,北京大学出版社2010年版。

陈晓萍:《跨文化管理》(第二版),清华大学出版社2009年版。

丁允珠(Stella Ting-Toomey):《将面子——协商冲突理论用于实践》,载丹·兰迪斯等编《跨文化培训指南》,关世杰等译,北京大学出版社2009年版。

刘程:《美国堪萨斯大学孔子学院幼儿园及小学远程交互式汉语推广项目概况与展望》,《国际汉语教育》2010年第2期,第69—75页。

刘程:《美国堪萨斯大学孔子学院远程交互式汉语短期培训项目STARTALK概况及启示》,《国际汉语教育》2011年第1期,第85—90页。

刘程、安然:《孔子学院传播研究》,中国社会科学出版社2012年版。

陈海芳:《基于西班牙语言推广机构的孔子学院发展研究》,《现代语文》(语言研究版)2013年第8期,第157—160页。

胡仁友、赵俊峰:《基于SWOT模型汉语国际推广战略分析》,《东疆学刊》2013年第3期,第27—36页。

萧映:《孔子学院在美国宾夕法尼亚州的教学与文化推广进程》,《科教导刊》2010年第10期,第3—5页。

许嘉璐:《继往开来,迎接汉语国际教育的新阶段》,《北京师范大学学报》(社会科学版)2012年第5期,第14—20页。

奚刘琴、李期铿:《中国文化海外传播的困境与对策——访夏威夷大学孔子学院中方院长李期铿》,《南京林业大学学报》(人文社会科学版)2013年第1期,第120—125页。

张晓光:《俄罗斯远东国立大学孔子学院建设的经验与挑战》,《世界教育信息》2013年第16期,第62—64页。

第五篇

孔子学院中方人员跨文化适应能力模式研究

综合前四篇的研究结果，本篇主要致力于建构孔子学院中方人员跨文化适应的理论模式。由于孔子学院的特殊性，中方人员的跨文化适应过程和结果与常态的个体跨文化适应情形不完全一致。基于文献研究及笔者前期相关研究结果的综合与凝练，孔子学院中方人员的跨文化适应能力由三个层面或维度构成：个人生活适应能力；个人在组织内的沟通协调能力；个人对外语言教学能力。在此基础上，基于传统的跨文化适应 ABC 理论的三要素（认知、情感、行为）为基础，我们认为“跨文化语言教学能力”和“组织内沟通协调能力”是孔子学院中方人员跨文化适应的两个特殊层面，理应与 ABC 理论所提到的影响因素彼此相关，这是本研究的第一个假设。在第一假设基础上，根据前期对汉语志愿者教师的跨文化适应访谈研究结果，我们认为，这三个维度之间不仅相关，还存在因果关系。针对提出的假设，通过问卷调查的研究方法对假设进行验证，从而对总结提炼的理论模式也进行了测试。

本篇的最后，对孔子学院的发展给予了建议和展望，希望各方以平和的心态看待孔子学院的发展，以跨文化冲突来促使孔子学院的反思与调整，以跨文化能力的提升作为孔子学院努力的方向。孔子学院携自身的本土文化与多元文化相交集，二者关系犹如中国太极理念的阴阳互补共生、相辅相成。它需要人们去思考并开拓一个让孔子学院可持续发展的路径。“勇气、理念、行动”三环节缺一不可。

第十三章

孔子学院中方人员跨文化适应理论模型建构

一 文献综述

（一）跨文化适应与传播能力研究概况

早在 20 世纪 30 年代，Redfield、Linton 和 Herskovits（1936）在其合著的《文化适应研究备忘录》中就提出："跨文化适应是指两种不同文化的群体在连续接触的过程中所导致的文化模式的变化。"20 世纪 60 年代，Oberg（1960）提出跨文化适应过程中的"文化休克"（culture shock）这一概念，50 多年来，从研究模式、影响因素、研究类型、研究层面等方面，学者们一直关注并热衷于跨文化适应的各种研究。跨文化适应常见的五大理论模式是：恢复模式、学习模式、复原模式、动态减压模式和辩证模式。跨文化适应的影响因素众说纷纭，如 Mansell（1981：93—108）提出情感适应的四维度：疏离感（alienation）、边缘化（marginality）、濡化（acculturation）和二元性（duality）；Taylor（1994：389—408）提出的转化学习模式的三维度：转变的前提、过程和结果。Brislin（1981）对跨文化适应者的类型进行了研究，指出跨文化适应者有 14 种不同的类型。Kim（1995：170—194）对跨文化适应的研究层面进行了分析，她认为跨文化适应研究应分为个体和群体层面。

总之，与跨文化适应相关的系列概念如同化、濡化、适应、文化学习等应运而生（Begley，2006；Berry，1997；Berry，2005；Ward 和 Rana-Deuba，1999）。Ward、Bochner 和 Furnham（2001）将跨文化适应研究的三大领域"压力与应对""文化学习""文化认同与认知"归结为跨文化适应的 ABC 理论。A（affective）是指文化接触中的情感条件能力，在压力和应对理论中非常重要。B（behavior）是指行为能力，在文化学习理论中显得重要。C（cognition）是指认知能力，在社会身份认同方面显得重要。陈国明（2012）认为，跨文化适应是两种不同文化人群之间进行交流的持续过程，它是指不同的两方通过言语和非言语的相互交流而形成的一种平衡与和谐的状态。跨文化适应是一个动态过程，旨在增强相互理解和尊重，延伸彼此能接受的空间。因此，“理解→尊重→接受”就是跨文化适应的发展方向。众多学者也从不同视域不同层面对跨文化适应进行了研究。

跨文化适应是跨文化传播能力的基础和前提，跨文化传播能力是跨文化适应的结果和体现（Spitzberg& Changono，2009：2—52）。因此研究孔子学院中方人员的跨文化传播能力，首先要关注其跨文化适应能力。Chen 和 Starosta（1997）指出，跨文化理解力（intercultural awareness）与上面提到的 ABC 理论中的认知有关，跨文化敏觉力（intercultural sensitivity）与情感有关，而跨文化效力（intercultural effectiveness）与行为有关。这三部分共同构筑成一个整体，即跨文化能力。

西方学界对跨文化能力的研究从第二次世界大战后尤其是冷战时期的外交需求（包括和平队）开始。20 世纪 70 年代，学界对跨文化传播能力、跨文化效力、跨文化适应能力做了大量的研究（Hammer，Gudykunst 和 Wisemann，1978；Ruben，1976）。学者们将跨文化能力的研究分解得越来越细致和微观。他们从身份认同（Kim，2001）、全球领导力（Chen 和 An，2009；Pusch，2009）、跨文化冲突处理（Ting-Toomey，1988）等不同视角来理解跨文化能力。同时，学者们从应用层面对跨文化能力进行了深入细致的研究，如从人力资源、商务管理、外语学习、国际教育等方面（Deardorff，2009）。

Van der Zee 和 Van Oudenhoven（2002）用跨文化效力来检测跨文化适应的文化学习和个人情感应对能力。他们确定了五个方面，分别是：文化移情、开放的心态、情感的稳定性、社交主动和行为弹性，并设计了相关的量表（Multicultural Personality Scale）。在此基础上，陈国明（2009）提出了跨文化效力的六大因素，即行为弹性、互动松弛、尊重对方、讯息技巧、身份维持、互动经营。

理论研究源于实际需要，孔子学院的蓬勃发展以及自身独特的发展规律、孔子学院中方人员跨文化适应能力的特点，对跨文化传播学界提出了理论发展的新需求，创设了研究的新领域。

（二）孔子学院中方人员跨文化适应能力国内研究现状

目前，国内对孔子学院中方人员跨文化适应及传播能力的研究才刚刚起步。通过中国知网（www. cnki. net），以2004—2012年为时间跨度（第一所孔子学院于2004年建立），以“中方院长”“汉语教师”“志愿者”与“跨文化适应”及“传播能力”分别为关键词，在“中国期刊全文数据库”“中国期刊全文数据库（世纪期刊）”“中国博士学位论文全文数据库”“中国优秀硕士学位论文全文数据库”“中国重要报纸全文数据库”5个数据库中跨库检索，之后进行手动二次检索，排除汉语教师和汉语教师志愿者研究之外的研究成果，剔除相关消息通讯，得到12篇与之直接相关的论文，其中硕士论文6篇。另外，搜得国际期刊《Intercultural Communication Studies》论文1篇。梳理当前有关中方院长、汉语教师和汉语教师志愿者的研究成果，发现数量极少。

总体来讲，涉及孔子学院中方人员研究的论文基本上都是在西方传统界定的跨文化适应与传播能力范围内展开的，如汉语教师及汉语教师志愿者跨文化适应影响因素分析（陈为春，2009；祝捷，2010），跨文化适应策略研究（孙琴、李艳，2012），国别适应研究（黄飞，2010；黎海英，2010；戴凯丽，2012），心理适应/濡化（黄文虎，2011；安然、魏先鹏，2012），社会文化适应（吕俞辉、汝淑媛，2012）、社会文化适应与心理适应比较研究（Lilasetthakul和An，2011）、传播能力的欠缺与应对（杜莹、董葆莉，2011）等。涉及孔子学院汉语教师跨文化传播能力的论文仅有一篇经验总结式的文章。

汉语教师志愿者将工作上的适应与成果看作自身跨文化适应与传播能力的根本表达。作为汉语教师志愿者的黎海英，从自己的亲身经历和感受出发，认为孔子学院中方人员跨文化适应的最终目标是教学适应。她从这一视角来审视孔子学院中方人员的跨文化适应问题，发现由于文化差异，中亚孔子学院的汉语教师与当地学生之间的文化冲突屡见不鲜。她还提到，孔子学院中方人员这个特殊群体的跨文化适应、跨文化传播能力与他们的教学及在教学过程中的表现密切相关（黎海英，2011）。

汉语教师将工作适应视为适应和能力表达的最重要体现，这一结论也是笔者前期研究的成果之一。笔者于2011年完成国家汉办/孔子学院总部项目，调研报告《赴泰汉语教师志愿者跨文化适应研究》涉及大量的访谈内容分析，其中非常突出的是汉语教师志愿者提到，他们认可的跨文化适应能力的一个重要体现是语言教学。语言教学的好坏是他们感觉适应能力是否优劣的主要标志之一。另外，从访谈中我们还发现，汉语教师志愿者圈内的组织协调与沟通对他们跨文化适应结果有影响（安然，2011）。

二　孔子学院中方人员跨文化适应与传播能力模式

Spitzberg 等（2009）曾提出，目前的跨文化能力研究的理论模式多来自西方，是否需要将东方文化的集体主义、换位思考、跨文化敏感等因素纳入进来，值得探讨。不同的研究侧重点，体现出研究者的不同视角。综上，一方面，目前的跨文化适应能力研究基本上以西方确定的跨文化适应影响因素为准绳，并适当地展开和应用；另一方面，也有学者根据自身的经历，提到了教学适应、管理适应这些新视角和影响因素。这些新视角和影响因素来自孔子学院中方人员对自身经历的总结和反思，是对孔子学院中方人员跨文化适应进行整体研究需要特别关注的方面。

孔子学院具有一定的特殊性，对于中方人员而言，跨文化适应是跨文化传播的基础，研究跨文化传播能力必须要研究其跨文化适应能力。而跨文化传播能力主要是通过人与人的沟通与交流，即通过语言教学及其相关文化活动的开展来体现的人际传播。对于这个特殊群体，在异文化的个人适应和语言教学调适能力就是他们传播能力的体现。

我们在从事孔子学院跨文化适应能力的系列研究中，根据跨文化适应的 ABC 理论以及延伸出的跨文化认知、跨文化敏觉力和跨文化效力理论，确定孔子学院中方人员的跨文化适应能力的第一影响因素及层面，即与个人生活适应相关的跨文化适应与交流能力。成功的跨文化适应，其结果就体现在成功的沟通与交流，即在跨文化过程中人与人交流的有效性（effectiveness）和适当性（appropriateness）（Wiemann 和 Backlund，1980）。这一层面包括 Ward 和她的同事们（1994）提到的社会文化适应和心理情感适应。

一般而言，孔子学院中方人员都是由中国政府派出并资助的，他们是有组织有管理的群体。根据我们的研究，孔子学院中方人员组织内的和谐与否对其整体的跨文化适应结果有影响。因此“对外语言教学适应”与

“组织内沟通协调适应”是真正能体现孔子学院中方人员跨文化适应的两个重要方面，而这两部分是迄今为止学界还没有关注到的地方。我们将孔子学院中方人员在组织协调与语言教学两方面的跨文化适应能力分别界定为：组织内协调沟通能力、对外语言教学能力。这是基于文献研究及笔者前期相关研究结果的综合而凝练出来的。

孔子学院中方人员的跨文化适应能力由三个层面或维度构成：个人生活适应能力；个人在组织内的沟通协调能力；个人对外语言教学能力。通过前期项目的大量访谈，我们了解到，个人适应能力和组织协调能力都会影响语言教学能力。我们认为，这是一个“个体”（person）和“自身群体”（in-group）同时影响“群际”（out-groups）传播的过程。这个过程同时也存在滞后逆向的影响。具体模型如图 13—1 所示。

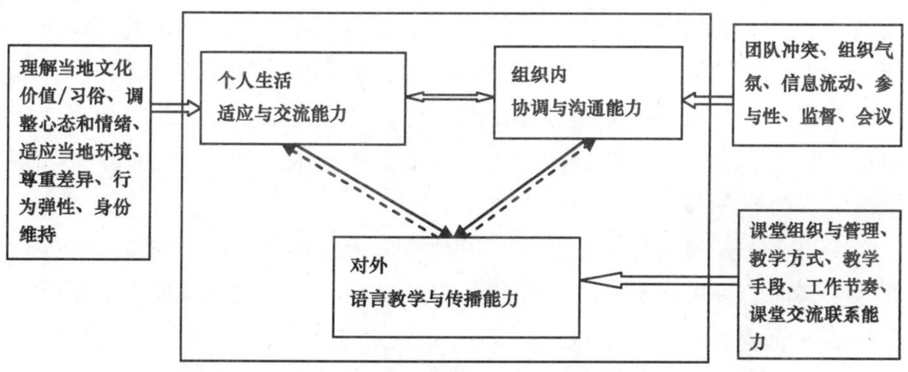

图 13—1　孔子学院中方人员（个体）跨文化适应能力模型

该模型中的三个维度是：个人生活适应与交流能力、组织内沟通协调能力、对外语言教学与传播能力。每个维度的具体影响因素分别列在旁边，用箭头表示。个人与组织两个维度彼此相关，用双箭头表示。个人、组织对语言教学产生影响，用实箭头表示。语言教学能力会逆向影响个人适应能力以及组织沟通协调能力，但是，这是一种滞后发生的逆向影响，即语言教学行为发生后，再来考查个人适应与组织沟通两个方面的反应。对这一现象的研究需要时间上的延迟观察。由于属于滞后影响，用虚箭头表示。模型的建立有利于研究者后续基于实验、批判、文本等各类的观察研究。

三　跨文化适应模型三个维度内涵的有关描述

（一）个人适应能力

跨文化适应能力涉及的认知、情感、行为三个方面是任何一个跨文化适应者都会经历的。孔子学院中方人员基本上都来自中国高校，进入异国他乡，其主要任务是教授汉语、传播中国文化，这首先就要求其完成自身的跨文化适应，要使自己在认知、情感和行为方面都能够达到自身满意平衡的状态，以满足在陌生文化环境中的生活需求，这就需要他们提高自身的跨文化敏觉力和跨文化沟通的效力。跨文化敏觉力涉及前面提到的个人情感和社会认同两个方面。早在 20 世纪 50 年代，Bronfenbrener 等（1958）就提出了人际间敏感性的概念（interpersonal sensitivity），即对其他群体行为、感知和情感差异的关注。Hammer、Gudykunst 和 Wiseman（1978）界定了跨文化效力的三大维度：处理心理压力的能力、有效沟通的能力和建立人际关系的能力。我们认为，跨文化敏觉力是跨文化适应的前提，跨文化效力是跨文化适应的结果，也是跨文化传播能力的直观体现。

无论是个人的社会文化适应，还是心理情感适应，孔子学院中方人员在这个层面的适应都是有选择性的。因此我们将个人为了保证自身生活和交往需求的适应归为一个维度，即跨文化适应过程中的个人生活适应能力。这个维度主要包括孔子学院个体中方人员：（1）理解当地文化的社会价值/习俗的能力；（2）调整心态和情绪的能力；（3）适应当地文化环境的能力；（4）尊重对方文化差异、行为弹性、互动松弛和身份维持的能力。

（二）组织内沟通协调能力

学界早已对组织文化的概念和理论进行了研究（Pettigrew，1979；Gudykunst，Stewart & Ting-Toomey，1985）。Glaser、Zamanou 和 Hacker（1987）认为，组织文化建立在管理和沟通的基础上，由六个方面组成，分别是团队冲突、组织气氛、信息流动、参与性、监督、会议。由于孔子学院的特殊性，孔子学院中方人员都是中国政府派出并资助的，他们是有组织有管理的，孔子学院中方人员组织内和谐与否也必将影响他们整体的跨文化适应结果，因此，组织内沟通协调能力成为中方人员跨文化适应与传播能力的一个重要方面。这个层面关注组织内的交流与沟通，也就是Glaser等提到的6个方面。

另外，孔子学院是由个体组成的一个集体形象，组织内的沟通好坏直接影响孔子学院的声誉及其对外传播能力，这属于个人适应集体的层面，即个人需要通过沟通协调甚至是对自身有所约束以达到集体和谐的适应，这是孔子学院中方人员集体主义思想在跨文化适应中的体现。这方面的适应和常态的跨文化适应有所不同，是孔子学院中方人员在跨文化适应过程中集体主义精神的特殊体现。在这个层面，无论是个体的中方人员适应孔子学院整体（包括与孔子学院外方人员的适应），还是中方人员自身组织和谐，都是研究者需要关注的。

（三）跨文化语言教学能力

孔子学院中方人员跨文化适应与传播能力最重要的体现是对自身群体外的语言教学，这本身就隐含着传播的意义，即跨文化语言教学能力。本研究将语言教学能力（包括开展相关文化活动）单独作为一个层面列出。这属于行为层面，是一种特殊的行为适应，即中方人员对自身原有的教学手段和方法等进行调适，以为异文化群体所接受，这为孔子学院工作人员所特有，表达在行为目的、方式、策略、效应等方面，是一种个体对群体（学生）以及群际间（孔子学院组织的文化活动）的传播行为。因工作目的明确，这种教学适应，中方人员自主融入了深层次的传播动机和行为，同时在适应方面更多地有意识调适自身以迎合需求。如前所述，他们的传播能力，主要是通过语言教学及其相关文化活动的开展来体现的，而在进一步的深层研究中，语言教学与传播能力的研究至少需关注以下6个方面：课堂组织与管理、教学方式、对异文化的了解、现代教育手段的运用、工作节奏、沟通联系能力。而对这些方面的关注必定涉及对语言教学理论的研究和探讨，这也是后续深入研究时需要关注的。

无论在“个体生活适应”层面还是“组织内的沟通协调”层面，其跨文化适应的程度都将影响“跨文化语言教学”层面。因此“跨文化语言教学能力”是孔子学院中方人员跨文化适应的最后落脚点和关键所在，这体现在中方人员对跨文化适应结果有明确的要求，表现为其行为的特殊性和在效力方面的迫切性。个体生活适应与交流、群体内组织协调与沟通体现了中方人员个人与集体的两个层面，这两个层面合力形成第三个层面：跨文化语言教学能力，即孔子学院的定位和工作目标。由此可见，跨文化语言教学能力既是孔子学院中方人员的工作目标也是跨文化适应的最终体现。

需要指出的是，对孔子学院中方人员而言，这三方面跨文化适应的感觉和过程可能同时发生，没有先后之别。

我们认为，孔子学院中方人员的“跨文化语言教学能力”是他们跨文化适应成功与否的重要表现，这与孔子学院作为教授汉语、传播中国文化的定位和发展方向是相吻合的。

四　结语

本研究是针对孔子学院中方人员跨文化适应与传播能力的研究。由于孔子学院的特殊性，中方人员的跨文化适应过程和结果与常态的个体跨文化适应情形不完全一致。因此，本研究以跨文化适应理论的三要素（认知、情感、行为）为基础，根据孔子学院中方人员的实际跨文化环境和工作目的，将其跨文化适应延伸到“语言教学与传播能力”和“组织协调与沟通能力”两个层面。我们认为，孔子学院中方人员的“语言教学与传播能力”是他们跨文化适应成功与否的重要表现，这与孔子学院作为教授汉语、传播中国文化的定位和发展方向是吻合的。

本研究将跨文化适应与传播能力相提并论，将 ABC（认知、情感和行为）理论延伸到组织内的协调与沟通及对外与其他群体互动的传播能力研究，这是对全球化时代涌现的跨文化行为新特点的关注。本研究也展示了孔子学院中方人员的跨文化适应与传播能力既有符合西方传统理论的一面，也有因自身发展特色而出现的新特点和新视域，值得学界关注和研究。

本研究是孔子学院中方人员跨文化适应与传播能力研究的理论篇，旨在确定其跨文化适应与传播能力的三个维度。在此基础之上，进行实证研究。

第十四章

孔子学院中方人员跨文化适应理论模型测试

一　研究背景

根据前期研究，本书第十三章提出孔子学院中方人员的跨文化传播能力是由三个方面构成："个人生活适应与交流能力""组织内协调与沟通能力""对外语言教学与传播能力"。个人生活适应与交流能力和组织内协调与沟通能力会影响到对外语言教学与传播能力。这是一个"个体"（person）和"自身群体"（in-group）同时影响"群际"（out-groups）传播的过程。这个过程同时也存在滞后逆向影响。

这个理论模型如图 14—1 所示。

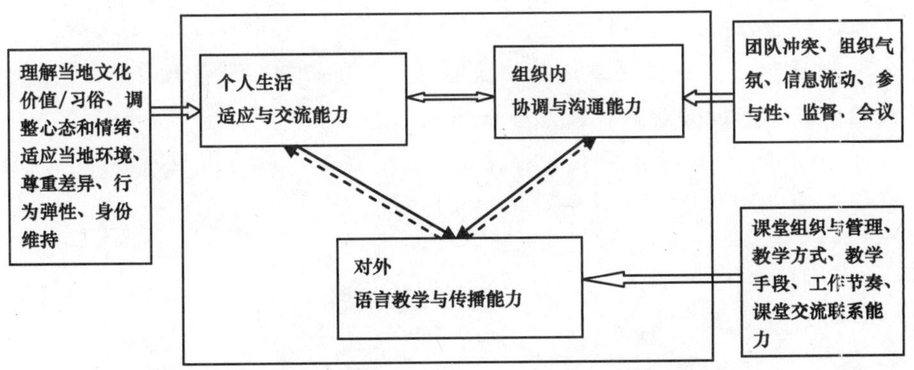

图 14—1　孔子学院中方人员（个体）跨文化适应能力模型

该模型中的三个维度是：个人生活适应与交流能力、组织内协调与沟通能力、对外语言教学与传播能力。每个维度的具体影响因素分别列在旁边用箭头表示。个人与组织两个维度彼此相关，用双箭头表示。个人、组织对语言教学产生影响用实箭头表示。语言教学与传播能力会逆向影响个人适应与交流能力以及组织协调与沟通能力，但是，这是一种滞后发生的逆向影响，即语言教学行为发生后，再来考查个人适应与组织沟通两个方面的反应。对这一现象的研究需要时间上的延迟观察。由于属于滞后影响，用虚箭头表示。

二　问题假设的提出

本文的研究目的是将通过问卷对以上模型进行验证。本文认为“对外语言教学与传播能力”和“组织内协调与沟通能力”是孔子学院中方人员跨文化的两个特殊层面。但这两个特殊层面依然是跨文化适应过程的反应，理应与传统的跨文化适应 ABC 理论所提到的影响因素彼此相关，因为这些都涉及一个完整的跨文化适应过程和结果。这是本研究的第一个假设。

在第一个假设基础上，根据前期对汉语志愿者教师的跨文化适应访谈研究结果，本文认为，这三个维度之间不仅相关，还存在因果关系。本文认为，“个人生活适应与交流能力”“组织内协调与沟通能力”会影响“对外语言教学与传播能力”。这是本研究的第二个假设。

研究假设归纳如下：

假设 1：“个人生活适应与交流能力”“组织内协调与沟通能力”“对外语言教学与传播能力”彼此呈正相关。

假设 2：自变量“个人生活适应与交流能力”和“组织内协调与沟通能力”影响因变量“对外语言教学与传播能力”。

三　研究过程

1. 问卷的拟定

问卷的拟定参考学界已有的量表并根据笔者提出的孔子学院中方人员跨文化适应能力三个维度展开。首先是生活适应能力。根据跨文化适应的理论文献研究，跨文化适应能力涉及认知、情感、行为三部分，这是任何一个跨文化适应者都要涉及的。因此我们将所有需要经历跨文化适应的人群都涉及的方面归为一个维度，即跨文化适应过程中的生活适应能力。这个维度的问题主要是测量孔子学院中方人员：（1）理解当地文化的社会价值/习俗的能力；（2）调整心态和情绪的能力；（3）适应当地文化环境的能力；（4）尊重对方文化差异、行为弹性、互动松弛和身份维持的能力。这部分的问卷制定参照了 Van der Zee 和 Van Oudenhoven（2002）与陈国明（2009）的量表。

由于孔子学院的特殊性，孔子学院中方人员都是中国政府派出并资助的，他们是有组织有管理的，孔子学院中方人员组织内是否和谐也必将影响他们整体的跨文化适应结果，因此，单独成为一个维度——组织内沟通协调能力。这个维度关注组织内的交流与沟通。对管理沟通能力的测量参照了 Glaser，Zamanou 和 Hacker 的组织文化问卷（1987），体现在：团队冲突、组织气氛、信息流动、参与性、监督、会议。孔子学院是由个体组成的一个集体形象，组织内的沟通好坏直接影响孔子学院的声誉及其对外传播能力，这属于集体适应并展示层面，是孔子学院中方人员跨文化适应结果的整体体现。这是和常态跨文化适应人群不同的地方，也是孔子学院中方人员跨文化适应的特殊体现。

还有一个特殊方面是跨文化语言教学能力。本研究将跨文化语言教学能力（包括开展相关文化活动）单独作为一个维度，它属于行为层面，但语言教学能力是自己原有的教学方法调适成新文化人群能接受的方法，这是一种特殊的行为适应，是孔子学院特有的行为，是中方人员特别的一种适应。这是一种个人对群体（课堂）以及群际间（孔子学院组织的文化活动）的传播行为。如前所述，他们的传播能力，主要是通过语言教学及其相关文化活动的开展来体现。对于这批特殊群体，在异文化的语言教学调适能力就是他们传播能力的体现。语言教学能力的测量主要关注教师的以下方面：课堂管理、教学方式、对异文化的了解、现代教育手段的运用、工作节奏、沟通联系能力。这方面的问卷是根据孔子学院中方院长、汉语教师和汉语教师志愿者的访谈拟定的。

问卷共分为两个部分，第一部分是人口统计学部分，共有 18 道题。第二部分以三个维度为一级指标，下设 48 道题。其中在“个人生活适应与交流能力”维度下设 17 题；在“组织内协调与沟通能力”下设 14 题；在“对外语言教学与传播能力”下设 17 题。要求按 1—5 分回答，1 分为“完全不认同”，5 分为“非常认同”，3 分为“不确定”。

2. 问卷发放与基本统计

问卷是通过孔子学院总部下发到各孔子学院（包括孔子课堂）。问卷于2012年3月下旬发放，4月下旬回收结束。共回收问卷321份，其中有效问卷为314份，问卷的有效率为97.8%。填写人员来自54个国家的孔子学院（孔子课堂）。通过SPSS软件分析，该问卷的信度测试值为0.916，其中变量“个人生活适应与交流能力”的信度为0.783；“组织内协调与沟通能力”的信度为0.922；“对外语言教学与传播能力”的信度为0.799。

该量表的效度检验为0.887。通过因子分析，发现只是在其中一个一级指标“个人生活适应与交流能力”下有一个二级指标的效度检测为0.492，小于0.5。其他指标的效度检验均在0.5以上，符合效度检验标准。

根据问卷填写人员的身份，我们将问卷填写者划分为三类：（1）中方院长；（2）汉语教师；（3）汉语教师志愿者。从数据的分类情况来看，中方院长占全体人员的19.4%；汉语教师所占比例为34.1%；汉语教师志愿者所占比例为46.5%。这批人中本科学历占26.8%，硕士学历占59.4%，博士学历占11.5%。女性有224人，男性有90人。平均年龄为33.31岁。

3. 假设验证

假设1：“生活适应与交流能力”“组织内协调与沟通能力”“对外语言教学与传播能力”彼此相关。这三个维度的相关性分析见表14—1。

表14—1　　三维度的相关矩阵

	生活适应与交流能力 X_1	组织内协调与沟通能力 X_2	对外语言教学与传播能力 X_3
生活适应与交流能力 X_1	1	0.342** （0.000）	0.612** （0.000）
组织内协调与沟通能力 X_2		1	0.478** （0.000）
对外语言教学与传播能力 X_3			1

注：相关系数为person相关系数，**表示在0.01的置信水平下显著。

通过表14—1相关性分析显示，中方人员的“生活适应与交流能力”

"组织内协调与沟通能力"和"对外语言教学与传播能力"彼此显著相关。尤其是"生活适应与交流能力"与"对外语言教学与传播能力"相关系数比较高（612）。说明这两个变量彼此关联影响大。这为假设2的验证提供了基础和事实根据。通过相关性分析，得出结论，孔子学院中方人员跨文化适应能力的3个层面是相互关联且呈正相关。

假设2：中方人员的"生活适应与交流能力""组织内协调与沟通能力"影响"对外语言教学与传播能力"。

按照本研究的理论假设，"生活适应与交流能力"和"组织内协调与沟通能力"都会影响"对外语言教学与传播能力"。这是一个"个体"和"自身群体"同时影响"群际"传播的过程。因此，我们假设"对外语言教学与传播能力"为因变量，"生活适应与交流能力"和"组织内协调与沟通能力"作为自变量，则回归模型如下：

$$Y = a + \beta_1 X_1 + \beta_2 X_2 + \varepsilon$$

其中，Y表示对外语言教学与传播能力，以综合平均分衡量；X_1表示生活适应与交流能力，X_2表示组织内协调与沟通能力，均以问卷得分的平均值衡量。回归分析结果见表14—2。

表14—2　　生活适应与交流能力与组织内协调与沟通能力影响对外语言教学与传播能力

自变量	参数值	标准误差	P值
β	0.882	0.198	0.000
β_1	0.563	0.049	0.000
β_2	0.206	0.030	0.000

该回归的R^2为0.676，拟合效果比较好。也就是说，生活适应与交流能力和组织内协调与沟通能力是对外语言教学与传播能力的主要影响因素。回归方程的F检验P值为0.000，方程显著，回归方程具有较好的解释力。

$$Y = \underset{(0.000)}{0.882} + \underset{(0.000)}{0.563}X_1 + \underset{(0.000)}{0.206}X_2$$

从回归结果来看，生活适应与交流能力和组织内协调与沟通能力两个解释变量的参数估计值都显著，其P值均为0.000，意味着两者对语言教学适应能力有显著影响。生活适应与交流能力的参数估计值为0.563，也即在组织内协调与沟通能力保持不变的条件下，生活适应与交流能力每增加一个单位，平均上来讲，对外语言教学能力随之增加0.563个单位。组织内协调与沟通能力的参数估计值为0.206，也即在生活适应与交流能力保持不变的条件下，组织内协调与沟通能力每增加一个单位，平均上来讲，对外语言教学能力随之增加0.206个单位。相对而言，“生活适应与交流能力”对“对外语言教学与传播能力”的影响程度更高。

根据数据对以上两个假设的分析，得出结论：

（1）中方人员的个人生活适应与交流能力、组织内协调与沟通能力和对外语言教学与传播能力彼此正相关成立。

（2）中方人员的个人生活适应与传播能力、组织内协调与沟通能力会影响对外语言教学与传播能力成立。

四 讨论

对于孔子学院中方人员，他们基本上都来自于中国高校。进入异国他乡，他们的任务是传播中国语言文化，但首先要完成的是自身的跨文化适应，要使自己在认知、情感和行为方面都能够达到自身满意平衡的状态，这需要他们提高自己的跨文化敏觉力和跨文化沟通的效力。跨文化敏觉力涉及前面提到的个人情感和社会认同两个方面。早在20世纪50年代，Bronfenbrener等（1958）就提出了人际间敏感性的概念（interpersonal sensitivity），即对其他群体行为、感知和情感差异的关注。跨文化敏觉力是跨文化适应的前提，而跨文化效力是跨文化适应的结果。本研究的传播能力体现在个体交流、组织内沟通和对外传播三个层面上。Hammer，Gudykunst和Wiseman（1978）界定了跨文化效力的三大维度：处理心理压力的能力、有效沟通的能力和建立人际关系的能力。这与本研究确定的三个维度有相通之处。

对于跨文化适应者来说，跨文化效力的直接体现就是传播结果的好坏，也就是传播能力的体现。因此我们可以说，交流/沟通/传播既是跨文化适应的体现形式，也是跨文化适应结果的展现。跨文化适应和跨文化交流/沟通/传播二者是一体的，是一个事物的两面。因此无论是在个体层面，还是在组织内层面，或是对外群际层面，跨文化适应和传播结果好坏都会体现出来。即孔子学院中方人员的个人生活适应与交流能力、组织内协调与沟通能力和对外语言教学与传播能力彼此相关。

对于孔子学院中方人员，他们的跨文化适应与传播能力涵盖个体、自身群体和群际间的适应与交流传播。也就是说，这三方面能力（个人适应交流、组织内沟通、语言教学与传播）都集于中方人员自身并由他们操控并展示。中方人员个体跨文化适应因素，如跨文化敏感、心理平衡、身份维护、行为弹性会在语言教学层面体现。而组织内沟通的诸因素，如团队冲突、组织气氛、信息流动、参与性的融合也会在语言教学层面体现。中国人的集体主义观念通过一个组织形式以及组织内良好沟通传递到语言教学层面。这是孔子学院中方人员跨文化适应能力影响因素不同于其他适应者的地方。因此，个体适应能力与组织内沟通协调能力都与对外语言教学能力彼此间相关联。因此假设 1 能够成立。

由于孔子学院的定位及其特定发展目标，跨文化语言教学成为其主要任务和工作结果的体现。因此对于中方人员来说，这一方面至关重要。为了做好这一工作，中方人员必须做好个体交流和群体内沟通，从不同的层面确保对外语言教学的顺利实施。这个过程既在某些方面吻合 Tajfel 的社会认同理论，即看到自身群体的优越性以增强自尊；同时也符合 Berry 的多元文化假设理论，即增强群体认同感并包容接纳其他群体。近些年，在跨文化适应研究领域，一个新的研究视域 cultural intelligence（CQ）出现，CQ 指“个人有效适应新文化环境的能力”（Early 和 Ang，2003：59）。Early 和 Ang（2003）认为，CQ 和适应结果的关系会受到相关因素的制约，其中包括职业和组织因素。这与本文阐述的孔子学院中方人员跨文化适应的组织沟通协调能力和语言教学能力作为跨文化适应能力的两大影响因素相吻合。

中方人员应该清楚地意识到，无论在“个人生活适应与交流”层面还是“组织内协调与沟通”层面，其好坏都会影响“对外语言教学与传播”层面。假设 2 明确了“对外语言教学与传播能力”是孔子学院中方人员跨文化适应的最后落脚点和关键所在。这体现在中方人员对跨文化适应结果有明确的要求，它在表现形式上体现出其行为的特殊性和在效力方面的迫切性。个体适应和群体内组织沟通协调体现了中方人员个人与集体的两个层面，这两个层面合力形成第三个层面：对外语言教学与传播能力，即孔子学院的定位和工作目标，而这个能力就是孔子学院中方人员的对外传播能力。由此可见，对外语言教学与传播能力既是孔子学院中方人员的工作目标，也是跨文化适应的最终结果体现。因此假设 2 成立。

经验证，本研究前期建构的孔子学院中方人员跨文化适应能力模型成立。孔子学院中方人员跨文化适应有别于常态人群的跨文化适应，这是研究者在理论研究上应该关注的。尽管深层次的影响因素仍归属到传统的跨文化适应研究中，但明确的工作任务导向是中方人员的跨文化适应能力展示的方式不同。因此，研究者在对孔子学院中方人员跨文化适应影响因素研究的关注点应有所偏移。

五　结语

该研究是关于中国在海外孔子学院的中方人员的跨文化适应能力的研究。由于孔子学院的特殊性，中方人员的跨文化适应过程和结果不完全和常态的个体跨文化适应情形相同。因此，研究以跨文化适应理论的三要素认知、情感、行为为基础，根据孔子学院中方人员的实际跨文化环境和工作目的，将对他们的跨文化适应研究视维延伸到“对外语言教学与传播能力”和“组织内协调与沟通能力”。对这三者的相关性研究表明，孔子学院中方人员的“对外语言教学与传播能力”是他们跨文化适应成功与否的重要表现，是孔子学院跨文化传播能力的具体体现。这与孔子学院作为教授汉语和传播中国文化的定位和发展方向是相吻合的。

孔子学院中方人员跨文化适应的特点是跨文化适应和传播能力合为一体，成功的对外传播是跨文化适应的结果体现。本研究将跨文化适应与传播能力相并列，将 ABC（认知、情感和行为）理论延伸到组织内的沟通协调和对外与其他群体互动的传播能力研究，这是对全球化时代涌现的跨文化行为新特点的关注。

根据前期的研究访谈，中方教师提到语言教学的好坏会影响个人情绪以及对周边环境事物的反应，也就是跨文化语言教学能力会逆向影响个人适应能力以及组织沟通协调能力。但这应该是一种滞后逆向影响，即语言教学行为发生后，再来考查个人适应能力与组织沟通协调能力两个方面的反应。对这一现象的研究需要时间上的延续观察。由于本次数据收集是在一个点上，无法对此进行验证。因此，后续研究可由此展开。

第十五章

孔子学院的现在与未来

任何一个个体、群体乃至国家，当它拥有一定的经济实力时，它一定会考虑自身对周边的影响，这种影响是多层面的，有物质的也有精神的。对于一个群体和国家，这种物质或精神层面的影响自然而然就反映在它与周边的交流，它的语言文化习俗被周边认识、接受并采纳。比如 19 世纪的英国，曾有过日不落的辉煌；20 世纪的美国，绝对的超级大国和世界警察。在这种情形下，自然是英语盛行并成为当之无愧的世界通用语。向往并追随西方文化成为发展中国家大多数人的愿望和奋斗目标。自 21 世纪全球化信息化时代以来，世界格局以及发展态势显示西方化或美国化只是全球化表现形式的一种，本土化并要求区域独立的思潮和现象已越来越彰显并被认同。中国，一个在 19 世纪和 20 世纪都远远落后于世界发展的贫穷大国，在 21 世纪崛起了。崛起的中国，在其经济迅速发展、体量不断增大的情形下，也自然而然想到了用自身的语言和文化去影响世界。于是借鉴英国的文化委员会、德国的歌德学院、西班牙的塞万提斯学院等，创设具有中国特色的孔子学院，以推广汉语与中国文化，向世界介绍一个真实的中国。中国的想法很简单，做法也基本上是在模仿和追随，唯一不同的是，中国按自己的习惯和思维方式，将孔子学院总部冠以政府行政级别，强调政府的掌控和关注，且其经费主要来自政府。理论上来讲，孔子学院的发展应该不会遭到来自西方国家的指责和质疑。

而事实上，自 2004 年第一所孔子学院成立起，一方面，孔子学院迅速在世界各地开花结果，400 多所孔子学院相继诞生；另一方面，孔子学院始终在遭到质疑和指责。犹如孔子学院总部在《孔子学院 10 年发展回顾》中提到的，“从国际上看，有的国家和民众对我汉语国际推广存有戒心、疑虑和偏见，对孔子学院警惕防范”。搜索 EBSCO 数据库（截止到 2014 年 4 月），得到海外孔子学院研究相关学术文献 25 篇，内容涉及孔子学院与公共外交、孔子学院与软实力、孔子学院与学术自由、孔子学院建立的区位因素、孔子学院与经济贸易关系等。海外学者最早研究的孔子学院文章发表于2006年。孔子学院受到了许多西方学者对其可能影响学术自由的质疑。Schmidt（2010）提到，政府在合作大学邀请涉及台湾敏感问题的演讲嘉宾一事中对其施加压力。而这些看法多缘于孔子学院拨款来自汉办的缘故，因而西方学者认为孔子学院在资金和管理上都受制于中国政府。刚刚发生的芝加哥大学停办孔子学院事件，也认为孔子学院是由中国政府资助，其学术性与政治性模糊不清，汉语教材、教师也是由孔子学院统一挑选和“控制”，孔子学院在汉语教师招聘上也存在歧视等，事实上，2010年就发生过芝加哥大学签名信事件。

在西方的理念中，“政府是必要的恶”。由此出发，孔子学院也受到了牵连，同时，这些结论也渗透了意识形态的痕迹。海外学者有关孔子学院影响力研究多集中于意识形态层面，认为孔子学院不仅仅是推广汉语的语言机构，其背后可能还存有一定的政治目的，如中国外交的“野心”，甚至认为孔子学院通过课堂搜集华裔信息等。以西方意识形态来看待孔子学院，在孔子学院研究中主观加入“政治隐喻”，较少客观、系统关注孔子学院本身，“研究”的含金量大大降低。

当然，对孔子学院的理解并非一边倒，Redden（2012）认为美国国内的资金捐赠能让美国大学走向一流，孔子学院的捐赠也不例外。此外，Gil（2008）在《*Asian Social Science*》撰文指出孔子学院在推广汉语方面卓有成效的工作树立了积极正面的中国形象，Paradise（2009）则在《*China and International Harmony*：*The Role of Confucius Institutes in Bolstering Beijing's Soft Power*》一文中认为在中国威胁论的背景下，孔子学院的建立作为一种软实力“很是时候”。而且Hartig（2011）认为孔子学院与其他国家的语言文化推广机构一道，能够平衡美国主流文化的影响。西方学者关注孔子学院的政治影响，不仅能够看到孔子学院在提高中国软实力方面的作用，而且看到孔子学院与其他文化推广机构一道在推动世界文化多元化方面的作用，而这恰恰是孔子学院超越意识形态层面的普世价值。

有数据显示，海外学者将注意力放在孔子学院对其所在国家、社会和文化的影响上，而对孔子学院自身情况缺乏考查。最近，察哈尔学会主办的《公共外交》季刊于2014年第6期刊登了孔子学院总部特稿和一系列“孔子学院与公共外交”专题文章。孔子学院总部的特稿提到，要“进一步创新中华文化走出去的体制机制、方式方法和渠道途径，着力打造融通中外的新概念、新范畴、新表述”。这个提法是很到位的，但要做到需要几代人的尝试和努力。

孔子学院走出去这一举措意味着，一大批中国人（作为中方院长的中国管理者、大量汉语教师和汉语教师志愿者）要走向跨文化沟通与交流平台；中国教育的理念和实践要走向跨文化教育与教学平台；中国文化的表现形式和内涵要走向跨文化认知和理解平台。这一切，中国都准备好了吗？答案并非全部肯定。

被派往孔子学院人员的不稳定性和阶段性使他们的奉献精神因人而异。中国式教育方式和教材的本土化问题是孔子学院教学的瓶颈。而中华文化的内涵能否在这些派出者身上展示，通过他们的举手投足、言谈举止来反应，让交流者和学生们通过老师的言传身教来学习并了解中国和中国文化，是对中方派出人员的又一挑战。

中方人员的准备不充分，外方的戒备和质疑，一些媒体对个案的渲染和炒作，不免让一些本来就对自己国家、自身文化不自信的人担忧起来，“孔子学院出问题了？”“孔子学院办不下去了？”等。孔子学院的一些传闻也让国内一些网友认为孔子学院项目浪费纳税人的钱、不如用来发展国内教育等，这些评论从另一个角度说明孔子学院缺乏对内传播，没有让国内民众对设立孔子学院的目和意义有深刻的了解和认识。

从跨文化交流的角度，笔者认为，以下几点有助于大众客观看待孔子学院及其发展，也有助于孔子学院的可持续发展。

一　以平和的心态看待孔子学院的发展

跨文化交流不是一蹴而就的，也不是一成不变的。双方觉得有益有利就开展合作，双方觉得暂时有困难、有差异就停止合作，这都很正常，无须大惊小怪。孔子学院布满全世界，一定有非常成功的典范，也一定有不成功的案例。落户的国家不同，接纳的程度各异。在布局全球 100 多个国家 400 多所孔子学院这个大舞台上，希望所有事情所有孔子学院都一帆风顺、没有矛盾没有冲突，那不是真正的跨文化交流使者的想法和心态，而是理想主义的一厢情愿。我们完全没有必要因为一个国家的一个大学停办孔子学院，就产生恐慌，从而不敢再往前进。我们要以正常的、平和的心态看待“成”与“不成”。现在不合作不代表将来不合作，同样，现在的热闹不意味将来不出现冷清的局面。另外，孔子学院是公共外交的一个方面，它更多是体现民间性和交流性，没有必要将政府官方外交的基准应用到孔子学院的发展上来。

二　以跨文化冲突来促使孔院的反思与调整

作为一个在这么短时间内走向世界各地的孔子学院，其跨文化前进之艰难是国人无法想象的，那么在前进道路上遇到冲突在所难免。“跨文化冲突”是一把双刃剑，它可以将事态直线向负面转化乃至失败，它也可以成为一个博弈的零点使双方重新协商调整到一个新的平衡。如何应对冲突和有效的冲突管理是孔子学院时刻应该意识到并有能力处理的。以芝加哥大学停办孔子学院事件来看，或许能促使孔子学院总部反思并调整下一步的运作部署和策略。过分渲染官方色彩、强调中央集权的中国特色运作模式或许在西方会遇到阻碍，多一点民间的、少一点官方的、淡化意识形态的、不参与具体事务管理的模式或许值得借鉴，只要是有利于汉语与中国文化的国际传播与交流，其运作、管理、合作等的方式方法应不受局限。在以对方喜欢并接受汉语和中华文化的前提下，多元的世界可以有多元运作和管理的方式和方法。

三　以跨文化能力作为孔子学院的努力方向

华裔传播学者陈国明（2009）划分了全球传播能力的四个方面：全球思维方式，展现自我，文化描绘，交际标准。他认为，全球思维方式帮助人们拓宽视野，以避免对不同文化有不正确的思维定式或偏见。展现自我要求人们不停地教育、解放和净化自身以培养健全的自我身份，从而同心协力为人类社会创建圆满的未来。文化描绘指获知自身及其他文化的知识和特征，从而对文化间的异同达到认知上的理解。交际标准要求人们培养跨文化灵敏性，在全球传播环境中行为得体有效，不违反交际对象的规范和原则，从而建立起一个全球公民社会。

结合以上理论，笔者认为，针对孔子学院的可持续发展，多元文化的认知和融通能力是必需的。

第一，多元文化认知能力。孔子学院是一个新生事物，它需要一批有热情、敢尝试的人们去认识体悟其可行性及存在的问题，去探索孔子学院在异国特定环境下的发展模式并能把握其发展方向。这种开拓且需要耕耘的工作，没有一种探索精神支撑是不行的。而这种精神支柱不仅仅建立在单向奉献的基础上，王晓朝（2007）在《西方经典翻译与中国传统语言和思维方式的转变》一文中提到在明末清初的西学东渐，传教士与皈依天主教的中国儒生们，对其诠释的对象和翻译的文本理解非常透彻，"两种不同的传统的信奉者们把那些传统理解为相互对立和竞争的传统，其先决条件当然是在很大程度上要相互理解。两种传统之一或二者为了能够提供对对方立场某些特点的描述，可能必须要大大丰富自己，而这一丰富将会牵涉概念和语言的创新，相当可能还有社会的创新"。这实际上就是在拓展自己的认知空间，在自己认知拓展的同时，也丰富了整个社会知识，给人类知识的发展作出了贡献。孔子学院工作人员若能在发展和丰富自身及人类认知能力的精神支撑下融通两种文化，其办学模式的动力和发展前景将不可估量。那样他们会更加关注如何充实自身的文化内涵，使孔子学院回归文化本位。

第二，多元文化融通能力。后现代思潮所倡导的多元理念尤其是文化多元化可给孔子学院发展带来很大启示。例如，如何能面对新的变化和要求，从理论和观念上调整自己，将自己放在一个能包容接受多元文化、能从多方位多层次的角度来处理孔子学院的教育，以及在全球化平台上，从理念上、方式上、技术上来接受新的挑战等问题，都需要严肃思考。另外，语言只是载体，是一种形式和表象，它背后的文化因素影响着孔子学院中外双重管理而导致的冲突思维模式。从入乡随俗到全球视野的升华，中方对所在国文化教育模式不应该仅仅接受，而是要能糅合融通，使之成为孔子学院独特的发展模式。这种模式绝不是全盘西化就可得来的，也不是仅仅靠懂某种语言就能解决的。孔子学院应该通过学习探索发展出一套融合的、优于单向教育模式的孔子学院发展模式。这需要孔子学院总部更多从宏观来把握世界范围的几百所孔子学院，并在具体事务上放权，多元的、多层级的包容的协商的管理模式值得借鉴和推崇。有时，必要的妥协也是一种可持续发展过程中的策略和对策，是对多元文化中的不同认知的理解和包容的体现。如果让孔子学院真正成为各大学的一部分，按照各大学的章程来管理发展，以各自特色来彰显孔子学院在世界范围的百花齐放，多元文化理念才能在各孔子学院得到真正体现，而孔子学院或许才能更加被认同。

跨文化/跨教育的融通能力决定孔子学院可持续发展的进程。融通能力是建立在多元文化认知之上又超越认知、驾驭认知、游走于两者之间并能整合的一种能力。如果孔子学院的发展能够挖掘自身文化中能够走向国际的优势，同时也能驾驭文化间的互动特点，在当今多元文化此消彼长的浪潮中，就可以推波助澜，将本土文化推向多元文化共生共存的状态，做到你中有我、我中有你，从而达到庄子所描述的状态“不知周之梦为蝴蝶与，蝴蝶之梦为周与?”到那时，质疑声自然就不复存在，对孔子学院的偏见也会消失，孔子学院的跨文化传播地位就完全确立。

孔子学院携自身的本土文化与多元文化相交集，二者关系犹如中国太极理念的阴阳互补共生、相辅相成。它需要人们去思考并开拓一个让孔子学院可持续发展的路径。“勇气、理念、行动”三环节缺一不可。理念的更新和创新本身就意味着具有多元化的包容心态和能力，这是一个组织、建构的过程，需要孔子学院中外双方共同努力才能实现。另外，孔子学院要创文化软实力之“特色”，需要一批有志有识之士具有多元文化意识，并具备参与多元文化、促使本土文化与多元文化互通共荣的能力。

参考文献：

Berry, J. W. (1997), “Immigration, acculturation and adaptation”, *Applied Psychology*, *46*, 5 – 68.

Berry, J. W. (2005), “Acculturation: Living successfully in two cultures”, *International Journal of Intercultural Relations*, *29*, 697 – 712.

Begley, P. A. (2006), “Sojourner adaptation”, In L. Samovar, R. Porter, & E. McDaniel (Eds.), *Intercultural communication: A reader* (*11th*) (pp. 387 – 393), Belmont, CA: Wadsworth/Thomson Learning.

Bronfenbrener, U., Harding, J, & Gallwey, M. (1958), “The measurement of skill in social perception”, In McClelland, D. C. (Ed.), *Talent and society*, New York: Van Nostrand.

Brislin, R. W. (1981), *Cross-cultural encounters: Face-to-face interaction*, New York: Pergamon.

Chen, G. M. & Starosta, W. J. (1997), “A review of the concept of intercultural sensitivity", *Human Communication*, *1* (1), 1 - 16.

Chen, G. M., & An, R. (2009), "A Chinese model of intercultural leadership competence", In D. K. Deardorff (Ed.), *The SAGE Handbook of Intercultural Competence* (*pp196 - 208*), Thousand Oaks, CA: Sage.

Earley, P. C., & Ang. S. (2003), *Cultural intelligence: Individual interactions across cultures.* Stanford, CA: Stanford University Press.

Gil, J. (2008), "The Promotion of Chinese Language Learning and China's Soft Power", *Asian Social Science*, *4* (10), 116 - 122.

Glaser, S. R., Zamanou, S., & Hacker, K. (1987), "Measuring and interpreting organizational culture", *Management Communication Quarterly*, *1* (2), 173 - 198.

Gudykunst, W. B., Stewart, L. P., & Ting-Toomey, S. (Eds.). (1985), *Communication, culture, and organizational processes*, Newbury Park, CA: Sage.

Hammer, M. R., Gudykunst, W. B., & Wisemann, R. L. (1978), "Dimensions of intercultural effectiveness: An exploratory study", *International Journal of Intercultural Relations*, 2, 382 - 392.

Hartig, F. (2011), "Confucius Institutes and the Rise of China", *Journal of Chinese Political Science*, *11*, 53 - 76.

Kim, Y. Y. (1995), "Cross-Cultural adaption: An integrative theory", In: R. L. Wiseman (Ed.), *Intercultural Communication Theory* (pp. 170 - 194), Thousand Oaks, CA: Sage.

Kim, Y. Y. (2001), *Becoming intercultural: An integrated theory of communication and cross-cultural adaptation*, Thousand Oaks, CA: Sage.

Mansell, M. (1981), "Transcultural experience and expressive response", *Communication Education*, *30*, 93 - 108.

Oberg, K. (1960), "Cultural shock: Adjustment to new cultural environments", *Practical Anthropology*, *7*, 177 - 182.

Paradise, J. (2009), "China and International Harmony: The Role of Confucius Institutes in Bolstering Beijing's Soft Power", *Asian Survey*, *49* (4), 647 - 669.

Pettigrew, A. (1979), "On studying organizational cultures", *Administrative*

Science Quarterly, *24*, 570 – 581.

Pusch, M. D. (2009), "The interculturally competent global leader", InD. K. Deardorff (Ed.), *the SAGE Handbook of Intercultural Competence* (pp. 66 – 84). Thousand Oaks, CA: Sage.

Redden, E. (2012), "Confucius says. . . . ", New Mexico State University: newscenter. nmsu. edu. Retrieved 2013 – 12 – 25.

Redfield, R., Linton, R., & Herskovits, M. (1936), "Memorandum on the study of acculturation", *American Anthropologist*, *38* (1), 149 – 152.

Ruben, B. D. (1976), "Assessing communication competency for intercultural adaptation", *Group & Organization Studies*, *1*, 334 – 354.

Schmidt, P. (2010). At U. S. Colleges, "Chinese-Financed Centers Prompt Worries About Academic Freedom", Retrieved 2013 – 12 – 27, from http://chronicle. com/article/At-US-Colleges/124975/? key = Smx.

Spitzberg, B. H., & Changono, G. (2009), "Conceptualizing intercultural competence", In D. K. Deardorff (Ed.), *the SAGE Handbook of Intercultural Competence*, (pp. 2 – 52). California: Sage.

Ting-Toomey, S. (1988), "Intercultural conflict styles: A face-negotiation theory", In Y. Y. Kim (Ed.), *Theories in intercultural communication* (pp. 213 – 235), Newbury Park, CA: Sage.

Van Oudenhoven, J. P., & Van der Zee, K. I. (2002), "Predicting multicultural effectiveness of international students: The Multicultural Personality Questionnaire", *International Journal of Intercultural Relations*, *26* (6), 679 – 694.

Ward, C., & Kennedy, A. (1994), "Acculturation strategies, psychological adjustment and social-cultural competence during cross-cultural transitions", *International Journal of Intercultural Relations*, *18* (3), 329 – 343.

Ward., C. & Rana-Deuba, A. (1999), "Acculturation and adaptation revisited", *Journal of Cross-Psychology*, *30*, 372 – 392.

Ward, C., Bochner, S., & Furnham, A. (2001), *The psychology of culture shock*, London: Routledge.

Wiemann, J. M. & Backlund, P. (1980), "Current theory and research incommunicative competence", *Review of Educational Research*, *50*, 185 - 199.

安然:《赴泰汉语教师志愿者跨文化适应研究》，国家汉办项目，〔2011〕229 号，调研报告，2011 年。

安然、魏先鹏:《赴泰汉语教师志愿者心理濡化研究》，《云南师范大学学报》(对外汉语教学与研究版) 2012 年第 10 期 (6)，第 47—57 页。

陈国明:《跨文化适应理论建构》，《学术研究》2012 年第 1 期，第 130—138 页。

陈国明:《跨文化交际学》，华东师范大学出版社 2009 年版。

陈为春:《论跨文化适应的主要影响因素——以近年赴泰教师的文化适应为例》，《科教文汇》2009 年第 10 期，第 251 页。

杜莹、董葆莉:《提高国际汉语教师的传播能力》，《新闻爱好者》2011 年第 11 期，第 107—108 页。

戴凯丽:《对外汉语教师海外工作中面临的文化差异及文化适应——以泰国娜达纳中学的教学实践为例》，硕士学位论文，云南大学，2012 年。

黄飞:《对韩汉语教师社会融入迟滞问题研究》，硕士学位论文，长春工业大学，2010 年。

黄文虎:《跨文化适应的影响因素与结果变量研究——以国家外派汉语教师的调查研究为例》，硕士学位论文，华东师范大学，2011 年。

黎海英:《中国教师与吉国学生的文化冲突与适应研究》，硕士学位论文，新疆师范大学，2011 年。

吕俞辉、汝淑媛:《对外汉语教师海外工作跨文化适应研究》，《云南师范大学学报》(对外汉语教学与研究版) 2012 年第 10 期 (1)，第 57—62 页。

孙琴、李艳:《国际汉语教师跨文化适应策略分析——以国家公派到南非的教师为例》，《云南师范大学学报》(对外汉语教学与研究版) 2012 年第 10 期 (1)，第 63—67 页。

王晓朝:《西方经典翻译与中国传统语言和思维方式的转变》，《河北学刊》2007 年第 6 期，第 95—96 页。

祝捷:《在韩汉语教师志愿者跨文化适应影响因素的实证分析》，硕士学位论文，山东大学，2010 年。